城市轨道交通职业教育系列教材 —— 城市轨道交通运营管理

城市轨道交通运输设备（第3版）

主　编 ○ 刘婉玲
副主编 ○ 鲁宝安　吴明华
主　审 ○ 翟士述

西南交通大学出版社
·成　都·

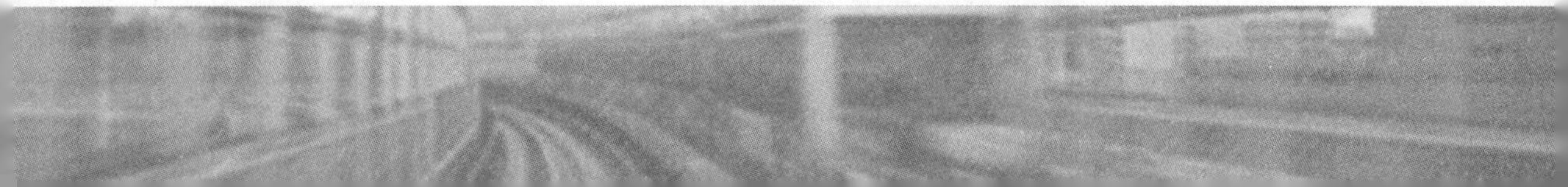

图书在版编目（CIP）数据

城市轨道交通运输设备 / 刘婉玲主编. —3 版. —成都：西南交通大学出版社，2020.12（2023.8 重印）
ISBN 978-7-5643-7886-8

Ⅰ. ①城… Ⅱ. ①刘… Ⅲ. ①城市铁路－交通运输工具－高等职业教育－教材 Ⅳ. ①U239.5

中国版本图书馆 CIP 数据核字（2020）第 244576 号

Chengshi Guidao Jiaotong Yunshu Shebei

城市轨道交通运输设备

（第 3 版）

主编　刘婉玲

责任编辑	孟苏成
封面设计	何东琳设计工作室
出版发行	西南交通大学出版社（四川省成都市金牛区二环路北一段 111 号 西南交通大学创新大厦 21 楼）
发行部电话	028-87600564　028-87600533
邮政编码	610031
网址	http://www.xnjdcbs.com
印刷	成都蓉军广告印务有限责任公司
成品尺寸	185 mm × 260 mm
印张	13
字数	326 千
版次	2020 年 12 月第 3 版
印次	2023 年 8 月第 10 次
书号	ISBN 978-7-5643-7886-8
定价	39.00 元

课件咨询电话：028-81435775
图书如有印装质量问题　本社负责退换

第 3 版前言

城市轨道交通是城市建设史上最大的公益性基础设施，它的建设可以带动城市沿轨道交通廊道的发展，促进城市繁荣，形成郊区卫星城和多个副中心，从而缓解城市中心人口密集、住房紧张、绿化面积小、空气污染严重等城市通病，对城市的布局和发展模式将产生深远的影响。城市轨道交通的建设与发展有利于提高市民出行的效率，节省时间，改善生活质量。

城市轨道交通具有运输能力大、运行速度和正点率高、舒适性和安全性好、能充分利用地下和地上空间、运营费用较低、对环境污染小的优势。因此，随着城市化进程的加快和经济的发展，我国城市轨道交通发展迅速。公开资料显示，至 2013 年末，我国共有 36 座城市获准修建城市轨道交通线路，其中 19 座城市的 87 条线路已经开通运营，总运营里程达 2 539 km。其中，地铁 2 074 km，占 81.7%；轻轨 192 km，占 7.6%；单轨 75 km，占 3.0%；现代有轨电车 100 km，占 3.9%。根据我国《“十三五”现代综合交通运输体系发展规划》，结合当前各地城市轨道交通建设现状，到 2020 年，全国城市轨道运营里程比 2015 年增长近 1 倍。行业发展带来相应的人才需求，目前我国城市轨道交通行业在设计、施工、运营管理领域，存在大量的人才缺口，因此也带来了高等院校相关专业的蓬勃发展，各高职院校近几年相继开设了城市轨道交通运营管理专业，并有更多院校在相关专业中开设了城市轨道交通类课程。同时，高职教育改革正在逐步深化，专业建设、课程建设、教材建设、培养模式面临较大变化。为全面加强高职城市轨道交通运营管理专业建设及教材建设，切合深化职业教育教学改革、提高高职院校办学水平和办学质量的需要以及高职院校的实际需求，从而推动该专业的教育水平提升，培养出适应新时期企业需求的新型人才，2009 年 5 月中国职业技术教育学会轨道交通委员会在西南交通大学出版社组织召开了“21 世纪高等职业技术教育规划教材——城市轨道交通运营管理”编写研讨会，本教材就是根据这次会议精神编写的。第二版教材仍保留了第一版教材的基本结构，对第一版中的部分内容进行了适当的修订，增加了近几年来国内部分城市轨道交通在运输设备方面的新技术，内容更加新颖。

城市轨道交通系统一般包括地铁和轻轨，以及现代有轨电车，通常由轨道线路、车站（场）、车辆、供变电、信号及其他设备组成，这些设备是城市轨道交通正常运营的物质基础和技术基础。本教材主要介绍以上各种设备的作用、组成、基本原理和使用方法，其中信号设备单独成书。

本教材由辽宁铁道职业技术学院刘婉玲任主编，鲁宝安、吴明华任副主编，由辽宁铁道职业技术学院翟士述主审。全书分为城市轨道交通线路及站场、城市轨道交通车辆、城市轨道交通牵引供电系统、城市轨道交通车站设备和城市轨道交通其他设备共 5 章。编写分工如下：第一章第一～第五节由辽宁铁道职业技术学院刘婉玲编写，第六、第七节由西安铁路职业技术学院王静编写；第二章由辽宁铁道职业技术学院吴明华编写；第三章由辽宁铁道职业技术学院鲁宝安编写；第四章第一、第三节由广州铁路职业技术学院张治文编写，第二节由广州铁路职业技术学院吴静编写；第五章第一、第二节由湖南铁路科技职业技术学院朱文浩编写，第三节由湖南交通工程职业技术学院高双喜编写。

由于我国城市轨道交通正处于迅速发展阶段，设备制式纷杂，而且新设备不断推出，很难将所有资料搜集齐全；另外，也受编者水平所限，教材中难免有不当和疏漏之处，敬请各位同行及读者批评指正，我们将努力改进，使教材水平不断提高，为我国城市轨道交通职业教育事业的发展尽绵薄之力。

编　者

2020 年 11 月

目 录

第一章　城市轨道交通线路及站场

具有大运量、快捷、准时、舒适、低污染特点的地铁、轻轨交通，是国内外广泛采用的城市轨道交通形式。近年来我国大城市的地铁、轻轨建设快速发展，对解决城市地面交通拥挤、堵塞问题和促进城市建设可持续发展起到了重要作用。

城市轨道交通线路的铺设方式可分为地下、地面（含路堑、路堤）和高架 3 种。地铁、轻轨正线应为右侧行车的双线线路。

一、地下线

这种方式的线路置于地下隧道中，与地面交通完全分离，且不占城市地面与地上空间，是在交通繁忙路段和市区内繁华地段主要采用的线路铺设形式，也是对城市环境影响最小的一种线路铺设方式。

地下线埋置深度应根据地质情况和地下构筑物情况而定，选线时要探明地下市政管线，合理确定线位和站位，尽量减少管线拆迁改移；当线路经过有桩基的建筑物时，要探明桩基类型和深度，以确定采用的施工方法和安全距离，并根据建筑物性质采用合理的加固保护措施，确保工程安全。另外，隧道体不要侵入道路两侧的地块，避免影响两侧土地的开发利用。

二、高架线

这种方式的线路设在高架桥梁上，对地面交通无干扰，桥梁净空一般由沿线所跨越的道路通车高度及河流的通航高度的要求来确定。

高架线的突出特点是运营噪声大，在线路距离楼房较近的地段，可考虑设置隔声屏，并采用减振效果好的道床。

三、地面线

这种方式的线路采用与普通铁路相似的路基作为轨道基础，也是造价最低的一种铺设方式。地面线一般设计成封闭线路，防止行人与车辆进入，与城市道路相交时一般应采用立交的形式。

地面线的缺点是隔断线路两侧的交通，使线路两侧难以沟通，不利于两侧土地的商业开发利用，同时运营时噪声较大。此外，地面线的沉降变化较大，多采用碎石道床，运营后的养护维修工作量较大，因此不宜设置在市区内，多在偏远市郊路段采用这种形式。

第一节　路　基

地铁及轻轨线路一般由上部建筑和下部基础组成，下部基础主要指路基、桥梁及隧道，上部建筑则是指轨道部分。

路基是铺设轨道的基础，直接承受轨道和列车的荷载，并将其传递至地基，它的状态如何直接关系到线路的质量，并会直接影响列车运行的速度和行车安全。路基必须具备足够的强度、稳定性和耐久性。

一、路基横断面形式

垂直于线路中心线的路基断面，称为路基横断面。路基主要有路堤和路堑两种形式，如图 1-1 和图 1-2 所示。

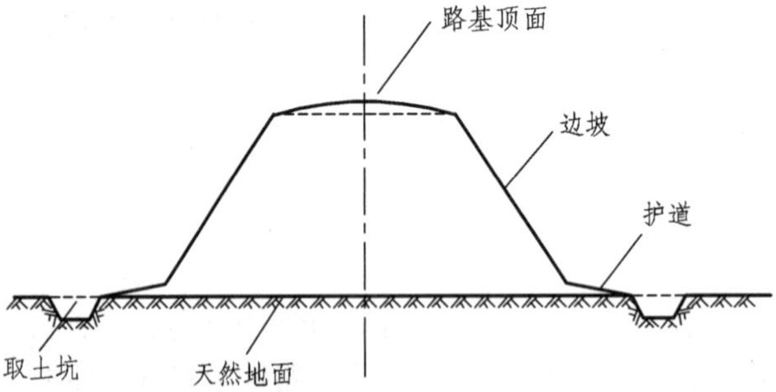

图 1-1　路　堤

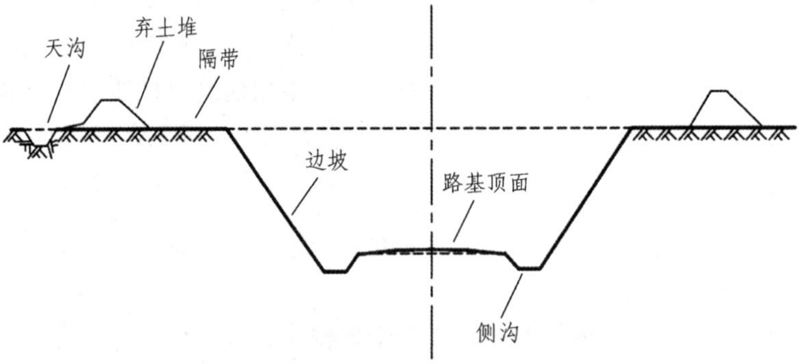

图 1-2　路　堑

地铁和轻轨的路基以路堤更为常见。

二、路　肩

路肩是指路基顶面两侧无道砟覆盖的部分，其作用是增强路基的稳定性，防止道砟滚落至路基面外，设置有关设备，便于人员避车，暂放维修材料和机具等。《地铁设计规范》（以下简称《设规》）规定：当路肩埋有设备时，路堤及路堑的路肩宽度不得小于 0.6 m，无埋设设备时不得小于 0.4 m。

当线路通过地下水位高或常年有地面积水的地区，路堤过低容易引起基床翻浆冒泥等危害，路肩设计高程应高出线路通过地段的最高地下水位和最高地面积水水位，并应加毛细水强烈上升高度和有害冻胀深度或蒸发强烈影响深度，再加 0.5 m。若采取降低水位、设置毛细水隔断层等措施，可不受此限制。

滨河、河滩、水库路堤路肩设计高程应高出设计水位（洪水频率标准 1/100）加波浪侵袭高加壅水高，再加 0.5 m，并符合《铁路路基设计规范》有关规定。

三、路基顶面形状

路基顶面即铺设轨道的工作面，按形状可分为有路拱和无路拱两种形式。路拱的作用是迅速排除道床下的积水，以保持路基顶面的干燥。

路基顶面应根据基床填料的种类确定是否需要设置路拱。不易渗水的填料必须设置路拱，路拱的形状为三角形，由中心向两侧按大约 4%的排水坡确定，单线路拱高 0.15 m，双线路拱高 0.2 m，底宽等于路基面宽度。渗水性好的填料能较快地向下渗水，故不需要设置路拱，即渗水土和岩石（年平均降水量大于 400 mm 地区的易风化泥质岩石除外）的路基面为平面。

四、路基顶面宽度

路基顶面宽度应根据正线数目、配线情况、线间距、轨道结构尺寸、路基面形状、曲线加宽、路肩宽度等计算确定。《设规》规定区间曲线地段的路基面宽度，单线应在曲线外侧、双线应在外股曲线外侧按表 1-1 的数值加宽，加宽值在缓和曲线范围内应线性递减。

表 1-1　曲线地段路基面加宽值

曲线半径/m	路基面外侧加宽值/m
$R \leqslant 600$	0.5
$600 < R \leqslant 800$	0.4
$800 < R \leqslant 1\,000$	0.3
$1\,000 < R \leqslant 2\,000$	0.2
$2\,000 < R \leqslant 5\,000$	0.1

1. 单线非渗水土路基顶面宽度（见图 1-3）

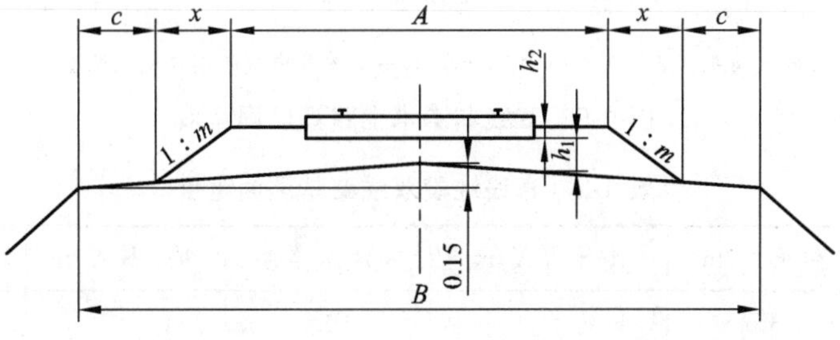

B—路基顶面宽度；A—道床顶面宽度；c—路肩宽度；m—道床边坡坡率；
h_1—钢轨处轨枕下道床厚度；h_2—轨枕埋入道床深度。

图 1-3　单线非渗水土路基顶面宽度

当采用混凝土枕碎石道床（厚度 0.45 m，路肩宽 0.6 m，砟顶面宽按无缝线路 3.3 m 计算）时，路基顶面宽度为 7.0 m。

非无缝线路地段，由于其道床顶面宽度减小 0.2 m，故路基顶面宽度可相应减小。

整体道床地段的单线路基顶面宽度根据整体道床断面宽度（一般为 2.4 m）加两侧路肩宽度计算确定，双线地段再加线间距。

2. 单线岩石、渗水土路基顶面宽度（见图 1-4）

图中各符号含义同图 1-3 所示。

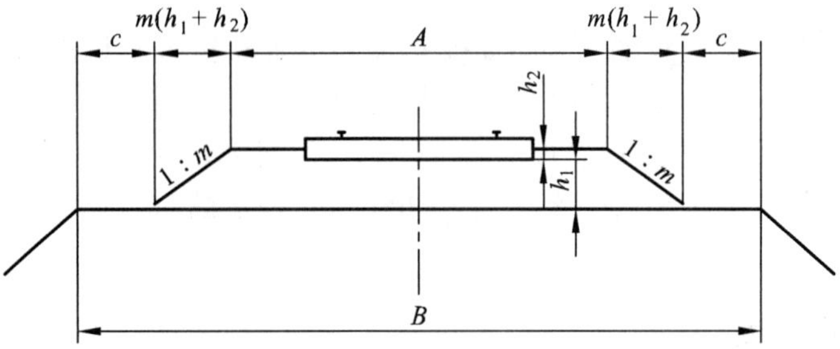

图 1-4　单线岩石、渗水土路基顶面宽度

当采用混凝土枕碎石道床（厚度 0.3 m，路肩宽 0.6 m，砟顶面宽按无缝线路 3.3 m 计算）时，路基顶面宽度为 6.2 m。

3. 双线非渗水土路基顶面宽度（见图 1-5）

地铁正线多为双线，其线间距常因布置道岔需要有所不同。常用线间距的直线地段双线路基顶面宽度如表 1-2 所示。

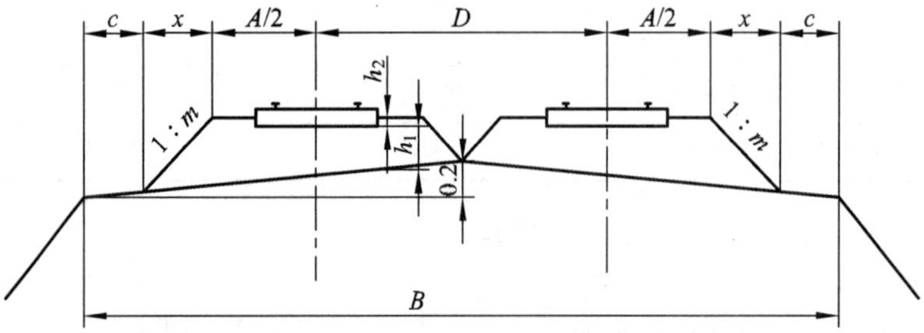

D—双线的线间距，其值不应小于 3.6 m；h_1—靠路基中心的钢轨处轨枕下道床厚度。

图 1-5　双线非渗水土路基顶面宽度

表 1-2　直线地段双线路基顶面宽度

轨道类型	线间距/m	道床厚度/m	非渗水路基	道床厚度/m	岩石、渗水土路基/m
混凝土碎石道床无缝线路	3.6	0.45	10.8	0.30	9.8
	3.8		11.0		10.0
	4.0		11.2		10.2
	4.3		11.4		10.5
	4.6		11.7		10.8
	4.8		11.9		11.0
	5.0		12.1		11.2

双线岩石、渗水土路基顶面宽度为单线岩石、渗水土路基顶面宽度加 D。

五、路基边坡

路基边坡即路肩边缘外两侧的斜坡，其作用是增强路基的稳定性。路基边坡的坡度应根据填料或土质的物理力学性质、边坡高度、列车荷载和地基工程地质条件确定。地铁地面线路一般为低路堤，其边坡坡度一般取 1/1.5。

六、路堤护道

护道是指路堤坡脚与取土坑（或排水沟）之间的部分，其作用是保持路基边坡的稳定，防止雨水冲刷坡脚造成边坡塌方。地铁路堤护道宽度不小于 1.0 m，并应向外做成规定坡度的排水坡。

七、路基排水

地铁全线应有完善的排水系统，并宜利用市政排水设施。排水设施应布置合理，当与桥涵、隧道、车站等排水设施衔接时，应保证排水畅通。地面线路基排水必须使降水能顺利排走，同时阻止路基范围外的地表水流入路基，确保路基干燥稳固。

路堤应在护道外设置单侧或双侧排水沟。路堑应于路肩两侧设置侧沟，堑顶外应设单侧或双侧天沟，天沟内侧边缘至堑顶距离不宜小于 5 m。

排水沟的横断面应按流量及用地情况确定，并确保边坡稳定。排水沟断面形式一般采用梯形，两侧边坡根据土质及边坡高度确定，黏性土一般采用 1/1 ~ 1/1.5 的坡度，底宽采用 0.4 m 或 0.6 m，深度采用 0.6 m。地铁路基的纵向排水坡不应小于 2‰，单面排水坡段长度不宜大于 400 m。

对路基有危害的地下水，应根据地下水类型、含水层的埋藏深度、地层的渗透性等条件，设置暗沟（管）、渗沟、检查井等地下排水设施。

八、路基防护

对受自然因素作用易产生损坏的路基边坡坡面，应根据边坡的土质、岩性、水文地质条件、边坡坡度与高度以及周围景观等，选用适宜的防护措施。

地铁地面线路地处城市外围、郊区，大多地形平坦，线路路基一般为 2 ~ 5 m 的土质低路堤，坡面防护可选用铁路路基常用的一般防护措施。

一般地段，在适宜于植物生长的土质边坡上应优先选用植物防护，如采取种草或喷植草、铺草皮、种植灌木等防护方式，同时也可绿化环境、美化路容。

沿河地段路堤的坡面防护工程常用类型有植物防护，如铺草皮、种防护林，干砌片石护坡，浆砌片石护坡，混凝土护坡。线路穿过郊区水塘、鱼塘的常年浸水路堤，一般采用浆砌片石护坡。

第二节 轨道结构

轨道结构是地铁和轻轨交通的重要组成部分，一般由钢轨、轨枕、连接零件、道床、道岔及其他附属设备组成。

一、钢 轨

1. 基本要求

不管城市轨道交通采用何种类型、何种形式的轨道结构，钢轨都是其重要的组成部分。钢轨与机车车辆的车轮直接接触，钢轨质量的好坏直接影响行车的安全性和稳定性。为了使线路能按照设计速度保证列车运行，钢轨必须具备以下几方面的功能：

（1）为车轮提供连续、平顺及阻力最小的滚动面，引导机车车辆前进。

车辆要求钢轨表面光滑，以减小轮轨阻力；而机车要求轮轨之间有较大的摩擦力，以发挥机车的牵引力。

（2）钢轨要承受来自车轮的巨大垂向压力，并以分散的形式传给轨枕，在轨面要承受极大的接触应力，即除垂向压力外，钢轨还要承受横向力和纵向力。在这些力的作用下，钢轨要产生弯曲、扭转、爬行等变形，轨头的钢材还要产生塑性流动、磨损等。因此，要求钢轨有足够的强度、韧性及耐磨性。

（3）兼作轨道电路，为轨道电路提供导体。

如上所述，钢轨既要有足够的强度，以延长其使用寿命，又要具有一定的塑性，以防脆性折断；钢轨需要有一定的硬度以增加其耐磨性，又要有适当的韧性；要有相当的刚度，抵抗挠曲，又要有可挠性，以减轻轮轨冲击；钢轨踏面应粗糙，以增加轮轨间的黏着力，又要光滑，以减少行车阻力。以上矛盾使钢轨的设计及制造成为一个非常复杂的问题。

通常可以把钢轨视为弹性地基上的连续梁，作用于其上的力主要为垂直力，其结果是使钢轨挠曲，而抵抗挠曲的最佳截面为工字形。因此，一般将钢轨截面设计成工字形，由轨头、轨腰和轨底三部分组成。我国的钢轨标准断面如图 1-6 所示。

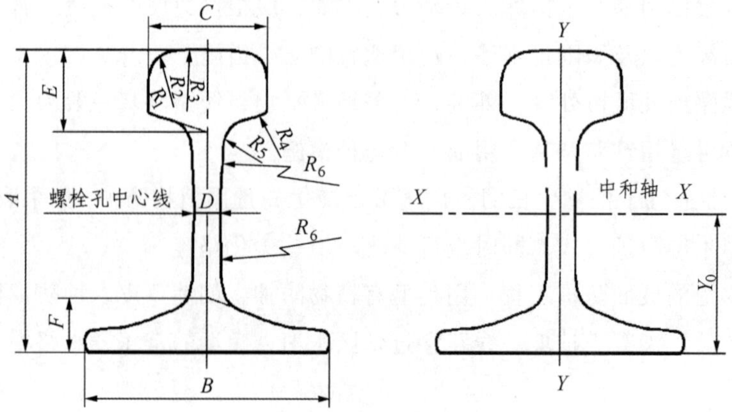

图 1-6 钢轨断面

轨头宜大而厚，并具有与车轮踏面相适应的外形，以改善轮轨接触条件，提高抵抗压陷的能力，同时具有足够的支撑面积，以备磨耗。

轨腰必须有足够的厚度和高度，具有较大的承载能力和抗弯能力。

轨底直接支承在轨枕顶面上，为保持钢轨稳定，应有足够的宽度和厚度，并具有必要的刚度和抗锈蚀能力。

2. 钢轨类型

钢轨的类型是按每延米大致质量来区分的。我国现行主要钢轨类型有 38 kg/m、43 kg/m、50 kg/m、60 kg/m、70 kg/m 等，60 kg/m 以上为重型钢轨。钢轨的标准长度为 25 m 和 12.5 m。钢轨的主要形式尺寸见表 1-3 所示。

表 1-3　钢轨的主要形式尺寸　　单位：mm

钢轨类型/（kg/m）	75	60	50	43	38
钢轨高度 A	192	176	152	140	134
轨底宽度 B	150	150	132	114	114
轨头宽度 C	75	73	70	70	68
轨腰厚度 D	20	16.5	15.5	14.5	13.0
轨头高度 E	55.3	48.5	42	42	39
轨底厚度 F	32.3	30.5	27	27	24
轨头侧坡	1：20	1：20	—	—	—
R_4-R_5	7-17	8-25	5-12	5-10	7-7
R_6	450	400	350	350	350

3. 钢轨的选型

目前在国内尚无城市轨道交通的钢轨选型标准，现行城市轨道交通系统的设计一般可参考国家铁路的钢轨选型标准，即“年通过总质量在 15 ~ 30 Mt 时，采用 50 kg/m 钢轨；在 30 ~ 60 Mt 时，采用 60 kg/m 钢轨（Mt 为百万吨）”。

国内外城市轨道交通有选用重型钢轨的趋势，从技术性能上分析，60 kg/m 钢轨质量只比 50 kg/m 钢轨增加 17.7%，而允许通过的总质量可增加 50%。重型钢轨不仅能增加轨道的稳定性，减少养护维修工作量，而且能增加回流断面，减少杂散电流。

表 1-4 是根据有关资料整理的 60 kg/m 钢轨与 50 kg/m 钢轨的性能比较。

表 1-4　60 kg/m 钢轨的性能

性能指标	与 50 kg/m 钢轨比较
钢轨抗弯强度	+ 34%
弯曲应力	− 28 %
使用年限	+ 50% ~ 200%
疲劳破坏造成的更换率	− 83.3%
列车冲击振动	− 10%

综上所述，城市轨道交通在经济条件允许时，无论地面线、地下线或高架线，运营正线都宜选用重型钢轨。对车场线来说，由于主要是供空车运行且速度又低，考虑到经济性，选用 50 kg/m 或 43 kg/m 钢轨均是可行的。《设规》规定：正线及配线钢轨宜采用 60 kg/m 钢轨，车场线宜采用 50 kg/m 钢轨。

道岔是轨道的薄弱环节，其钢轨强度不应低于一般轨道的标准，《设规》规定：正线上道岔的钢轨类型应与相邻区间的钢轨类型一致，并不得低于相邻区间钢轨的强度等级及材质要求。

二、轨　枕

轨枕是轨下基础的部件之一。它的功能是支承钢轨，保持轨距和方向，并将钢轨对它的各向压力传递到道床上。因此，轨枕除要有一定的坚固性、弹性和耐久性外，应便于固定钢轨，抵抗轨道框架结构的纵向和横向位移，还应具有价格低廉、制造简单、易于铺设养护的特点。

轨枕依其构造及铺设方法分为：横向轨枕、纵向轨枕、短轨枕和宽轨枕。横向轨枕与钢轨垂直间隔铺设；纵向轨枕沿钢轨方向铺设；短轨枕是在左右两股钢轨下分开铺设，常用于混凝土整体道床上；宽轨枕底面积比横向轨枕大，减少了对道床的压力和道床的永久变形。

轨枕按其使用部位可分为：用于区间线路的普通轨枕、用于道岔上的岔枕及用于无砟桥上的桥枕。

轨枕按材质不同可分为：木枕、预应力钢筋混凝土轨枕（简称混凝土枕）及钢枕等。

轨枕类型随轨距、道床种类、使用处所不同而异。地铁正线隧道内线路一般采用短轨枕或无轨枕的整体钢筋混凝土道床；车场线采用普通预应力钢筋混凝土轨枕，在道岔范围内少数区段采用木枕；高架轻轨线适合采用新型轨下基础，这种新型的轨枕结构不同于传统的道砟道床上铺设木枕或混凝土的轨下基础，而是以混凝土道床为主的构造形式。如上海明珠轻轨高架线，采用的是承轨台、支撑块整体式道床。

三、连接零件

连接零件分为接头连接零件和中间连接零件两种。

（一）接头连接零件

接头连接零件由夹板、螺栓和垫圈等组成，如图 1-7 所示，通过它们把钢轨连接起来，使钢轨接头部分具有与钢轨一样的整体性，以抵抗弯曲和移位，并满足热胀冷缩的要求。

夹板是用来夹紧钢轨的。目前，我国标准钢轨采用斜坡支承双头对称型夹板（简称双头式夹板），如图 1-8 所示。

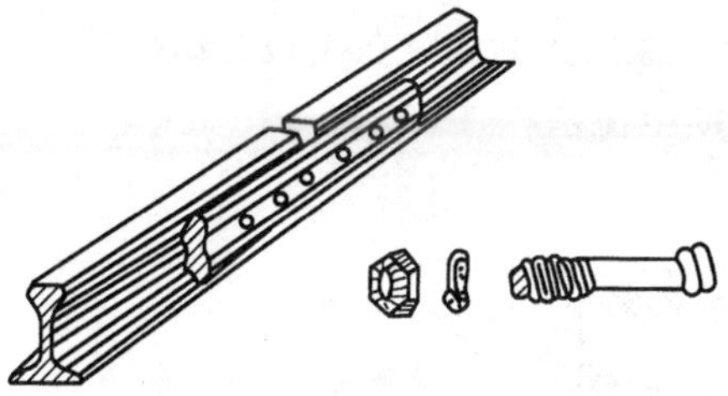

图 1-7　接头连接零件

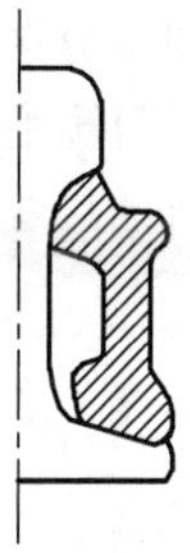

图 1-8　双头式夹板

这种夹板的优点，是在竖直荷载作用下具有较大的抵抗弯曲和横向位移的能力。夹板上下两面的斜坡能楔入轨腰空间，但又不贴住轨腰，当夹板稍有磨耗连接松弛时，可以重新拧紧螺栓，保持钢轨连接的牢固。每块夹板都要用 4 枚或 6 枚螺栓上紧，且为防止车轮在接头部位脱轨时，车轮轮缘将所有的螺栓剪断，螺栓帽的位置在钢轨的内外侧相互交错。

在城市轨道交通中已基本上采用了无缝线路结构，接头连接零件的数量大大减少，但在无缝线路的缓冲区、轨道电路的绝缘区、有道岔的线路区段中，接头连接零件还是不能缺少的。

钢轨接头按其在两股钢轨上的相互位置分为对接和错接，如图 1-9 所示；按其与轨枕的位置分为悬接和垫接，如图 1-10 所示。目前我国铁路上均采用悬接又对接的形式，这种形式可减少列车对钢轨的冲击次数，改善运营条件，受力条件较好，又便于维修。城市轨道交通正线、辅助线的钢轨接头常采用对接，而辅助线和车场线半径等于及小于 200 m 的曲线地段的钢轨接头应采用错接，错接的距离不应小于 3 m。

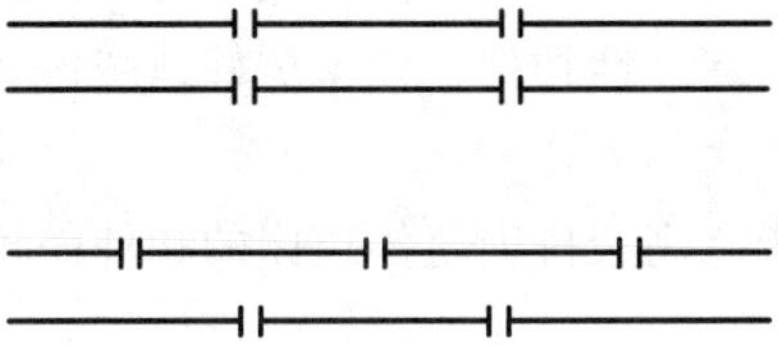

图 1-9　对接、错接

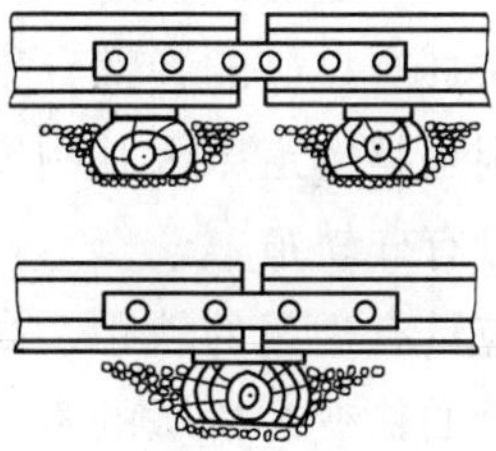

图 1-10　悬接、垫接

当前后两根钢轨的类型不同时，应采用异型接头。异型接头使用的是异型夹板，异型夹板的一半应与该端钢轨断面吻合，另一半应与另一端钢轨断面吻合，且应使两钢轨作用边及顶面相互对齐，如图 1-11 所示。

在自动闭塞区段及电力牵引区段的钢轨接头处，为了传导信号电流或作为牵引电流的回路，应采用导电接头。钢轨接头处的轨间导电装置为两根直径为 5 mm 左右的镀锌铁丝，如图 1-12 所示。

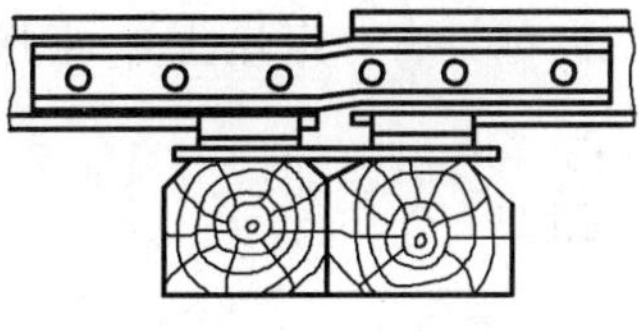

图 1-11　异型夹板

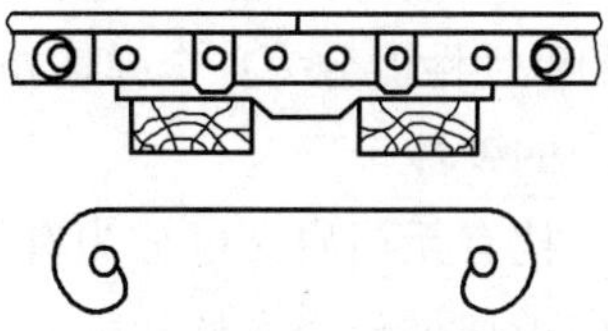

图 1-12　钢轨导电接头

在自动闭塞分区两端的钢轨接头处，为保证轨道电流不能从这一闭塞分区传到另一闭塞分区，应采用钢轨绝缘接头。图 1-13 所示为绝缘接头断面，在夹板与螺栓间、钢轨螺栓孔四周及两根钢轨的接缝处，均使用绝缘材料隔断电流。

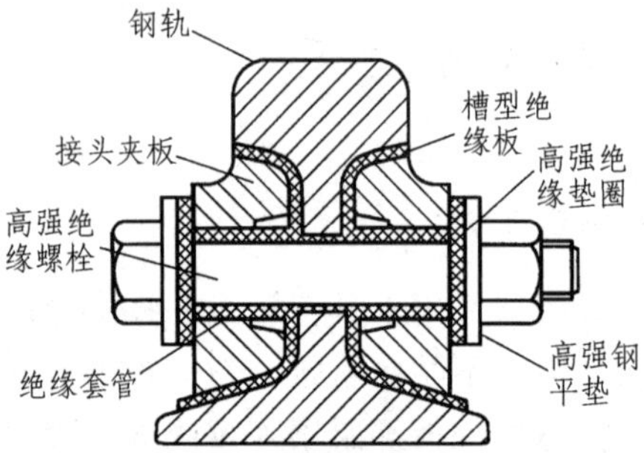

图 1-13　钢轨绝缘接头

（二）中间连接零件

中间连接零件又称轨枕扣件。扣件是钢轨与轨枕或其他轨下基础连接的重要连接件，它的作用是把钢轨与轨枕或其他类型的轨下基础连接在一起，固定钢轨的正确位置，阻止钢轨纵向和横向位移，防止钢轨倾覆，还能提供适当的弹性，起到缓冲和减振作用，并将钢轨承受的力传给轨枕或道床承轨台。

1. 对扣件性能的要求

（1）扣件应具有足够的强度和扣压力。

（2）扣件应具有良好的弹性，以减小列车荷载的冲击，使钢轨承受的荷载能均匀地传递到道床上。特别是整体道床因其刚度大更需要高弹性扣件，以求更好地减振降噪，使减振性能相当于或超过有砟轨道。

（3）扣件应具有适量的轨距、高低调整量。高架桥上整体道床的扣件需较大的调整量，以适应预应力梁的徐变和桥墩的不均匀下沉。

（4）扣件应具有良好的绝缘性能，以减少杂散电流，其绝缘部件工作电阻应大于 $10^8\ \Omega$。

（5）扣件结构力求简单，尽量标准化，通用性好且造价低，便于安装和拆卸，养护维修量小。

（6）扣件金属部件应作防腐处理。

2. 扣件的类型

扣件按不同的分类方式可有不同的形式，如按其与钢轨、轨枕的连接方式，可分为不分开式和分开式两种：不分开式扣件是用道钉将钢轨、垫板同时连接于轨枕上，分开式扣件是把钢轨与垫板、垫板与轨枕分别连接。

按扣件的弹性性能分为：全弹性扣件（垂直和水平方向都具有一定弹性），半弹性扣件（仅考虑垂直方向的弹性）。

按混凝土枕有无挡肩又可分为有挡肩扣件和无挡肩扣件。

按轨枕的类型可分为木枕扣件和混凝土枕扣件。

下面对其中的几种进行介绍。

（1）木枕扣件。

木枕扣件主要由道钉、垫板组成，如图 1-14 所示。

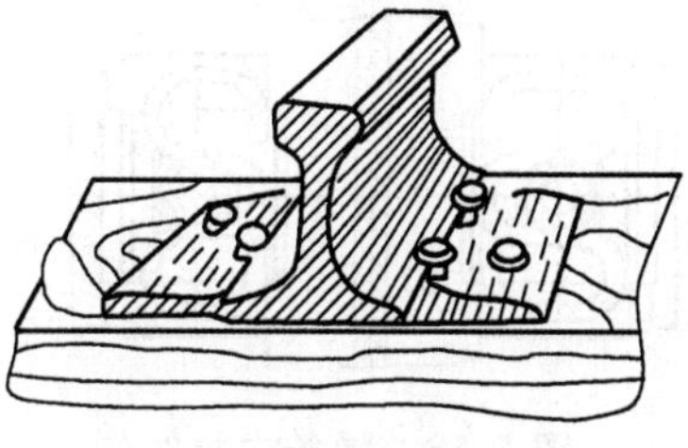

图 1-14　木枕扣件

垫板为钢轨与木枕间插入的钢板，它可将钢轨传来的压力传递给较大的木枕支撑面，减少对木枕的压力，从而有效地防止轨底切入木枕的支撑面而引起的机械磨损，延长木枕的使用寿命。同时，垫板的双肩抵住轨底侧面，可以使钢轨两侧道钉共同起抵抗横向力的作用，确保轨距稳定和防止钢轨向外侧倾斜。垫板上设有向线路中心倾斜的坡度，使钢轨形成 1∶40 的轨底坡，以保持钢轨中部受力。

道钉扣件的缺点是扣压力不足，也易于松动。

（2）预应力混凝土枕（简称 PC 轨枕）扣件与无砟轨道道床扣件。

PC 轨枕扣件经历了扣板式扣件、拱形弹片式扣件、Ⅰ型弹条扣件、Ⅱ型弹条扣件及Ⅲ型弹条扣件的发展阶段。

扣板式扣件由螺纹道钉、螺母、平垫圈、弹簧垫圈、扣板、铁座、橡胶垫板（绝缘缓冲垫板）、垫片及衬垫等零件组成。用硫黄锚固法把螺旋道钉固定在轨枕上预留的孔内，再装上扣板，拧上螺帽，使扣板压紧轨底。轨底与轨枕之间设有绝缘缓冲垫板，用以增加轨道弹性和作为绝缘垫层，如图 1-15 所示。

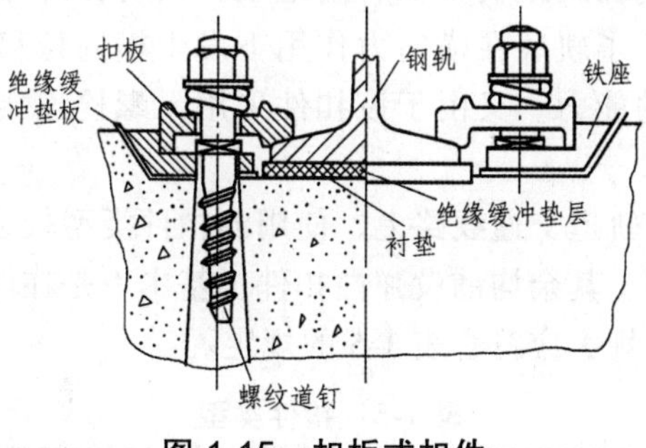

图 1-15　扣板式扣件

螺纹道钉用硫黄水泥浆锚固在 PC 轨枕预留的孔中，这是我国独创的一种工艺流程，螺纹道钉的抗拔力可达 588 kN，耐久性也很好。

扣板式扣件与弹条Ⅰ型扣件的不同之处在于扣板是刚性的，所以又称为刚性扣件。这种扣件因弹性较差，故只适用于 50 kg/m 及以下的钢轨。

弹条式扣件与扣板式扣件基本相同，只是用弹条代替了扣板，改善了钢轨与混凝土枕连接的弹性，增强了扣压力，如图 1-16 所示。

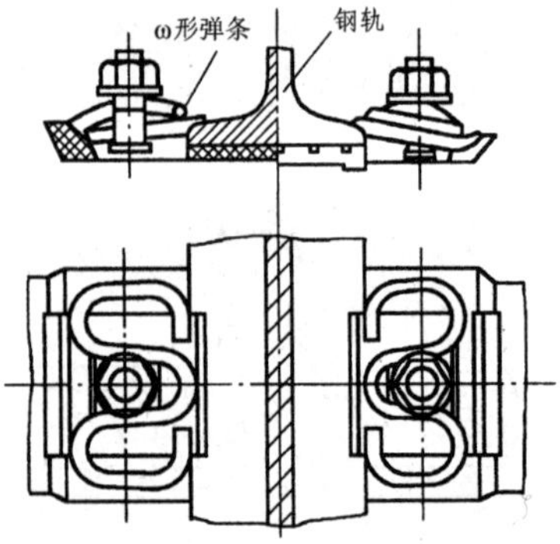

图 1-16　弹条式扣件

随着运量和速度的提高，扣板式扣件和拱形弹片式扣件已不能满足使用要求，正在逐渐被淘汰。

弹条Ⅰ型扣件由ω弹条、螺旋道钉、轨距挡板、挡板座及弹性橡胶垫板组成：① 弹条是用来弹性地扣压钢轨，应具有足够的扣压力。② 轨距挡板用来调整轨距和传递钢轨承受的横向水平力；挡板座用来支撑轨距挡板，保持和调整轨距并将轨距挡板承受的横向水平力传递至轨枕的挡肩上，它应具有足够的强度，此外，还应具有一定的绝缘性能以防止漏电。③ 橡胶垫板是缓冲轮轨间的振动冲击作用和提供垂直弹性的主要零件，垫板的弹性靠压缩变形而获得。

Ⅰ型弹条分 A、B 两种，A 型用于 50 kg/m 钢轨，B 型用于 60 kg/m 钢轨。轨距挡板的作用是传递横向力和调整轨距，所以也有多种号码，以满足轨距调整的需要。

弹条Ⅱ型扣件除采用新材料重新设计外，其余部件与Ⅰ型弹条扣件通用。弹条Ⅱ型扣件具有扣压力大、强度安全储备大、残余变形小等优点，适用于Ⅱ型和Ⅲ型混凝土枕的 60 kg/m 钢轨线路。

弹条Ⅲ型扣件为无挡肩扣件，适合于重载大运量、高密度的运输条件。弹条Ⅲ型弹条扣件由弹条、预埋铁件、绝缘轨距块及橡胶垫组成，具有扣压力大、弹性好等优点，特别是取消了混凝土挡肩，消除了轨底在横向力作用下发生横向位移导致轨距扩大的可能性，因此具有较强的保持轨距的能力。又由于该扣件采用无螺栓连接，大大减小了扣件的维修养护工作量。

我国已建和在建的城市轨道交通线路上，使用的扣件类型较多，除天津地铁 1 号线既有段原铺设刚性扣板式扣件外，其余均铺设弹性扣件，基本上是在国铁弹条扣件的基础上设计的。地铁扣件的选型按《设规》应符合表 1-5 的规定。

表 1-5　扣件类型

道床形式	扣件形式	扣压件	与轨枕连接方式
一般整体道床	弹性分开式	有螺栓弹条、无螺栓弹条	在轨枕预埋套管
高架桥上整体道床		有螺栓弹条、小阻力	
混凝土枕碎石道床	弹性不分开式	有螺栓弹条、无螺栓弹条	轨枕内预埋螺栓或铁座
木枕碎石道床	弹性分开式	有螺栓弹条、无螺栓弹条	采用螺纹道钉
车场库内整体道床、检查坑			在轨枕或立柱内预埋套管

道岔上应采用弹性分开式扣件，以增强道岔的稳定性和弹性，增加轨距、水平调整量，有利于道岔的养护维修。

地铁扣件铺设数量应符合表1-6的规定：

表1-6　扣件铺设数量（对/km）

道床形式	正线、试车线、出入线		其他配线	车场线（不含试车线）
	直线及 $R>400$ m、坡度 $i<20‰$	$R\leqslant400$ m 或坡度 $i\geqslant20‰$		
无砟道床	1 600～1 680	1 680	1 600	1 440
混凝土枕有砟道床	1 600～1 680	16 80～1 760	1 600～1 680	1 440
无缝线路混凝土枕有砟道床	1 680～1 760	1 760～1 840	—	—
木枕有砟道床	1 680～1 760	1 760～1 840	1 680	1 440

四、道　床

（一）道床的功能

道床是轨道框架的基础，它的主要功能是：

（1）机车车辆的荷载通过钢轨、轨枕传递给道床，道床将荷载扩散，然后传给路基，从而减小路基面上的荷载压强，起到保护路基顶面的作用。

（2）提供抵抗轨道框架纵、横向位移的阻力，保持轨道稳定和正确的几何形位，保证行车安全。

（3）具有良好的排水作用，减少轨道的冻害和提高路基的承载能力。

（4）提供轨道弹性，起到缓冲、减振、降噪的作用。

（5）调节轨道框架的水平和方向，保持良好的线路平纵断面，为轨道几何尺寸超限的维修保养提供便利条件。

道床一般有碎石道床（有砟）和整体道床（无砟）两种类型。地下线、高架线、地面车站宜采用无砟道床，地面线、车场库内线宜采用有砟道床。

（二）碎石道床

为了满足道床功能，道砟应质地坚硬、有弹性、不易压碎和捣碎、排水性能良好、吸水性差、不易风化、不易被风吹走或被水冲走。

1. 碎石道砟标准

道砟材料有碎石（花岗岩、大理石、石灰岩）、筛选级配卵石、天然级配卵石、粗砂、中砂及熔炉渣等。目前，我国铁路的道砟分为面砟和底砟。

面砟的材料一般为级配碎石。我国《铁路碎石道砟》标准中将道砟质量划分为一级和二级（见表1-7），并规定在特重型、重型轨道地段应优先采用一级道砟。

表 1-7 碎石道砟标准

性能	参数	特级道砟	一级道砟	二级道砟	评价方法	
①抗磨耗、抗冲击性能	洛杉矶磨耗率 LAA/% 标准集料冲击韧度 IP 石料耐磨硬度系数 K	≤20 ≥100 >18	≤27 ≥95 >18	27≤LAA < 32 80 < IP≤95 17 ~ 18	若 3 个指标分属 2 个等级，则以 2 个指标为准；若 3 个指标分属 3 个等级，则划分为中间等级	道砟的最终等级以①②③中的最低等级为准。并满足④⑤⑥三项的性能要求
②抗压碎性能	标准集料压碎率 CA/% 道砟集料压碎率 CB/%	<9 <18	< 9 < 18	9 ~ 14 18 ~ 22	若两个指标分属 2 个等级，则定为低等级	
③渗水性能	渗透系数/（10^{-6}cm/s） 石粉试磨件抗压强度 σ/MPa 石粉液限/% 石粉塑限/%	>4.5 <0.4 >20 >11	>4.5 <0.4 >20 >11	3 ~ 4.5 0.4 ~ 0.55 16 ~ 20 9 ~ 11	4 个指标中，以其中 2 个指标最高的等级为准，若这 2 个指标的等级不在同一级别，则定为低一级	
④抗大气压腐蚀破坏	硫酸钠溶液浸泡损失率/%	<10	<10	<10		
⑤稳定性能	密度/(g/ cm^3) 干密度/(g/cm^3)	>2.55 >2.50	>2.55 >2.50	>2.55 >2.50		
⑥软弱颗粒	饱和单轴抗压强度/MPa	≤20	≤20	≤20	含量少于 10%（质量比）	

2. 道砟级配标准

碎石道砟属于散粒体，其级配是指道砟中不同大小粒径颗粒的分布。道砟级配对道床的物理力学性能、养护维修工作量有重要的影响。现有的道砟级配标准如表 1-8 所示。

表 1-8 道砟级配标准

方孔筛边长/mm	16	25	35.5	45	56	63
过筛质量百分率/%	0 ~ 5	5 ~ 15	25 ~ 40	55 ~ 75	92 ~ 97	97 ~ 100

道砟颗粒形状对道床质量也有较大的影响，一般要求道砟颗粒棱角分明，近于立方体。针状、片状颗粒容易破碎，使道床强度和稳定性下降。颗粒长度大于平均粒径 1.8 倍的称为针状，厚度小于平均粒径 0.6 倍的称为片状。我国道砟标准规定针状和片状指数均不大于 50%。道砟中的黏土团或其他杂质、粉末都直接影响道砟的排水、板结等，要求黏土团或其他杂质的含量不超过 0.5%，粒径 0.1 mm 以下粉末的含量不超过 1%。

底砟的功能是隔离面砟层的颗粒与路基面直接接触，截断地下水的毛细管作用，并降低地面水的下渗速度，防止雨水对路基面的侵蚀。我国《铁路碎石道床底砟》规定：“底砟材料可取自天然砂、砾材料，也可由开山石或天然卵石、砾石经破碎、筛选而成。”底砟材料的粒径级配应符合表 1-9 的规定，且 0.5 mm 以下的细集料中通过 0.075 mm 筛的颗粒含量应小于或等于 66%。

表 1-9　底砟颗粒级配

方孔筛边长/mm	0.075	0.1	0.5	1.7	7.1	16	25	45
过筛质量百分率/%	0～7	0～11	7～32	13～46	41～75	67～91	82～100	100

3. 碎石道床铺设规定

（1）铺设地段。地面正线宜采用混凝土枕碎石道床。地面的出入线、试车线和库外线宜采用混凝土枕碎石道床或木枕碎石道床。

（2）道床厚度。碎石道床厚度应符合表 1-10 的要求。

表 1-10　碎石道床厚度

<table>
<tr><th rowspan="2">路基类型</th><th colspan="3">道床厚度/mm</th></tr>
<tr><th colspan="2">正线、配线</th><th>车场线</th></tr>
<tr><td rowspan="2">非渗水土路基</td><td rowspan="2">双层</td><td>道砟 250</td><td rowspan="3">单层 250</td></tr>
<tr><td>底砟 200</td></tr>
<tr><td>岩石、渗水土路基、混凝土结构</td><td colspan="2">单层道砟 300</td></tr>
</table>

桥梁上道砟槽内碎石道床厚度不应小于 250 mm，与两端的道床厚度差应在桥台外不小于 10 m 范围内递减。

（3）道砟材质。

① 正线、辅助线、出入线和试车线应采用一级道砟，车场线可采用二级道砟。

② 碎石道床材料应符合现行铁路标准中有关铁路碎石道砟和铁路碎石底砟的规定。

（4）道床肩宽及边坡。

道床宽出轨枕两端的部分称为道床肩宽，适当的肩宽及边坡可保持道床的稳定，并提供一定的横向阻力。

① 正线无缝线路地段有砟道床的肩宽不应小于 400 mm，有缝线路地段道床肩宽不应小于 300 mm。无缝线路曲线半径小于 800 m、有缝线路曲线半径小于 600 m 的地段，曲线外侧道床肩宽应增加 100 mm。道床边坡均为 1∶1.75。

② 车场线有砟道床肩宽不应小于 200 mm；半径小于 300 m 的曲线地段，曲线外侧道床肩宽应增加 100 mm，砟肩应堆高 150 mm。道床边坡均应为 1∶1.5。

③ 无缝线路砟肩应在碎石道砟上堆高 150 mm，堆高道砟的坡度为 1∶1.75。

（5）道床顶面高度。

混凝土枕碎石道床顶面应与轨枕中部顶面平齐，木枕碎石道床顶面应低于木枕顶面 30 mm。

（6）道床过渡段。

正线、出入线和试车线的无砟道床与有砟道床间应设轨道弹性过渡段，长度不宜短于车辆的全轴距。

同一曲线地段宜采用同一种道床形式，使同一曲线轨道弹性一致，有利于行车，保持轨道的稳定性，减少维修工作量。

有砟道床的优点是结构简单，减振、降噪性能较好，造价低，是一般铁路最常用的道床。

但因其轨道建筑高度较高，需要增加隧道的开挖量，增加结构投资，同时轨道维修量大，隧道内捣固道砟粉尘影响作业人员健康，所以新建地铁和轻轨交通隧道内不宜采用有砟道床，应采用整体道床。

（三）整体道床

整体道床一般分无枕式和轨枕式两种。

1. 无枕式整体道床

无枕式整体道床亦称整体灌注式道床，用施工机具把连接扣件的玻璃钢套管按设计位置预埋在道床内，上面做成承轨台，然后再安装钢轨和扣件。此种道床施工方法烦琐，机具复杂，进度也慢，承轨台抹面精度不易保证，难以达到设计要求，国内很少采用。

2. 轨枕式整体道床

这种整体道床又可分为短枕式和长枕式两种。

（1）短枕式整体道床。

这种道床轨道建筑高度为 550 mm 左右，轨枕下道床厚度一般不小于 160 mm，常设中心排水沟，见图 1-17。短轨枕在工厂预制，内布钢筋，底部外露钢筋钩，以加强与道床混凝土的连接。

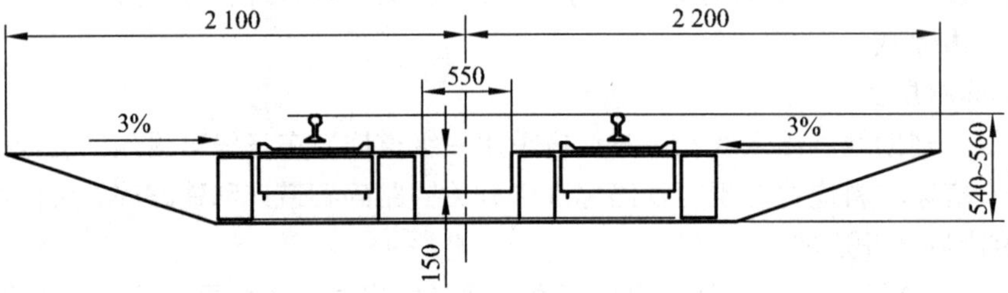

图 1-17　短枕式整体道床

这种道床稳定、耐久，结构比较简单，造价较低，施工方法简单，进度较快，是地铁和轻轨交通最常采用的道床形式。

（2）长枕式整体道床。

这种道床如图 1-18 所示，设侧向排水沟。一般长轨枕预留圆孔，让道床纵筋穿过，加强了与道床的连接，使道床更坚固、稳定和整洁美观。这种道床适合于软土地基隧道，可采用轨排法施工，进度快，施工精度也容易保证。

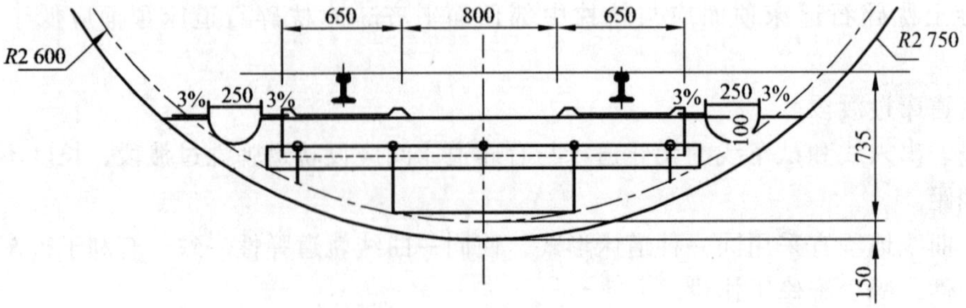

图 1-18　长枕式整体道床

（3）其他形式整体道床。

为减少振动和噪声，整体道床还有几种形式，如弹性短枕式、塑料短枕式、短木枕式、浮置板式、纵向浮置板式、弹性整体道床等，都具有较好的减振降噪效果，对防振、防噪有严格要求的地段可选铺这几种形式的整体道床。

隧道内和高架桥上的道岔区宜采用短枕式整体道床，以使轨道弹性一致并增强道岔区轨道的强度。车场线因行驶空车，速度也低，其道岔区宜采用碎石道床，以节省工程投资。

整体道床的优点是道床整体性好，坚固稳定、耐久；轨道建筑高度小，减小隧道净空，节省投资；轨道维修量小，适应地铁和轻轨交通运营时间长、维修时间短的特点。

五、轨道的几何形位

轨道的几何形位是指轨道各部分的几何形状、相对位置及基本尺寸，是保证列车按规定速度安全平稳运行的重要条件之一。

轨道的几何形位要素主要有轨距、水平、高低、方向及轨底坡。各种轨道的几何形位都存在一定的偏差，但不得超过其容许值，即轨道几何尺寸的容许偏差。

（一）轨　距

1. 直线地段轨距

轨距为两股钢轨头部内侧与轨道中线相垂直的距离。因为钢轨头部外形由不同半径的复曲线组成，钢轨底面设有轨底坡，钢轨向内倾斜，车轮轮缘与钢轨侧面接触点在钢轨顶面下10 ~ 16 mm处，所以我国《铁路技术管理规程》(简称《技规》) 规定轨距测量部位在钢轨顶面下16 mm处。

我国城市轨道交通线路直线地段的轨距均采用1 435 mm。《技规》规定线路、道岔轨距的静态允许最大偏差为 + 6 mm 和 – 2 mm。

轨距用道尺或轨检车进行测量。前者测得的是静态的轨距，后者则可以测得列车通过时轨距的动态变化。

为使轨道交通车辆能顺利通过轨道，轨道的轨距必须略大于轮对宽度。当轮对的一个车轮轮缘与钢轨贴紧时，另一车轮轮缘与钢轨之间应留有一定的空隙，此空隙称为游间(δ)，如图1-19所示。

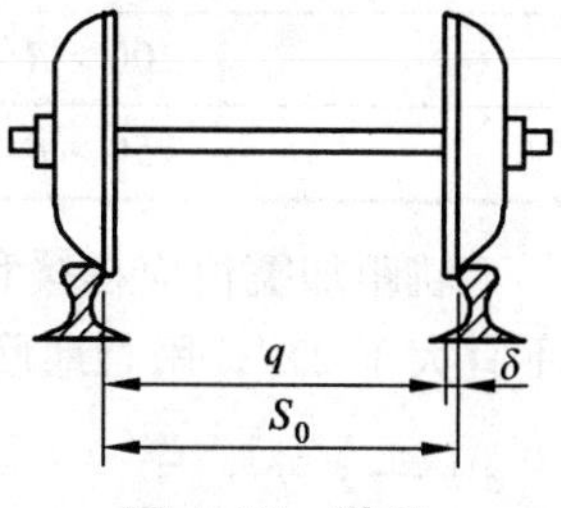

图1-19　游间

游间的计算方法：

$$\delta = S - q$$

式中　S——轨距，mm；

q——轮对宽度，mm。

若S_0为标准轨距，q_0为正常轮对宽度，则正常轮轨游间δ_0为：

$$\delta_0 = S_0 - q_0$$

轨距和轮对宽度均规定有容许的最大值和最小值。若轨距最大值和最小值为S_{max}、S_{min}，而轮对宽度的最大值和最小值为q_{max}、q_{min}，则游间最大值和最小值分别为：

$$\delta_{max} = S_{max} - q_{min}$$

$$\delta_{min} = S_{min} - q_{max}$$

游间的大小对列车运行的平稳性和轨道的稳定性有重要的影响。如果游间太大，则列车运行时的蛇行幅度加大，作用于钢轨上的横向力也增大，会加剧轮轨磨耗和轨道变形，严重时将引起列车脱轨；如果游间太小，则增加行车阻力和轮轨磨耗，严重时还可能卡住轮对，挤翻钢轨或导致爬轨事故。

2. 曲线地段轨距

当车辆进入曲线轨道时，因惯性作用仍然要保持原来的行驶方向，当前轴外轮碰到外轨，受到外轨引导时，才沿着曲线轨道行驶。这时车辆的转向架与曲线在平面上保持一定的位置和角度。车辆运行在曲线上可能会出现 3 种情况：① 当轨距足够宽时，只有前轴外轮的轮缘受到外轨的挤压力或导向力，后轴则居于曲线半径方向，两侧轮缘与钢轨间有一定的间隙，行车阻力最小；② 当轨距不够宽时，后轴的内轮轮缘也将受到内轨的挤压，产生第二导向力，行车阻力较前者大为增加；③ 轨距更小，前后轴均同时受到内外轨挤压，车轮被楔在两轨之间，不仅行车阻力大，甚至可能把钢轨挤开。

因此，在小半径曲线上的轨距必须加宽。确定轨距加宽的原则是保证最常用的车辆转向架能以第一种情况自由通过曲线，并保证轴距较长的多轴列车能以第二种情况通过，而不至于出现第三种情况。

根据国产地铁和轻轨车辆的资料，当曲线半径<250 m 时，应按表 1-11 规定的数值对轨距进行加宽。

表 1-11　曲线地段轨距加宽值

曲线半径 R/m	加宽值/mm	
	A 型车	B 型车
$250 > R \geqslant 200$	5	—
$200 > R \geqslant 150$	10	5
$150 > R \geqslant 100$	15	10

轨距加宽值应在缓和曲线范围内递减，无缓和曲线或其长度不足时，在直线地段递减率不宜大于 2‰，困难地段不应大于 3‰。

（二）水　平

水平是指线路左右两股钢轨顶面的相对高差。为保证列车运行平稳，并使两股钢轨均匀受力，在直线地段上两股钢轨顶面应保持在同一水平面上。

水平可用道尺或轨检车进行测量。直线地段正线的水平容许误差按《技规》规定为 4 mm。

（三）前后高低

前后高低是指轨道沿线路纵向的竖向平顺情况，即轨面的上下起伏。

轨道前后高低不平顺，会引起轮轨间的振动和冲击，加速道床变形，进而扩大不平顺，进一步加剧轮轨的动力作用，形成恶性循环。

经过维修或大修的轨道，要求目视平顺，一股钢轨前后高低偏差用 10 m 弦测量最大矢度值，按《铁路线路维修规则》规定正线不应超过 4 mm。

（四）方　向

轨道的方向是指轨道中心线在水平面上的平顺性，又称轨向。

按照行车平稳与安全的要求，直线应当笔直，曲线应当圆顺，否则会引起列车蛇行运动。相对轨距来说，轨道方向往往是行车平稳性的控制因素。按《铁路线路维修规则》规定正线上的正矢不应超过 4 mm。

（五）轨底坡

因车轮踏面的主要部分为 1∶20 的斜坡，为使轮轨接触集中于轨顶中部，提高钢轨的横向稳定性，避免或减小钢轨偏载，减小轨腰的弯曲应力，减轻轨头不均匀磨耗，延长钢轨的使用寿命，在直线上，钢轨不应竖直铺设，而要适当地向内倾斜。钢轨的这种内倾度称为轨底坡，也叫内倾度，即钢轨底面对轨枕顶面的倾斜度。

《设规》规定：正线、辅助线和车场线上的钢轨，应设置 1/40 或 1/30 的轨底坡，但在无轨底坡的两道岔间不足 50 m 的地段不应设置轨底坡。

在曲线地段，由于超高的存在，内股钢轨的轨底坡要适当调整才能保证其不向轨道外方倾斜。

轨底坡设置得是否正确，可根据钢轨顶面由车轮踏面碾磨形成的光带位置判断，一般情况下要求光带宽度一致，并稍偏向轨头中心内侧。如光带偏向钢轨中心内侧较多，则说明轨底坡不足；如偏向外侧过多，则说明轨底坡过大。

北京、上海地铁运营实践表明，小半径曲线地段钢轨磨耗较严重，光带偏离轨顶中心向内，说明 1/40 轨底坡偏小，设置 1/30 或 1/20 轨底坡较为适宜。

第三节　道　岔

道岔是机车车辆从一股道转入或越过另一股道时必不可少的线路设备，是轨道的一个重要组成部分。

根据道岔的用途及几何形式，道岔可有多种类型，常见的有普通单开道岔、对称道岔、三开道岔、交分道岔、交叉设备等。近年来，地铁、轻轨还设计和铺设了部分专用道岔。

城市轨道交通布设在城市内，基本采用双线线路，线路中间站通常不设配线，两个方向线路在区段内也很少有交叉存在。在城市轨道交通线路中，道岔设备的主要作用是：设有渡线和折返线的车站，通过设置道岔来实现车辆的转线；在车场、车辆段内，股道通过道岔将停车线、检车线等与走行线连接。

一、单开道岔

在所有类型的道岔中，用得最多的是单开道岔。

单开道岔是将一条铁路线分为两条，主线为直线，侧线由主线的左侧或右侧岔出。站在道岔前部面向尖轨尖端，凡侧线由主线左侧岔出的称为左开道岔，侧线由右侧岔出的称为右开道岔。

单开道岔主要由转辙器部分、连接部分、辙叉及护轨部分组成，如图 1-20 所示。

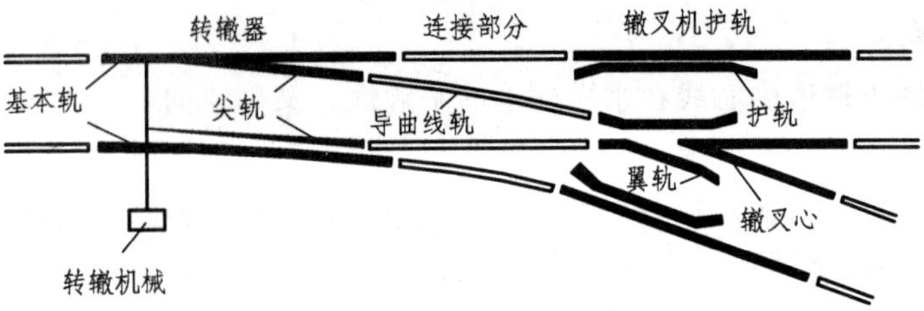

图 1-20　单开道岔的组成

1. 转辙器部分

转辙器部分是由一对基本轨、一对尖轨、各种连接零件（拉杆、连接杆、顶铁、滑床板、轨撑、辙前垫板、辙后垫板）及转辙机械等组成，如图 1-21 所示。

基本轨位于尖轨外侧，其作用除承受车轮的垂直压力并经垫板将其传递于岔枕上外，还与尖轨共同承受车轮的横向水平推力，并保持尖轨位置的稳定。基本轨一般用 12.5 m 或 25 m 标准长度的钢轨制成。由于尖轨与基本轨密贴时，产生一个转辙角，因此转辙器部分的轨距必须加宽，以满足机车车辆固定轴距和车轮与钢轨良好接触的需要。

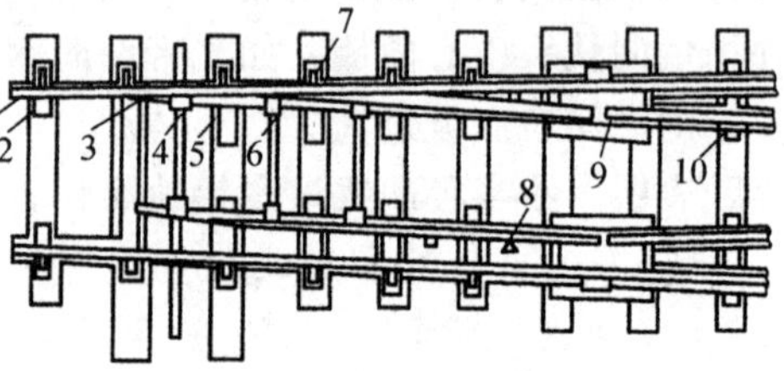

1—基本轨；2—辙前垫板；3—尖轨；4—拉杆；5—滑床板；6—连接杆；
7—轨撑；8—顶铁；9—尖轨跟部；10—辙后垫板。

图 1-21　转辙器部分的组成

尖轨是用与基本轨同类型的标准钢轨或特种断面钢轨（AT 型钢轨）刨制而成的，目前我国地铁和轻轨上铺设的道岔几乎都是 AT 型尖轨。

对尖轨的要求是当一根尖轨与邻近基本轨密贴时，另一根尖轨必须与邻近的基本轨分开规定的距离，两根尖轨分别被称为密贴尖轨和斥离尖轨。通过尖轨与基本轨的密贴和分离达到引导车轮按不同线路运行的目的。

尖轨按其平面状态分为直线型尖轨和曲线型尖轨两种，如图 1-22 所示。直线型尖轨左右开道岔可通用，加工制造简单，尖轨尖端刨削部分短，横向刚度大，尖轨动程与跟端轮缘槽小。曲线型尖轨左右开道岔不能通用，加工较复杂，但与同号直线型尖轨道岔相比，可缩短道岔长度，增大导曲线半径，提高列车侧向过岔速度。目前我国地铁和轻轨上铺设的尖轨既有直线型也有曲线型。

为了保证尖轨能够在平面上左右摆动，与基本轨密贴或分离，尖轨跟端结构要求以跟部为轴，保证尖轨由一个位置扳动至另一个位置时摆动灵活。常见的有间隔铁式尖轨跟端结构与弹性可弯式尖轨跟端结构。

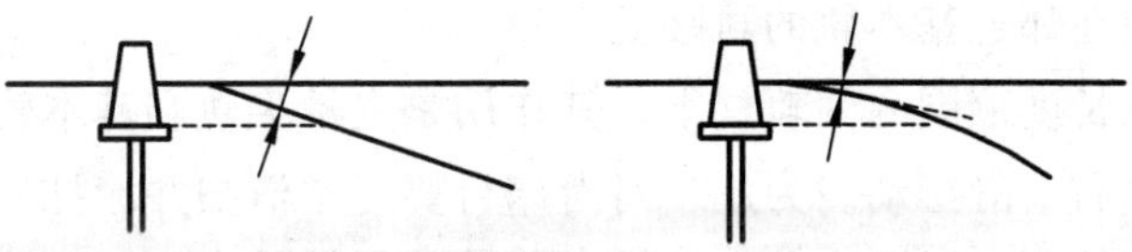

图 1-22　直线型、曲线型尖轨

（1）间隔铁式尖轨跟端结构，如图 1-23 所示。

它由间隔铁、夹板、辙跟轨撑以及用于连接的套管、螺栓等组成。间隔铁可保持尖轨跟端处与基本轨有固定的间隔宽度，保证车轮能够正常通过。夹板与螺栓相配合可保证跟端连接牢固和尖轨摆动灵活。辙跟轨撑可固定跟端结构的位置。

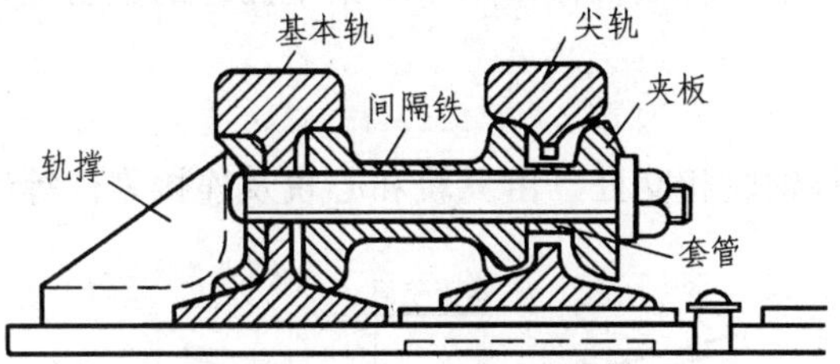

图 1-23　尖轨跟端结构

这种跟端结构简单、零件少、尖轨转动灵活，但稳定性较差、易发生病害，一般用在辙岔号数较小的道岔上。

（2）弹性可弯式尖轨跟端结构是在尖轨跟端前 1.5 ~ 2.0 m 处，把尖轨轨底两侧边缘切掉，使之与钢轨头部宽度相同，形成柔性点，尖轨可绕该处弹性弯曲，如图 1-24 所示。

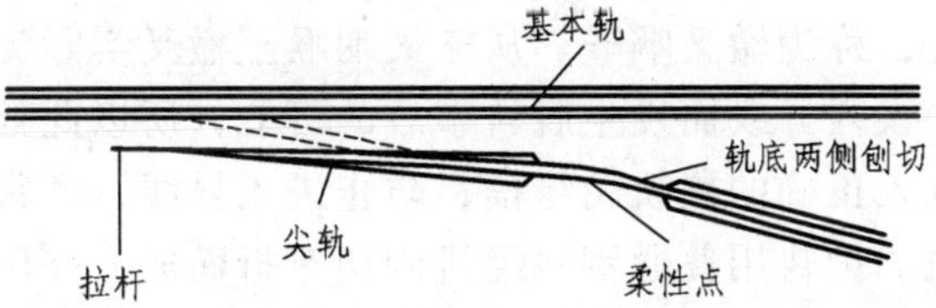

图 1-24　弹性可弯式尖轨

这种跟端结构坚固、稳定、简单，易于保养，我国很多地铁和轻轨线路上的道岔都采用了这种尖轨。

连接杆是将两根尖轨连接成一个框架式整体一起摆动，同时保持两尖轨在平面上的相对位置，一般设 2 ~ 3 根。安装在尖轨最前面与转辙机械相连的一根为拉杆，用以转换尖轨位置。随着列车速度的提高，道岔的号数越来越大，尖轨的长度越来越长，为保证尖轨与基本轨的密贴，一些道岔的尖轨需要由多台转辙机械共同完成尖轨的转换，而且两根尖轨需要分别扳动，这样的道岔被称为分动道岔。分动道岔的两根尖轨不再需要连接杆。

由于尖轨经过了刨切，横断面面积减小，强度被削弱，设于尖轨轨腰处顶铁的作用就是将尖轨与邻近基本轨连成一个整体，使基本轨与尖轨共同承受车轮的横向作用力。顶铁的长度应按安装顶铁处的尖轨与邻近基本轨工作边的支距计算确定，保证尖轨尖端与邻近基本轨密贴时，顶铁正好顶在邻近基本轨的轨腰上。

滑床板设在尖轨长度范围内的轨枕上，其作用是支承尖轨和基本轨，保证尖轨在滑床板顶部的滑床台上能左右平滑摆动。为此，对滑床台要经常清扫并涂抹润滑剂。

轨撑设于基本轨外侧，以阻止基本轨横向移动并保持基本轨与尖轨之间的轨距。通常基本轨始端第二根岔枕至跟端前一根岔枕范围内每根岔枕上的基本轨外侧都安设轨撑。

辙前垫板又称轨撑垫板，设于尖轨尖端前部一段基本轨下面，用以固定轨撑的位置，并与轨撑共同防止基本轨向外横向移动。辙后垫板设于尖轨跟后一段长度内，用以保持尖轨跟后导曲线支距的准确。

转辙机械用于扳动尖轨到不同的位置，使道岔能准确地开通直线或侧线。常用的转辙机械有手动和电动两大类：手动转辙机械多用于非集中操纵的道岔上，电动转辙机械用于集中操纵的道岔上。

2. 辙叉及护轨

辙叉设于道岔中两根钢轨相交处，由翼轨和心轨及连接零件等组成，如图 1-25 所示。

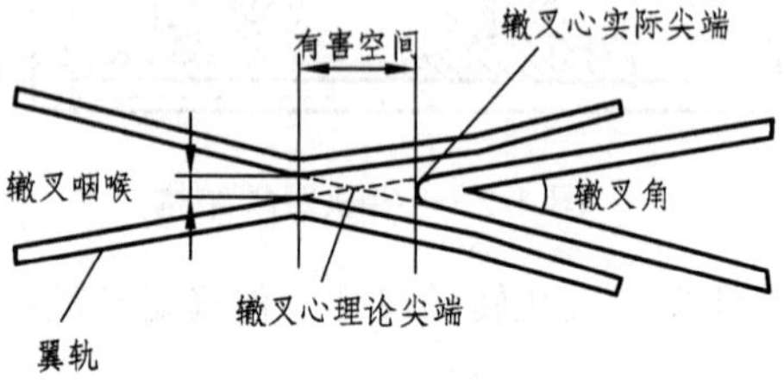

图 1-25　辙叉示意图

辙叉心轨两工作边所成的夹角称为辙叉角 α，其交点称为辙叉理论尖端。由于制造工艺的缘故，实际上的辙叉尖端有 6 ~ 8 mm 的顶面宽度，叫辙叉实际尖端。

两翼轨相距最近处，称为辙叉咽喉。从辙叉咽喉至辙叉实际尖端之间有一段轨线中断地带，车轮有失去引导误入异线而发生脱轨事故的可能，所以此处被称为有害空间。为保证车轮在有害空间处进入正确的翼轨轮缘槽，防止进入异线，通常在辙叉两侧相对应位置的基本轨内侧设置护轨。护轨用普通钢轨经过刨切弯折而成，并用间隔铁、螺栓等零件与基本轨连接。

我国单开道岔上常用的辙叉有锰钢整铸式辙叉、钢轨组合式辙叉和可动心轨辙叉。

锰钢整铸式辙叉是用含锰量 10% ~ 14%的高锰钢把心轨和翼轨铸成整体的辙叉，如图 1-26 所示。此种辙叉整体性、稳定性好，而且使用寿命长，维修工作量小，得到了广泛的使用。

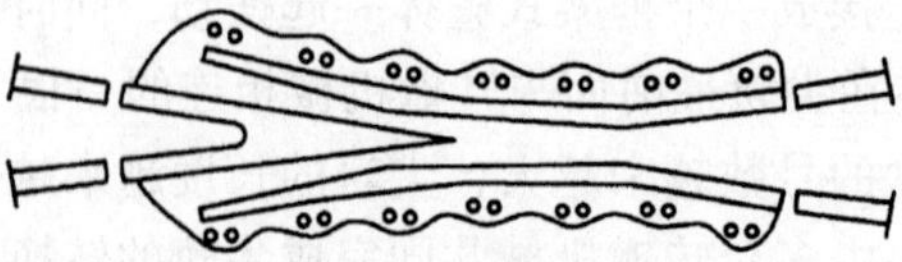

图 1-26　整铸式辙叉

钢轨组合式辙叉是将长心轨、短心轨以及用普通钢轨经弯折、刨切加工而成的翼轨，用不同尺寸的间隔铁和螺栓连接拼装紧固而成的辙叉。这种辙叉由于零件数量多，容易松动，维修量较大，所以在主要线路上很少用到。

可动心轨辙叉是由长心轨、短心轨拼装成的可动心轨和翼轨、叉跟基本轨、帮轨等组合而成的，如图 1-27 所示。这种辙叉利用心轨可摆动与翼轨密贴的特征，消除了有害空间，不仅避免了车轮对心轨和翼轨的冲击，而且提高了列车直向过岔速度，广泛用于高速行车的线路上。

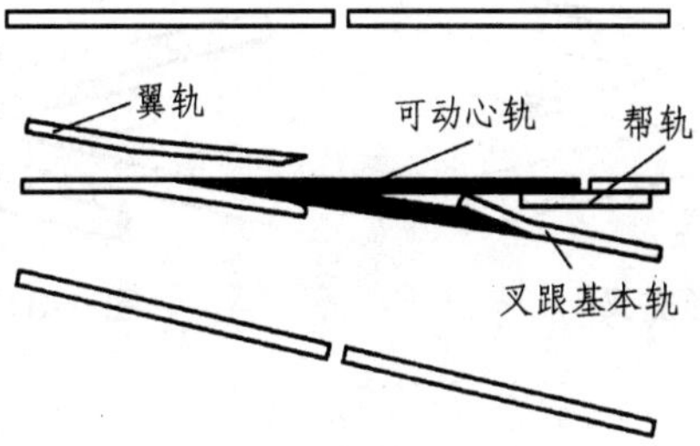

图 1-27　可动心轨辙叉

3. 连接部分

连接部分的作用是将转辙器部分与辙叉及护轨部分连接起来构成一组完整的道岔。连接部分主要由主线上的两根直线钢轨和侧线上的两根曲线钢轨组成，两根曲线轨称为道岔导曲线。导曲线一般采用圆曲线，其半径的大小取决于道岔号数的大小及列车侧向过岔速度的要求。单开道岔的导曲线，一般不设外轨超高和轨底坡，而且为保持导曲线的位置和圆顺，在导曲线部分大多铺设有垫板、轨距杆、轨撑及防爬设备。

二、对称道岔

对称道岔是单开道岔的一种特殊形式，它的结构和单开道岔基本相同，只是连接部分没有直轨，而只有导曲线轨，如图 1-28 所示。

当对称道岔的辙叉号数与单开道岔的相同时，其导曲线半径将比单开道岔的约大一倍；当对称道岔的导曲线半径与单开道岔的相同时，对称道岔比单开道岔的长度要短。

三、三开道岔

图 1-29 所示为对称三开道岔。这种道岔有两对尖轨（一长一短为一对），其连接部分有两根直轨，两对导曲线轨；辙叉及护轨部分有三副辙叉、四根护轨，后辙叉无法在主线内设护轨，因此主线行车速度受到限制。

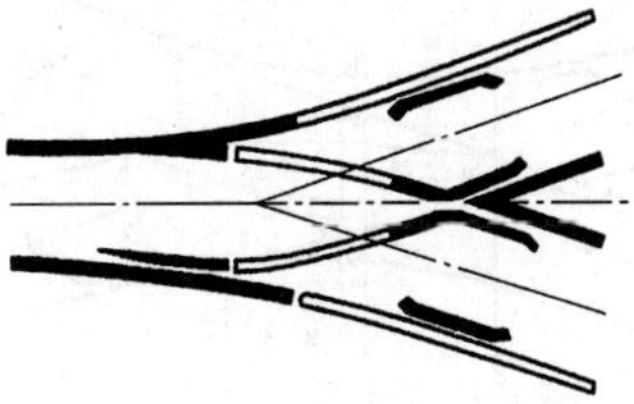

图 1-28　对称道岔

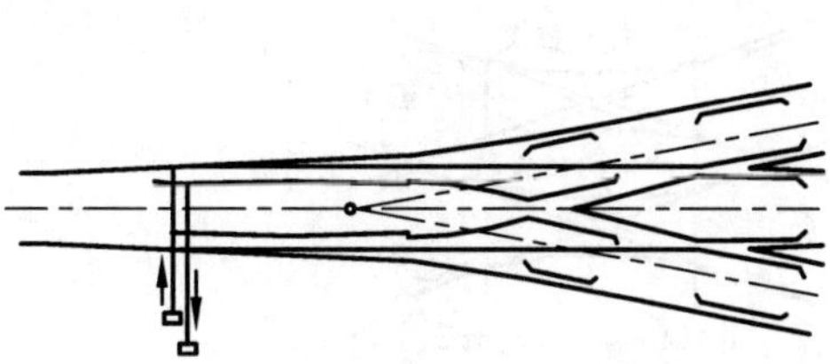

图 1-29　对称三开道岔

四、菱形交叉

当一条线路与另一条线路平面相交时，为了使机车车辆能由一条线跨越另一条线运行，所设置的连接设备称为菱形交叉。菱形交叉由两组相同角度的锐角辙叉和两组相同角度的钝角辙叉组成，如图 1-30 所示。

锐角辙叉的结构与单开道岔基本相同。钝角辙叉分为固定型和可动心轨型两种，如图 1-31 和图 1-32 所示。

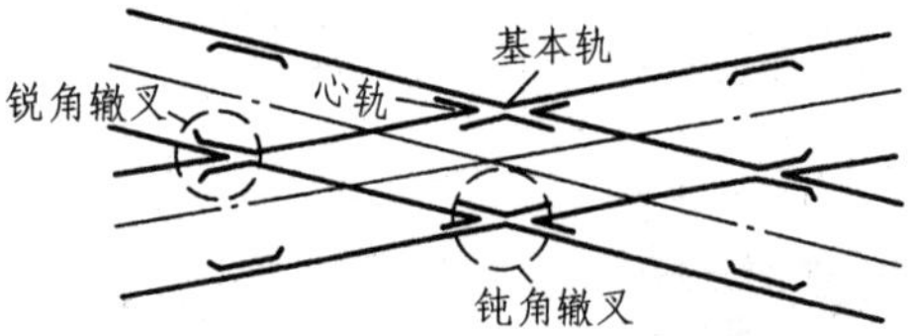

图 1-30 菱形交叉

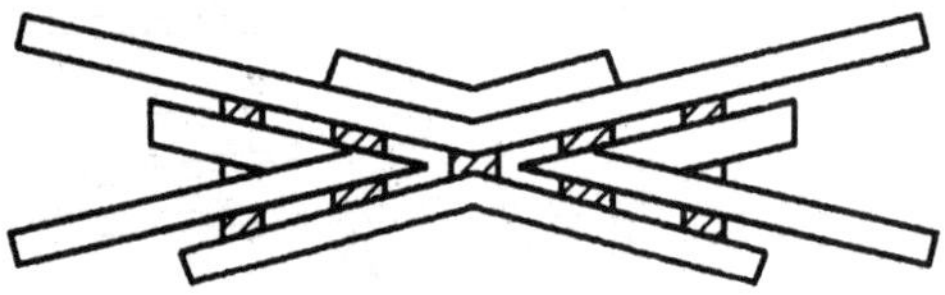

图 1-31 固定型钝角辙叉

五、交叉渡线

交叉渡线是由四组类型及号数相同的单开道岔、一副菱形交叉和连接钢轨组成，用于平行股道之间的连接，如图 1-33 所示。

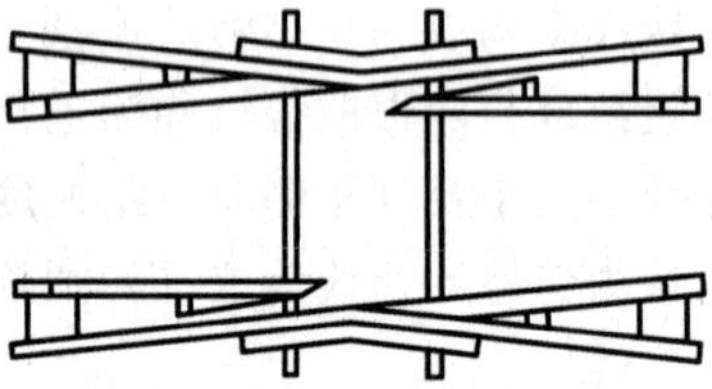

图 1-32 活动型钝角辙叉

图 1-33 交叉渡线

地铁常用终端站的站前和站后正线折返，用交叉渡线连接上、下行正线。也常在地铁区段折返站或端部折返站的双折返线上，用交叉渡线连接两股折返线（或其中一股用作列车停留线）。

六、交分道岔

在菱形交叉一侧增添两副转辙器和一对连接曲线，即构成单式交分道岔；在菱形交叉两侧各增添一对连接曲线和转辙器，则构成复式交分道岔。一组复式交分道岔相当于两组对向铺设的单开道岔，可以开通 4 个方向 8 条通路。复式交分道岔又可分为固定式和活动式两种，如图 1-34 和图 1-35 所示。

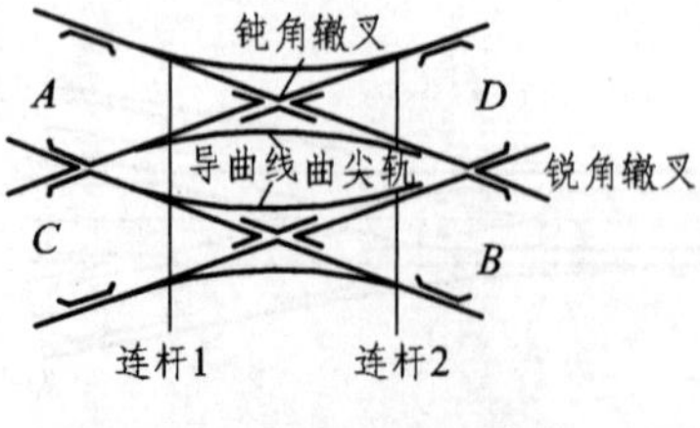

图 1-34 固定式交分道岔

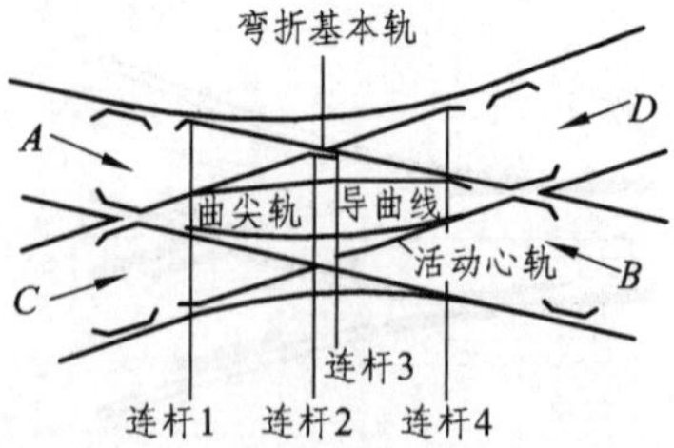

图 1-35 活动式交分道岔

七、道岔辙叉号数

辙叉号数 N 也称为道岔号数，我国规定以辙叉角 α 的余切值来表示，如图 1-36 所示。

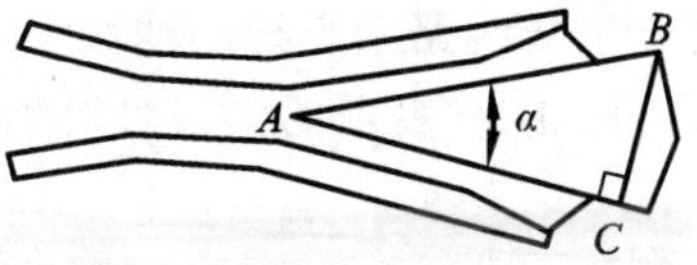

图 1-36　辙叉号数表示图

辙叉号数 N 和辙叉角的关系如下：

$$N=\frac{AC}{BC}=\cot\alpha$$

正线道岔是控制行车速度的关键设备，道岔铺设后再变更改造难度很大，道岔整体道床改造难度更大，并影响地铁正常运营，故道岔型号应满足远期运营的需要。《设规》规定：正线、辅助线和试车线应采用不小于 9 号的各类道岔，车场咽喉区应采用不大于 7 号的各类道岔，并宜采用 AT 尖轨、高锰钢辙叉和可调试护轨，以增强道岔的稳定性和减少道岔的维护工作量。地铁常用道岔号数为 12、9、7 号。

八、道岔的几何要素及中心线表示法

如图 1-37 所示，O 表示道岔中心；a 表示道岔前部实际长度（基本轨始端轨缝中心至道岔中心的水平距离）；b 表示道岔后部实际长度（道岔中心至辙叉后跟轨缝中心的距离）；L_q 表示道岔全长（道岔基本轨始端轨缝中心至辙叉后跟轨缝中心的距离）；a_0 表示道岔前部理论长度（尖轨始端至道岔中心的距离）；b_0 表示道岔后部理论长度（道岔中心至辙叉心理论尖端的距离）；q 表示尖轨前基本轨长（道岔基本轨始端轨缝中心至尖轨始端的距离）；m 表示辙叉跟长（辙叉心理论尖端至辙叉后跟轨缝中心的距离）。

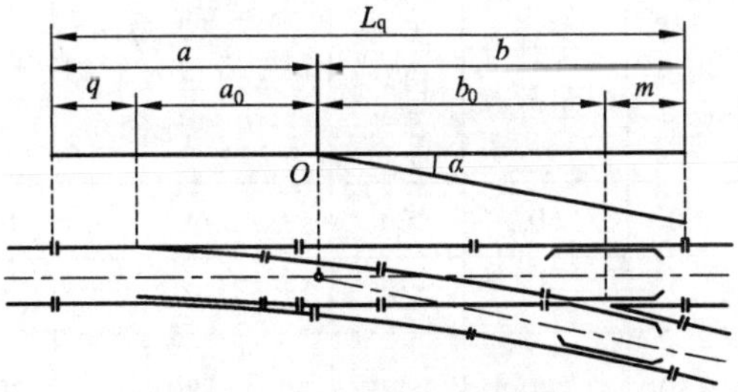

图 1-37　道岔几何要素

在已知道岔两线路中心线的交叉点和辙叉号数、道岔类型时，可按选定的比例尺用单线把道岔表示出来。

例如，画 9 号左开单开道岔时，可在主线的中心线上，先确定两线路中心线交点的位置，然后从交点沿主线线路中心线画等于辙叉号数的 9 个等分线段，并在最后一个线段末端画一等分线段，使其垂直于主线的线路中心线，将垂直线段的终点与道岔中心连接，即得支线方向，如图 1-38 所示。

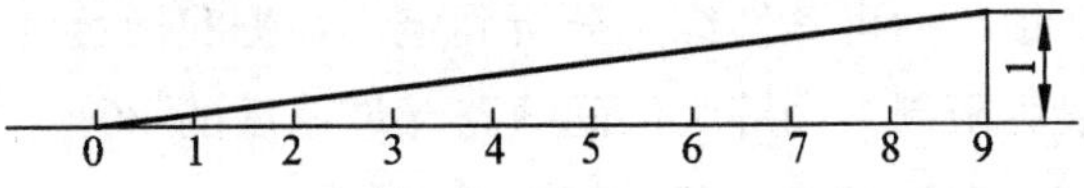

图 1-38　9 号单开道岔的中心线表示法

如画对称道岔，只需将垂直于主线线路中心线的线段平分于中心线两侧，然后把线段两端的终点与道岔中心相连接即可。图 1-39 表示的是 6 号对称道岔。

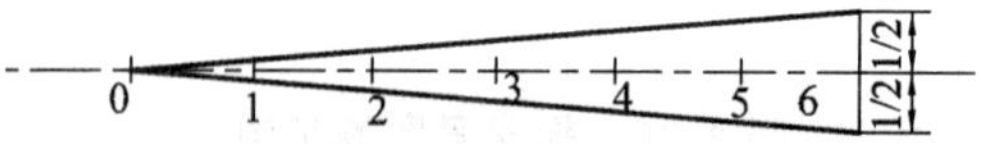

图 1-39　6 号对称道岔的中心线表示法

九、道岔限速

道岔是轨道的薄弱环节，列车通过道岔的容许速度按道岔的侧向及直向分别考虑。

列车侧向通过道岔时，由于导曲线半径较小，且一般不设超高和缓和曲线，列车未被平衡的离心作用大，同时机车车辆由直线进入道岔侧线时，在开始迫使车辆改变运行方向的瞬间，必然发生车轮与钢轨的撞击，从而影响乘客舒适度和道岔结构的稳定性，故必须将列车侧向过岔速度限制在容许范围之内。

1. 侧向过岔速度

《铁路过岔的容许通过速度》（TB/T 2477—2006）规定，导曲线为单圆曲线时，由外轨超高控制的导曲线通过速度应满足下式：

$$v = 2.75\sqrt{R}$$

式中　v——旅客列车通过速度，km/h；

R——导曲线半径，m。

国内已建成、在建的部分地铁（轻轨）线路铺设道岔采用的限制过岔速度如表 1-12 所示。

表 1-12　地铁轻轨道岔限速

铺设线路		深圳地铁 广州地铁	天津津滨轻轨	深圳地铁 广州地铁	上海明珠轻轨	南京地铁 北京地铁八通线 天津地铁	上海地铁	上海轻轨	北京地铁八通线 南京地铁 天津地铁 深圳地铁
轨型		60	60	60	60	60	60	50	50
道岔号数		12	12	9	9	9	9	7	7
导曲线半径/m		350	350	180	180	180	200	150	150
尖轨特征		60AT 弹曲	60AT 弹曲	60AT 直尖	60AT 弹曲	60AT 直尖	60AT 弹曲	50AT 曲尖	50AT 曲尖
道岔限速/(km/h)	正向	80	100	80	80	80	80	80	80
	侧向	50	45	30	30	30	35	25	25

2. 直向过岔速度

关于直向过岔速度，目前尚无简便而成熟的统一计算方法，只是根据道岔类型、道岔结构、道岔号数、道岔尖轨锁闭的可靠性综合分析确定。根据我国运营实践，结合一定的理论分析，直向过岔速度一般可限制为同等级区间线路允许速度的 80%～90%。我国《铁路线路维修规则》规定了道岔直向允许过岔速度，如表 1-13 所示。

表 1-13 直向允许通过速度

14 钢轨/(kg/m)	尖轨类型	辙叉类型	道岔号数				
			9	12	18	30	38
43	普通钢轨尖轨	固定型	85	95			
50	普通钢轨尖轨	固定型	90	110	120		
50	AT 弹性可弯尖轨	固定型		120			
50	AT 弹性可弯尖轨	可动心轨		160			
60	普通钢轨尖轨	固定型	100	110			
60	AT 弹性可弯尖轨	固定型		120			
60	AT 弹性可弯尖轨	固定型(提速道岔)	140	160			
60	AT 弹性可弯尖轨	可动心轨		160/200	160/200	160/200	200

十、新型轨道交通道岔

1. 跨座式单轨交通道岔

跨座式单轨交通道岔区的轨道梁同时也是道岔的部件，称道岔梁。道岔主要由道岔梁、梁间回转轴、移动台车、驱动装置、锁定装置、控制系统等组成。

跨座式单轨交通的道岔从结构上可分为关节型道岔和关节可挠型道岔两大类型。

关节型道岔为几节钢制轨道梁铰接组成的折线形道岔，如图 1-40 所示。由于车辆通过折线部位时冲击力较大，故一般只用于车辆低速运行的车场线路和辅助线。

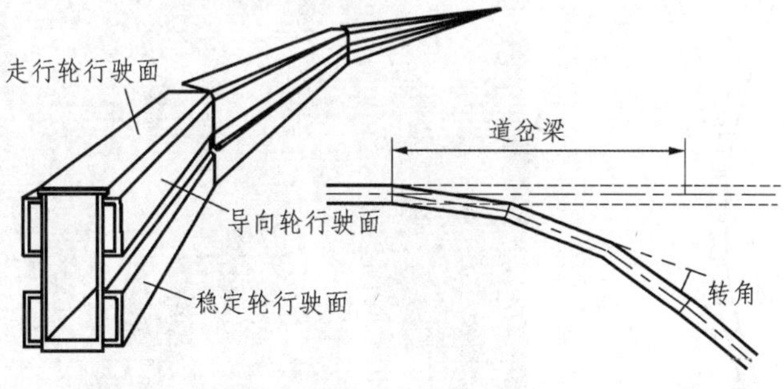

（a）构造示意图　（b）线性面示意图（平面）

图 1-40 关节型道岔构造

关节可挠型道岔是由几节钢制短轨道梁、并在梁两侧的导向轮和稳定轮走行面配一套曲板装置铰接组成的曲线形道岔，如图 1-41 所示。这种道岔构造相对复杂，但车辆可在较圆滑的曲线上通过，运行平稳、舒适性好，适用于车辆载客行驶的正线。

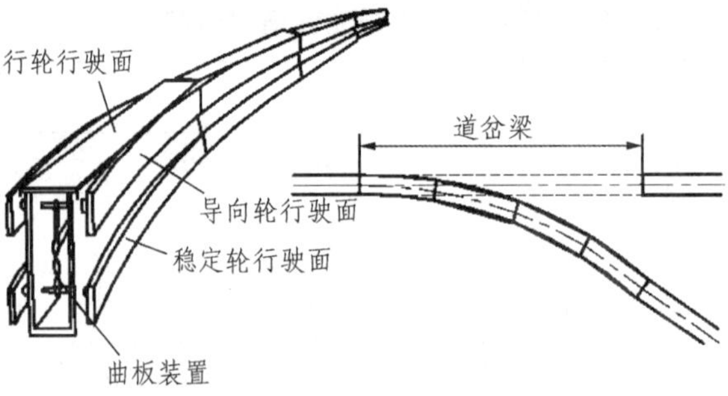

（a）构造示意图　　（b）线性面示意图（平面）

图 1-41　关节可挠型道岔构造

跨座式单轨交通道岔的基本形式有单开、双开、三开及五开等几种，根据需要组合成单渡线、交叉渡线等多种不同的形式，如图 1-42 ~ 图 1-45 所示。

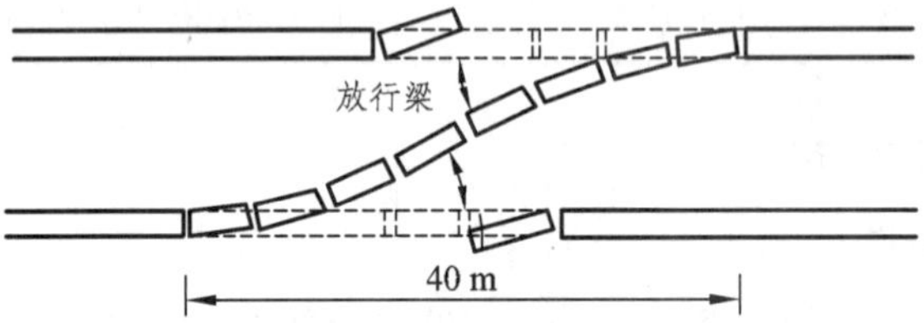

图 1-42　单渡线道岔

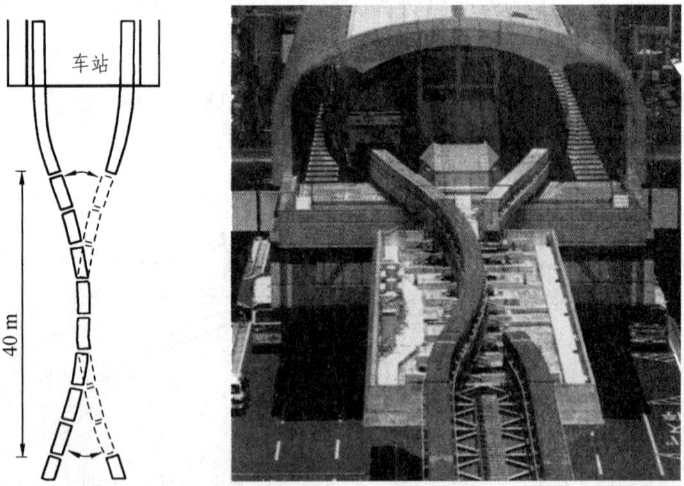

（a）　　（b）

图 1-43　交叉渡线（一）

交叉渡线道岔（见图 1-43）用于上下行交叉渡线处，中间两节短道岔梁为固定式，另有两组活动道岔梁，通过不同组合连接，可构成 4 条通路。道岔区长约 40 m，列车通过速度为 25 km/h。

（a）　　　　　　　　　　　　（b）

图 1-44　交叉渡线（二）

图 1-44 所示交叉渡线道岔用于上下行线交叉渡线处，在上下行线及线间中部为固定梁，另有 4 组活动道岔梁，通过不同连接可构成 4 条通路。道岔区长约 72 m，列车通过速度可达 35 km/h。

（a）　　　　　　　　　　　　（b）

图 1-45　五开道岔

多开道岔（见图 1-45）用于车场内行车线与多条停车线的连接，根据连接线路的多少，采用单开、双开、三开或五开形式，道岔区长度一般为 20 ~ 30 m。

2. 自动导轨交通道岔

自动导轨交通道岔主要有垂直沉浮式、平面移动式和第二导向系统几种形式。平面移动式由于水平移动的方式和构造不同又可分为几种不同的形式。

垂直沉浮式道岔的导向方法是当车辆需要转行至另一条轨道线路上时，道岔区的直线导轨沉落入地，曲线导轨由地下浮出衔接另一线路，反之直线导轨浮出地面，曲线导轨落入地下，如图 1-46 所示。由于这种立体型道岔比水平转换的平面道岔构造更复杂，后期建设的自动导轨交通很少采用。

水平移动道岔的导向方法是当车辆行驶至道岔区前时，拨岔机根据控制指令拨动导向板，使车辆导向轮沿拨动后的导向板直行或弯转至另一条轨道线路运行，如图 1-47 所示。

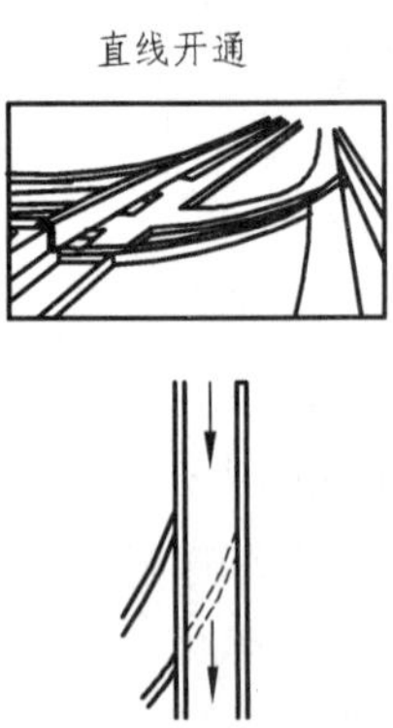

图 1-46　沉浮式道岔

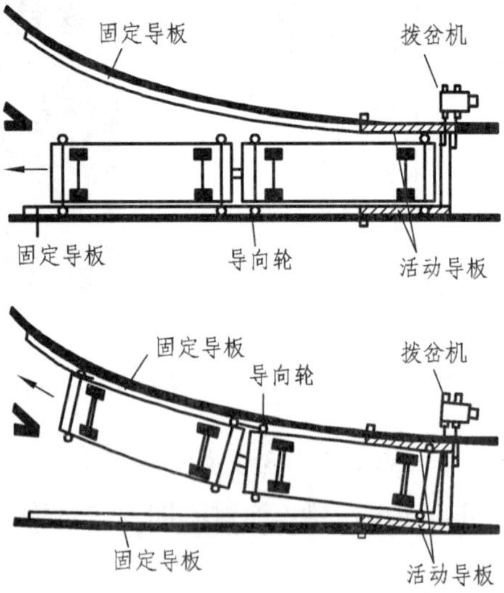

图 1-47　水平移动道岔

整体回转式道岔是拨岔时导轨与轨道一端整体原地转动，另一端整体移动接至列车要驶入的线路，如图 1-48 所示。

因为在道岔区位于轨道侧面的导轨被中断，车辆的导向将由装置在转向架中央底部的一个导向滚轮（转辙轮）完成。两钢轨头部的间距约为 5 cm，钢轨的轨面与轨道面为同一水平面。车辆转换行车线路时，由控制系统按指令水平移动可动的导向轨使车辆沿原线路直行或转至另一条线路行驶。这就是第二导向系统，如图 1-49 所示。

图 1-48　整体回转式道岔

图 1-49　道岔区中央导轨

3. 索轨交通道岔

索轨交通道岔一般采用硬轨制成特定的弯曲形式，通过分开和对接，使行驶的车辆改变运行的线路。道岔形式按其分开和对接的转换方式分为摆动、平移和旋转式等几种。道岔主要由硬轨、传动机构、导向机构、驱动装置、锁定装置、控制系统、电力系统组成。

摆动式道岔结构紧凑，传动和驱动机构比较简单，可用于站后折返线上，如图 1-50 所示。

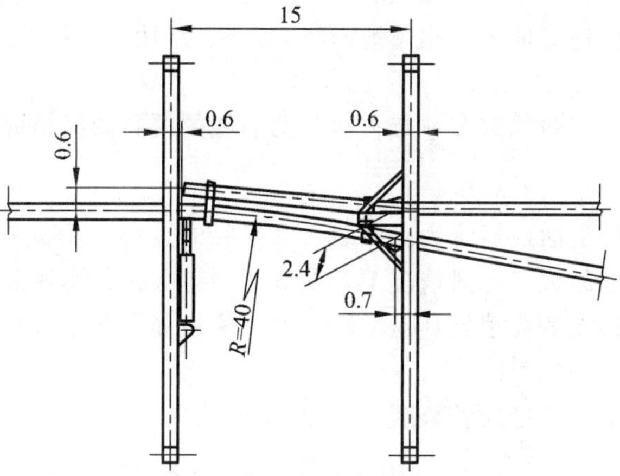

图 1-50　摆动式道岔

平移式道岔采用道岔硬轨平行移动，实现运行线路转换，但占地较多，宜用于折返线和车场中，如图 1-51 所示。

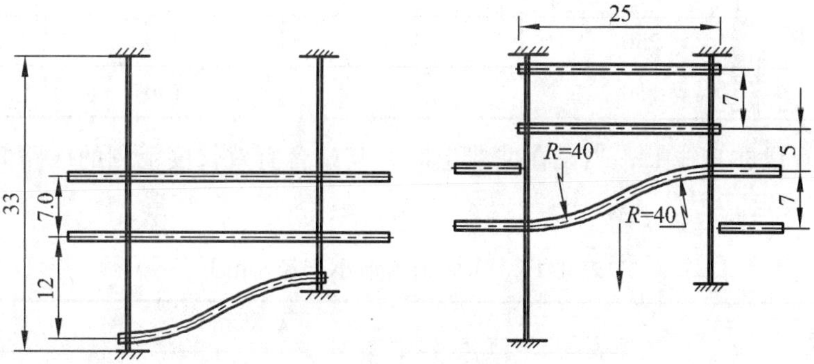

图 1-51　平移式道岔

旋转式道岔比较复杂，各段道岔以同心圆旋转，实现运行线路转换。这种道岔占地较少，如图 1-52 所示。

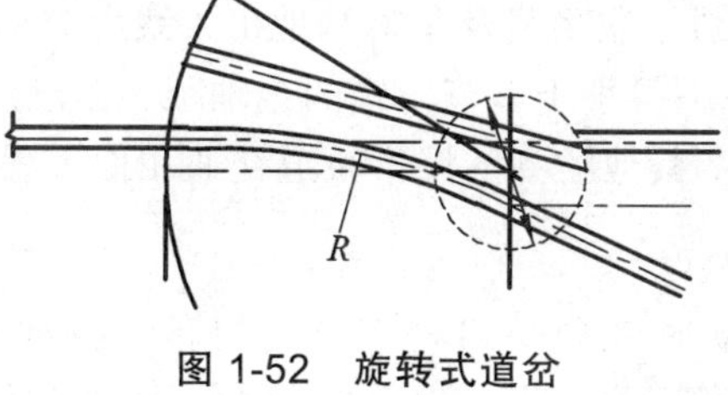

图 1-52　旋转式道岔

第四节　线路的平面和纵断面

一、线路的平面

线路中心线在水平面上的投影，叫线路平面。它表明线路的曲、直变化状态。

在线路平面设计时，为缩短线路长度和改善运营条件，应尽可能设计较长的直线。但为了满足线路选线要求、适应地形变化（地面线方式）、避让障碍物（地面、地下、高架方式）等，应设置曲线。

线路平面由直线、圆曲线以及连接直线与圆曲线的缓和曲线组成。

（一）圆曲线

线路在转向处所设的曲线通常为圆曲线，其半径的大小，反映了曲线弯曲度的大小。圆曲线半径越小，弯曲度越大。一般情况下，曲线半径越大，行车速度可以越高，但工程费用也越高。城市轨道交通系统应根据其运行特征及车辆性能等要素选择一个统一适合的最小曲线半径值，以便于设计与施工。

地铁最小圆曲线标准半径应符合表 1-14 的规定。

表 1-14　圆曲线最小曲线半径（m）

线路	A 型车		B 型车	
	一般地段	困难地段	一般地段	困难地段
正线	350	300	300	250
出入线、联络线	250	150	200	150
车场线	150	—	150	—

车站站台宜设在直线上，当设在曲线上时，其站台有效长度范围的线路曲线最小半径应符合表 1-15 的规定。

表 1-15　车站曲线最小半径（m）

车　型		A 型车	B 型车
曲线半径	无站台门	800	600
	设站台门	1 500	1 000

折返线、停车线等宜设在直线上，困难情况下，除道岔区外，可设在曲线上，并可不设缓和曲线，超高应为 0 ~ 15 mm，但在车挡前宜保持不少于 20 m 的直线段。

圆曲线的最小长度在正线、联络线及车辆基地出入线上，A 型车不宜小于 25 m，B 型车不宜小于 20 m；困难情况下不得小于一节车辆的全轴距，车场线不应小于 3 m。

轻轨尚无专用设计规范，其他类型的城市轨道交通相似工程的设计可参照《设规》执行。

（二）曲线外轨超高 h

任何物体在做圆周运动时都会受到离心作用的影响。列车在通过曲线时会产生强烈的摇摆和晃动，使乘客感觉不适，并产生外轨偏载，磨耗加剧。通常以设置外轨超高的办法，使列车自身的重力产生一个向心的水平分力，以抵消惯性离心作用的影响，达到内外两根钢轨受力均匀和垂直磨耗均匀，以满足旅客的舒适感，提高线路的稳定性和安全性。

曲线外轨超高值按下式计算：

$$h=\frac{11.8v^2}{R}\ (\text{mm})$$

式中 v——列车经过曲线时的平均运行速度，km/h；

R——曲线半径，m。

铁路曲线外轨超高通常按 5 mm 的整数倍取值设置。

1. 超高限值

根据地铁行车速度、车辆性能、轨道结构稳定性和乘客舒适度要求等，《设规》规定曲线外轨的最大超高为 120 mm，当设置的超高值不足时，一般可允许有不大于 61 mm 的欠超高，困难时不应大于 75 mm；车站站台有效长度范围内的欠超高不应大于 15 mm。

2. 设置方法

（1）隧道内。

隧道内及隧道外 U 形槽结构内的整体道床地段的曲线超高，宜采用外轨抬高超高值的一半、内轨降低超高值一半的办法设置，这样可不增加隧道净空，节省结构的投资。

（2）高架线、地面线。

高架线、地面线的曲线外轨超高，宜采取外轨抬高超高值的办法设置，以避免为保证内轨轨枕下最小道床厚度而增加轨道结构高度，从而增大桥梁荷载、影响桥梁结构。对于地面线碎石道床，这种设置方法有利于保持轨道几何尺寸，便于维修。

（3）超高顺坡。

曲线外轨超高值应在缓和曲线地段内递减，无缓和曲线时，应在直线段递减。超高递减顺坡率不宜大于 2‰，困难地段不应大于 3‰。

（三）缓和曲线

缓和曲线的特征为：从缓和曲线所衔接的直线一端起，它的曲率半径由无穷大逐渐减小到它所衔接的圆曲线半径。

由于离心作用的影响与车辆运行速度的平方成正比，与曲线半径成反比，当列车由直线（圆曲线）向圆曲线（直线）运行时，由于缓和曲线曲率半径是逐渐减小（增加）的，因此，离心作用的影响也是逐渐产生和消失的，这样可避免造成列车强烈的横向摇摆。

缓和曲线的另一个作用是满足曲线地段轨距加宽和外轨超高过渡的需要，因此，缓和曲线应具有足够的长度。地铁缓和曲线长度应根据曲线半径、列车通过速度，以及曲线外轨超高设置等因素，按表 1-16 的规定选用。

地铁、轻轨的缓和曲线线型采用我国铁路常用的三次抛物线型，以便于测量、养护维修和缩短曲线长度。

表 1-16　缓和曲线长度

R	v	100	95	90	85	80	75	70	65	60	55	50	45	40	35
3 000	L	30	25	20	20	20	20	20	—	—	—	—	—	—	—
	h	40	35	30	30	25	20	20	15	15	10	10	10	5	5
2 500	L	35	30	25	20	20	20	20	20	—	—	—	—	—	—
	h	50	45	40	35	30	25	25	20	15	15	10	10	10	5
2 000	L	45	40	35	30	25	20	20	20	20	20	—	—	—	—
	h	60	55	50	45	40	35	30	25	20	20	15	10	10	5
1 500	L	55	50	45	35	30	25	20	20	20	20	20	—	—	—
	h	80	70	65	60	50	45	40	35	30	25	20	15	15	10
1 200	L	70	60	50	40	40	30	25	20	20	20	20	20	—	—
	h	100	90	80	70	65	55	50	40	35	30	25	20	15	10
1 000	L	85	70	60	50	45	35	30	25	20	20	20	20	20	—
	h	120	105	95	85	75	65	60	50	45	35	30	25	20	15
800	L	85	80	75	65	55	45	35	30	25	20	20	20	20	20
	h	120	120	120	105	95	85	70	60	55	45	35	30	25	20
700	L	85	80	75	75	65	50	45	35	25	20	20	20	20	20
	h	120	120	120	120	110	95	85	70	60	50	40	35	25	20
600	L	80	75	75	70	60	50	40	30	25	20	20	20	20	20
	h	—	120	120	120	120	110	95	85	70	60	50	40	30	25
550	L	—	—	750	75	70	65	55	40	35	25	20	20	20	20
	h	—	—	120	120	120	120	105	90	75	65	55	45	35	25
500	L	—	—	—	75	70	65	60	45	35	30	25	20	20	20
	h	—	—	—	120	120	120	115	100	85	70	60	50	40	30
450	L	—	—	—	—	70	65	60	50	40	30	25	20	20	20
	h	—	—	—	—	120	120	120	110	95	80	65	55	40	30
400	L	—	—	—	—	—	65	60	55	45	35	30	20	20	20
	h	—	—	—	—	—	120	120	120	105	90	75	60	50	35
350	L	—	—	—	—	—	—	60	55	50	40	30	25	20	20
	h	—	—	—	—	—	—	120	120	120	100	85	70	55	40
300	L	—	—	—	—	—	—	—	55	50	50	35	30	25	20
	h	—	—	—	—	—	—	—	120	120	120	100	80	65	50
250	L	—	—	—	—	—	—	—	—	50	50	45	35	25	20
	h	—	—	—	—	—	—	—	—	120	120	120	95	75	60
200	L	—	—	—	—	—	—	—	—	—	50	45	40	35	25
	h	—	—	—	—	—	—	—	—	—	120	120	120	95	70

注：表中 R——曲线半径（m）；v——设计速度（km/h）；L——缓和曲线长度（m）；h——外轨超高（mm）。

（四）圆曲线间的夹直线

两相邻曲线转向相同，称为同向曲线；转向相反则称为反向曲线。

线路上两条相邻的曲线不应该直接相连，而应在两条相邻的曲线间设置一定长度的直线，以保证列车运行的平稳。这条直线称为夹直线。

车辆运行在同向曲线上，因相邻曲线半径不同，超高高度不同，车体向内的倾斜度也不同；车辆运行在反向曲线上，因相邻曲线超高方向不同，车体时而向左倾斜，时而向右倾斜。这两种情况都会造成车体摇晃震动，夹直线长度越短，摇晃震动越剧烈。

《设规》规定：两曲线间的夹直线的长度（不含超高顺坡及轨距递减段的长度），A 型车不宜小于 25 m，B 型车不宜小于 20 m，在困难情况下不得小于一个车辆的全轴距；车场上的夹直线长度不得小于 3 m。

地铁各类车型主要技术规格见表 1-17。

地铁线路还不宜采用复曲线，有充分技术经济依据时在困难地段方可采用。当两圆曲线的曲率差大于 1/250 0 时，则应设置中间缓和曲线，其长度根据计算确定，在困难条件下不得小于 20 m。

表 1-17　地铁各类车型主要技术规格

序号	项目名称		A 型车	B 型车	C 型车		
			四轴车	四轴车	四轴车	六轴车	八轴车
1	车辆基本长度/m		22	19	18.9	22.3	29.5
2	车辆基本宽度/m		3	2.8	2.6		
3	车辆高度/m	受流器车/m（加空调/无空调）	3.8/3.6	3.8/3.6	3.7/3.25		
		受电弓车/m（落弓高度）	3.8	3.8	3.7		
		受电弓工作高度/m	3.9～5.6				
4	车内净高/m		2.10～2.15				
5	地板面高/m		1.1		0.95		
6	车辆定距/m		15.7	12.6	11	7.2	
7	固定轴距/m		2.2～2.5	2.1～2.2	1.8～1.9		
8	车轮直径/mm		ϕ840		ϕ760		
9	车门数（每侧）（个）		5	4	4	4	5
10	车门宽度/m		≥1.3				
11	车门高度/m		≥1.8				
12	定员人数/人	单司机室车	295	230	200	240	315
		无司机室车	310	245	210	250	325
13	车辆轴重/t		≤16	≤14	≤11		
14	站立人员标准	定员/（人/m^2）	6				
		超员/（人/m^2）	9				
15	最高运行速度/（km/h）		≥80		≥70		
16	起动平均加速度/（m/s^2）		≥0.9		≥0.85		
17	常用制动减速度/（m/s^2）		1.0		1.1		
18	紧急制动减速度/（m/s^2）		1.2		1.3		
19	噪声/[dB(A)]	司机室内	≤80		≤70		
		客室外	≤83		≤75		
		车外	80～85（站台）		≤82		

（五）曲线附加阻力

当列车通过曲线时，由于离心作用的影响，外侧车轮轮缘紧压外轨，使其磨耗增大；又由于曲线外轨比内轨长，外轮在外轨上产生滑行等原因，运行在曲线上的列车所受到的阻力比其在直线上所受到的阻力大，两者之差即为曲线附加阻力。

曲线附加阻力与列车重量之比，称为单位曲线附加阻力，用 $w_{曲}$ 表示。$w_{曲}$ 的大小通常采用试验公式来计算：

① 当列车全列均受到曲线附加阻力影响时：

$$w_{曲} = 600/R \quad (\text{N/kN})$$

② 当列车只有一部分受到曲线附加阻力影响时：

$$w_{曲} = \frac{600}{R} \times \frac{l_{曲}}{L_{列}} \quad (\text{N/kN})$$

式中 R——曲线半径，m；

$l_{曲}$——列车受到曲线附加阻力影响的长度，m；

$L_{列}$——列车全长，m。

当列车同时运行在几个曲线上时的 $w_{曲}$，可分别按列车只有一部分受到曲线附加阻力影响时的计算方法计算列车在各条曲线上所受到的曲线附加阻力，然后加总即可。

列车所受到的曲线总阻力 $W_{曲}$ 可按下式计算：

$$W_{曲} = 10\, w_{曲} Q_{列} \quad (\text{N})$$

式中 $Q_{列}$——经过曲线的列车的总重，kN。

综上所述，曲线附加阻力与曲线半径成反比，即曲线半径越大，曲线附加阻力越小，对运行越有利；而曲线半径越小，曲线附加阻力则越大，给运营工作带来的不利影响越大。下面列举的是曲线附加阻力与运营工作的关系：

1. 限制列车运行速度

离心作用的影响与曲线半径成反比，而与列车运行速度的平方成正比。曲线半径越小、列车运行速度越大，则离心作用的影响越大，若速度大到一定限度，列车就有可能在离心作用的影响下，向曲线外侧翻倒造成事故。曲线半径越小对列车通过曲线的速度影响就越大。

2. 增加轮轨之间的磨耗

曲线半径越小，离心作用的影响越大，外轮对外轨的挤压越严重，磨耗也越严重。

3. 增加轨道设备

为防止列车外轮对外轨的挤压而引起轨距扩大，以及防止钢轨带动轨枕在道床上横向移动，在有砟轨道上，对小半径曲线地段的轨道一般应增加轨枕数量，加设轨距杆和轨撑。

4. 增加轨道养护维修费用

小半径曲线地段的轨距、水平、方向都很容易发生变化，其养护维修工作量也会更大，因此养护维修费用也会增加。

在轨道交通运量大、密度高的情况下，上述缺点将会更加突出。但曲线半径越小，线路适应地形和避让障碍物的能力也会越强。

地铁线路往往受城市道路和建筑物的控制，只能设置较小半径的曲线，但是小半径曲线仍应尽可能少用，并应有一定的限制。

二、线路的纵断面

线路中心线在垂直平面上的投影称为线路纵断面（单轨铁路以轨道梁中心线为准），它表明线路的坡度变化。

线路的纵断面由平道、坡道及设在变坡点处的竖曲线组成。

（一）坡　道

坡道的特征用坡段长度和坡度值来表示。

① 坡段长度为该坡段前后两个变坡点之间的水平距离 L_i (m)。坡段长度不宜小于远期列车长度，使一列车范围内只有一个变坡点，避免变坡点附加力的叠加影响和附加力的频繁变化，以保证列车行车的平稳。同时应满足两相邻竖曲线间的夹直线长度不宜小于 50 m 的要求，使竖曲线不互相重叠，并相隔一定距离，以利于线路维修养护和保持行车的平顺性。

② 坡度值 i 为该坡段两端变坡点间的高差 H_i 除以坡段长度 L_i，以千分数表示，即

$$i=\frac{H_i}{L_i}\times 1\,000‰$$

坡度值上坡时取正，下坡时取负。

（二）竖曲线

在线路纵断面上，若各坡段直接连接成折线，列车通过变坡点时，产生的车辆振动和局部竖向加速度增大，乘客舒适度降低。同时车辆处在最不利位置时，可能导致车轮脱轨或相邻车辆脱钩，影响行车安全。因此必须在变坡点处用竖曲线把折线断面平顺地连接起来，以保证行车安全、平顺和乘客乘坐的舒适度。

1. 竖曲线设置规定

（1）当两相邻坡段的坡度代数差等于或大于 2‰时，应设圆曲线型的竖曲线连接。

（2）车站站台计算长度内和道岔范围内不得设置竖曲线，竖曲线离开道岔端部的距离不应小于 5 m。

（3）碎石道床线路竖曲线不得与平面缓和曲线重叠；不设平面缓和曲线时，竖曲线不得与超高顺坡重叠，否则立面轨顶超高顺坡与平面缓和曲线曲率渐变将形成复杂的空间曲线，施工中很难做成设计形状，运营中碎石道床也难以保持。

2. 竖曲线半径

竖曲线半径大小与速度有关，速度愈高，要求半径愈大。根据地铁实际行车速度，《设规》规定地铁竖曲线半径应符合表 1-18 的规定。

表 1-18　竖曲线半径

线　别		一般情况/m	困难情况/m
正 线	区　间	5 000	2 500
	车站端部	3 000	2 000
联络线、出入线、车场线		2 000	

（三）坡道附加阻力

当列车在上坡道上运行时，所受到的阻力比在平道上运行时所受到的阻力大，两者之差即为坡道附加阻力。

坡道的坡度值越大，坡道附加阻力也越大。城市轨道交通线路的坡度在满足排水及标高控制要求的前提下应尽可能平缓，其坡度的取值规定如下：

（1）正线最大坡度不宜大于 30‰，困难地段可采用 35‰；联络线、出入线的最大坡度不宜大于 40‰（均不考虑各种坡度折减值）。

（2）车站坡度。

地下车站站台计算长度段线路坡度宜采用 2‰，以防止车辆溜动，也便于站内线路排水；困难条件下不大于 3‰。

地面和高架桥上的车站宜设在平道上，以利于列车在车站停车平稳；困难地段不大于 3‰，便于停车和起动。

车站站台计算长度段线路应设在一个坡道上，以简化设计、施工，也便于排水处理；有条件时车站宜设置在纵断面的凸形部位上，并设置合理的进、出站坡度，即进站上坡，出站下坡，这有利于节省列车制动和起动时的能耗。

车场线宜设在平道上，困难时库外线不大于 1.5‰，以防止溜车。

（3）道岔宜设在不大于 5‰的坡道上，困难地段不大于 10‰。

（4）折返线和停车线宜布置在面向车挡的下坡道上，隧道内的坡度宜为 2‰，地面和高架线上的折返线、停车线，其坡度不宜大于 1.5‰，以防止溜车，确保停车安全，同时又保证必要的最小排水坡度。

第五节　站　场

一、车站的分类

城市轨道交通车站按其所处位置、埋深、运营性质、结构横断面形式、站台形式和换乘方式的不同可进行不同分类。

（一）按车站与地面的相对位置分类

车站按与地面的相对位置分类可分为地面车站、高架车站和地下车站。

（二）按车站埋深分类

车站按埋深分类可分为浅埋车站（轨顶至地表距离小于 15 m）、中埋车站（轨顶至地表距离为 15 ~ 25 m）和深埋车站（轨顶至地表距离大于 25 m）。

（三）按车站的运营性质分类

1. 中间站（即一般站）

中间站仅供列车停靠和乘客上、下车之用，功能单一，是城市轨道交通路网中数量最多的车站。

2. 区域站（即折返站）

区域站是设在两种不同行车密度交界处的车站，设有折返线和折返设备。区域站兼有中间站的功能。

3. 换乘站

换乘站是位于两条及两条以上城市轨道交通线路交叉点上的车站。它除了具有中间站的功能外，更主要的是它可以使乘客从一条线路上通过换乘设施转换到另一条线路上。

4. 枢纽站

枢纽站位于城市轨道交通线路分岔的地方，可以接发两条线路上的列车。

5. 联运站

联运站指车站内设有两种不同性质的列车线路进行联运及客流换乘。联运站具有中间站和换乘站的双重功能。

6. 终点站

终点站是设在线路两端的车站。就列车上、下行而言，终点站也是起点站（或称始发站），设有可供列车全部折返的折返线和设备，也可供列车临时停留检修。当线路远期延长后，则此终点站即变为中间站。

上述各类车站如图 1-53 所示。

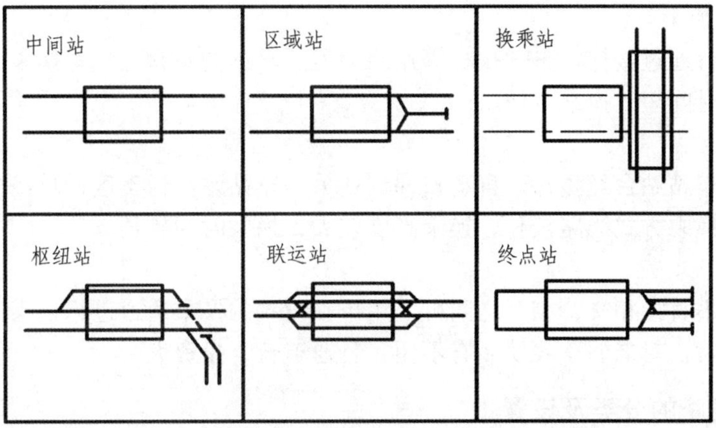

图 1-53　车站分类

（四）按地下车站结构横断面形式分类

分为矩形断面、拱形断面、圆形断面车站。

（五）按车站站台形式分类

1. 岛式车站

站台位于上、下行行车线路中间，这种站台布置形式称为岛式站台，具有岛式站台的车站称为岛式站台车站（简称岛式车站）。岛式车站是常用的一种车站形式，具有站台面积利用率高、能调剂客流、乘客中途改变乘车方向方便、车站管理集中、站台空间宽阔等优点，因此，一般用于客流量较大的车站。

2. 侧式车站

站台位于上、下行行车线路的两侧，这种站台布置形式称为侧式站台，具有侧式站台的车站称为侧式站台车站（简称侧式车站）。侧式车站站台上、下行乘客可避免相互干扰，正线和站线间不设喇叭口，造价低，改建容易，但是，站台面积利用率低，不可调剂客流，中途改变方向须经过地道或天桥，车站管理分散，站台空间不及岛式宽阔。因此，侧式站台多用于两个方向客流量较均匀（或流量不大）的车站及高架车站。

3. 岛、侧混合式车站

将岛式站台及侧式站台同设在一个车站内，具有这种站台形式的车站称为岛、侧混合式站台车站（简称岛、侧混合式车站）。岛、侧混合式车站主要用于两侧站台换乘或列车折返。岛、侧混合式站台可布置成一岛一侧式或一岛两侧式。

车站站台形式如图 1-54 所示。

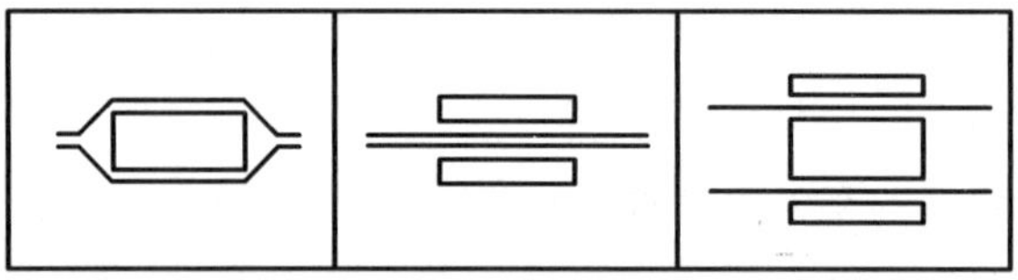

图 1-54　车站站台形式分类

（六）按乘客换乘方式分类

1. 站台直接换乘

即乘客在站台通过楼梯、自动扶梯等换乘到另一车站的站台。这种换乘方式线路短，换乘高度小，换乘时间短，换乘方便。

2. 站厅换乘

即乘客由某车站站台经楼梯、自动扶梯到达另一车站站厅付费区，再经楼梯、自动扶梯到达站台。这种换乘方式线路较长，换乘高度较大，换乘时间较长。

3. 通道换乘

即两个车站不直接相交，相互之间可采用单独设置的换乘通道进行换乘。这种换乘方式线路较长，又费时，对老弱孕残幼多有不便，且通道长，投资大。

二、车站线路的分类及设置

城市轨道交通线路按其在运营中的作用，可分为正线、辅助线和车场线。

（一）正　线

贯穿所有车站，区间供列车日常运行的线路，称为正线。城市轨道交通系统的正线均采用上下行分行，一般实行右侧行车制。

（二）辅助线

辅助线包括折返线、联络线、车辆段出入线、安全线、停车线、试车线等。

1. 折返线

地铁线路起、终点站为使机车车辆能折返运行（称大交路）必须设置折返线。当线路较长或因客流分布和行车组织需要，采取分区段运行（称小交路）时，在折返站也需设置折返线或渡线，其折返能力应与该区段的通过能力相匹配。

折返线布置方式一般分站前、站后折返两种：站前折返对正线行车有干扰并影响折返能力；站后折返不影响正线行车，折返能力大，设计时常采用。

折返线的有效长度按《设规》规定宜为远期列车长度加 40 m（不包括车挡长度）。

常用折返线的布置形式有：

（1）尽头式折返线，又可分为单线折返和双线折返等不同的布置方法。

① 单线折返，如图 1-55 所示。

单线折返能力和灵活性稍差，折返与存车不能兼顾，一般多单独用作存车线。

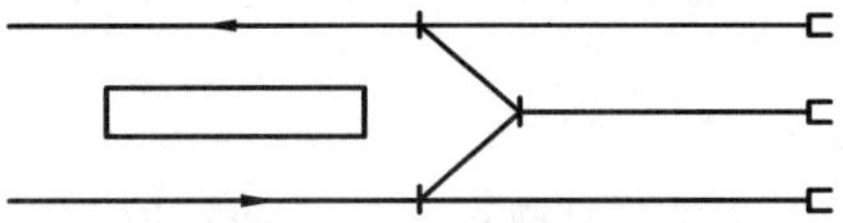

图 1-55　单线折返

② 双线折返，如图 1-56 所示。

设于列车的区段折返站上或端部折返站上，折返能力可大于 30 对/时。当折返列车对数少时，可以留出一条线作为存车线。在端部正线继续延伸后，仍可作为折返线或存车线，没有废弃工程，是最常用的一种折返线形式。

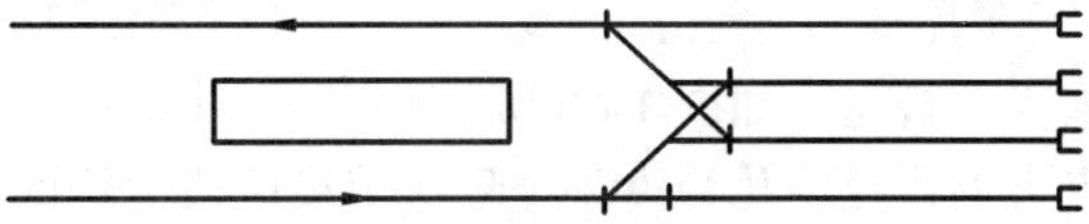

图 1-56　双线折返

在站前加设渡线，可以增加另一方向列车折返的灵活性，在终点站可增加列车的存放位置。

利用尽头式折返的办法，端点站既可有效组织折返（如双折返线可明显降低折返时间），又可备有停车线供故障停车、检修、夜间停车等作业使用。对于线路延伸也十分方便，比较适合于地下结构的端点站以及线路较长或有延伸可能、土地不宜多占用的情况。

（2）渡线折返，如图 1-57 所示。

图中（a）、（b）分别为站前和站后渡线折返，作为正常列车运行的折返，只适用于终端站上。若采用站后折返，车站可用侧式站台，渡线短，节省折返时间；若采用站前折返，车站一般采用岛式站台，方便乘客乘车。

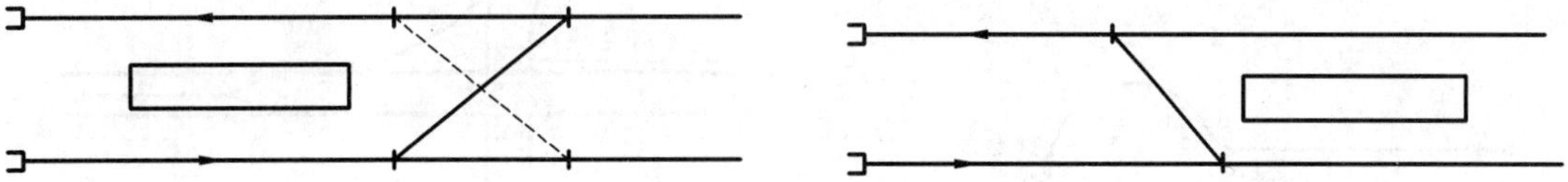

（a）站前折返　　　　（b）站后折返

图 1-57　渡线折返

采用渡线做折返线，需要修建的线路量少，节省建设资金，然而列车进出车站与折返作业有严重的干扰。尤其是在区间站利用渡线进行区间列车折返，需占用正线进行作业，故对运营管理要求十分严格。且列车运行间隔时间受其制约需放大，导致线路通行能力下降，安全可靠性存在隐患。另外，正线延伸后，其正常运营列车难以折返，需另设折返线车站。所以，在列车运行速度较高、运行间隔时间较短（即发车频率较高）、运量较大的线路上不宜采用。

（3）侧线折返，如图 1-58 所示。

侧线折返线是一种比较简便经济的区段列车折返线形式，主要用在高架线上。需要折返的列车利用正线折返，后续前进列车在高峰时间内，可以通过侧线越行；在平峰时间内，后续列车仍可沿正线运行。

（4）综合折返，如图 1-59 所示。

综合折返线是集折返、乘客上下车、列车越行、列车出入车场以及列车转线联络等功能中的两项或多项于一体的折返线形式。图中折返线集列车折返（双向）、乘客上下车、列车越行三项功能于一体，使用灵活、功能多，但车站规模大、效率较低。

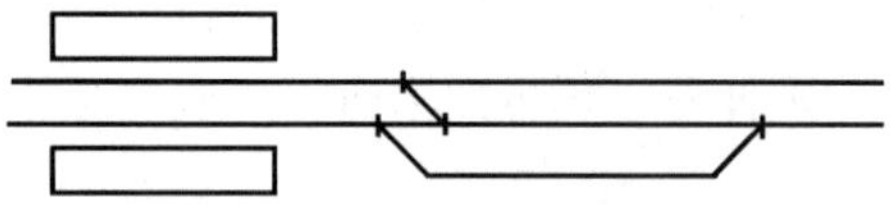

图 1-58　侧线折返

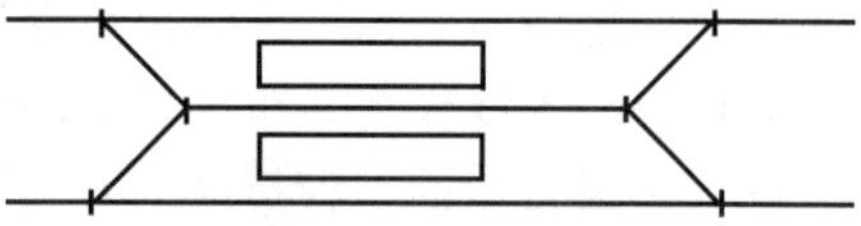

图 1-59　综合折返

（5）环线（俗称灯泡线）折返，如图 1-60 所示。

环形折返线是将端点折返作业转化为沿一个环形单线区段运行的作业，实质上取消了折返过程，变为区间运行，有利于列车运行速度发挥，消除了因折返作业而对通过能力的影响。环形折返线的折返能力可与正线匹配，是一种对提高运营效率有利的折返方法。

环线折返的问题在于环线占地面积较大，折返距离长，增加了运用列车数量，尤其是在地下修建难度更大，投资较高；环线折返丧失了一端停车维护保养检查的机动线路，对车辆技术状态和运行组织要求更高，线路机动性下降，线路延伸的可能性甚微，一般只适用于线路较短、线路延伸可能较小且该端点站又往往在地面的情况。

2. 联络线

联络线是轨道交通线路之间为调动列车等作业而设置的连接线路，如图 1-61 所示。

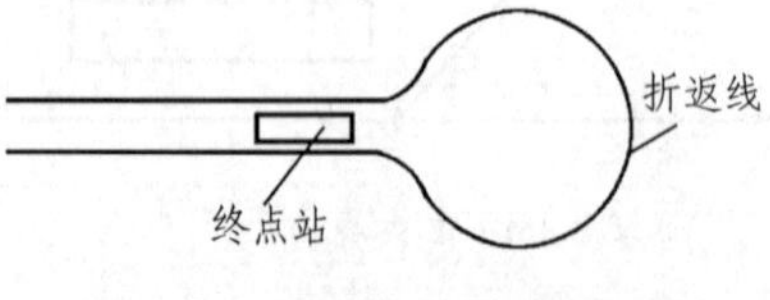

图 1-60　环形折返

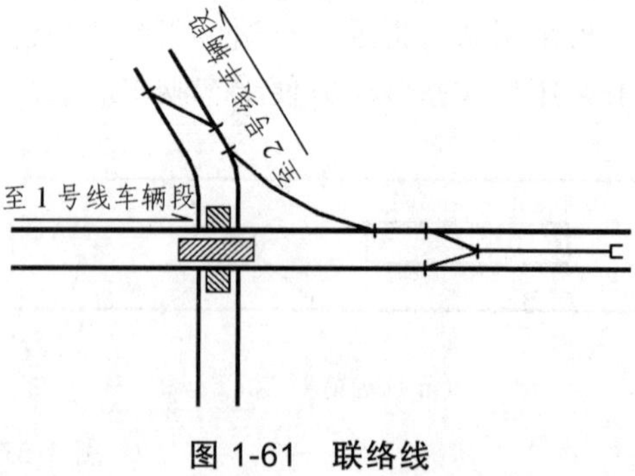

图 1-61　联络线

联络线因所连接的轨道交通线往往不在一个平面上，因此，有较大的坡道和较小的曲线半径，列车运行速度不可能很高。如果在地下建设，施工难度较大，投资也随之加大。

另外，地铁在建设和运营期间需要运进车辆、建设器材及大型设备，因其重量、体积或长度很大，由道路运输困难很多，甚至会受到运输线路上桥梁载重或净空的限制。因此考虑地铁车辆、大型设备运输的实际需要，有条件时地铁通过地面车辆段设置联络线与地面铁路衔接，提供便捷、经济的直接运输途径。地面联络线一般采用单线，设置地点按路网规划研究统一安排。设置位置即设在两交叉线的哪一象限，应根据工程简单、施工干扰小、拆迁量少等原则选择。地面联络线的使用频率很低，在正常情况下，一般每月仅使用 1 ~ 2 次。

3. 停车线

列车在运行过程中难免会出现这样那样的故障，当故障对高密度、高速度的列车运行产生影响，或对乘客的安全和舒适度不利时，故障列车就要被安排下线就近进入停车线，或送回临近维修基地进行检查和修理。在这个过程中，故障列车的运行速度是受到严格控制的，这种情况一旦发生就会打乱全线列车的运行秩序，使系统运行产生混乱。因此应尽量减少故障列车进入停车线的时间，即减小故障列车对地铁运行产生的影响。《设规》规定：每隔 3 ~ 5 个车站间隔距离 5 km 左右，设置一处故障列车停车线，个别区段加设停车线困难时，可加设渡线。

停车线布置形式如图 1-62 所示。

渡线设置形式如图 1-63 所示，区间一般设单渡线；终端站一般在站后设“八”字形双渡线，当站后地段紧张时，亦可将这两条渡线设置成交叉渡线，如图中虚线所示。

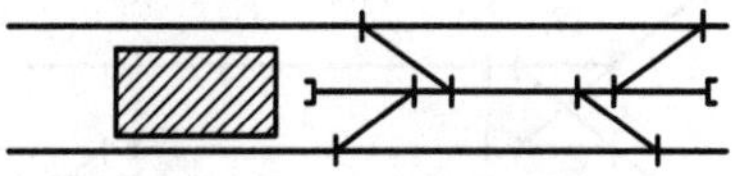

图 1-62　停车线布置形式

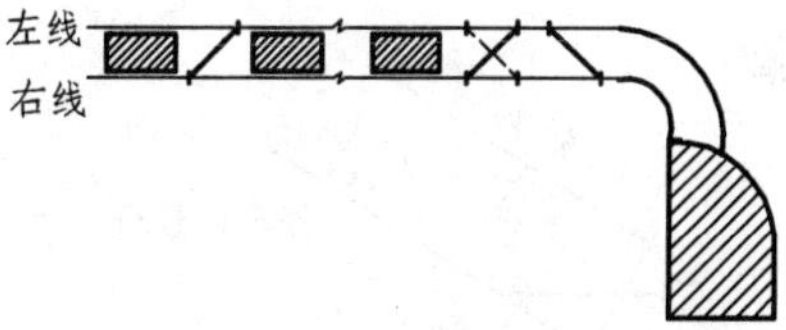

图 1-63　渡线布置形式

在车辆段内拥有众多的专用停车线，提供夜间停止运营后的列车停放。需要进行检修作业的停车线设有地沟。

4. 出入线

车辆段和停车场应设置双线或单线出入线。尽端式车辆段出入线宜采用双线，贯通式车辆段可在车辆段两端各设一条单线。停车场规模较小时，出入线可采用单线。

车辆段出入线的布置形式按满足通过能力、节省工程费用的原则选择。图 1-64 是出入线的 3 种典型布置形式。

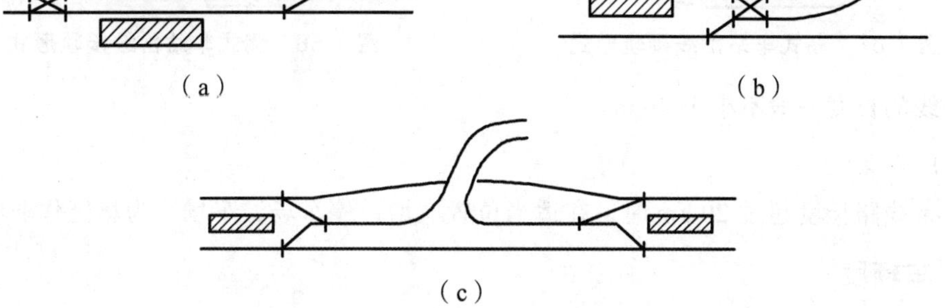

图 1-64　车辆段出入线布置形式

（a）中的出入线与正线平面交叉，连接简单，渡线短，造价低。它的主要缺点是平面有敌对进路，车辆段向正线取送列车的能力低，因此采用时要验算通过能力。

（b）、（c）中的出入线与正线为立体交叉，出入段列车与正线运营列车无敌对进路，取送列车能力大，使用灵活。通常将出入线与折返线合并设置，则使用更为方便，但工程较复杂，造价较高。（b）中出入线从一车站端的折返线上引出，适用于尽端式车辆段，（c）中出入线从两车站端分别引出，既适用于贯通式也适用于尽端式车辆段。

5. 安全线

在车辆段出入线、折返线、停车线和岔线（支线）上，当遇到下列情况时，宜设置安全线或其他隔开设备。

（1）当出入线上的列车进入正线前需要一度停车，且停车信号机至警冲标之间小于列车制动距离时，宜设安全线，如图 1-65 所示。

警冲标是防止停留在一条线上的机车车辆与邻线的机车车辆发生侧面冲撞而设在两条线路交叉处适当位置的一种信号标志，机车车辆必须停在警冲标内方。

（2）当折返线末端与正线接通时，宜设置道岔隔开设备，如图 1-66 所示。

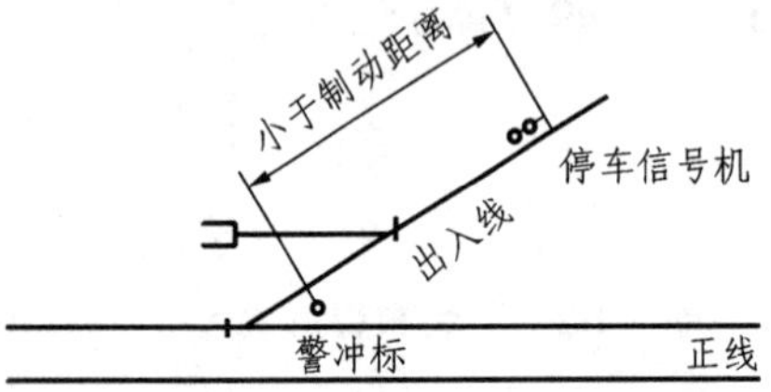

图 1-65　出入线接正线形式

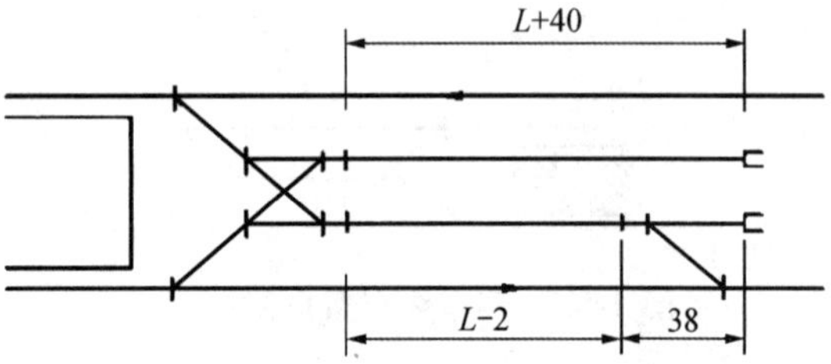

图 1-66　折返线末端接正线形式

（3）当岔线（支线）在站内接轨，岔线与正线间为岛式站台，且站台端至警冲标间的距离大于或等于 60 m 时，可不设列车运行隔开设备，如图 1-67 所示；若为侧式站台，宜设道岔隔开设备，如图 1-68 所示。

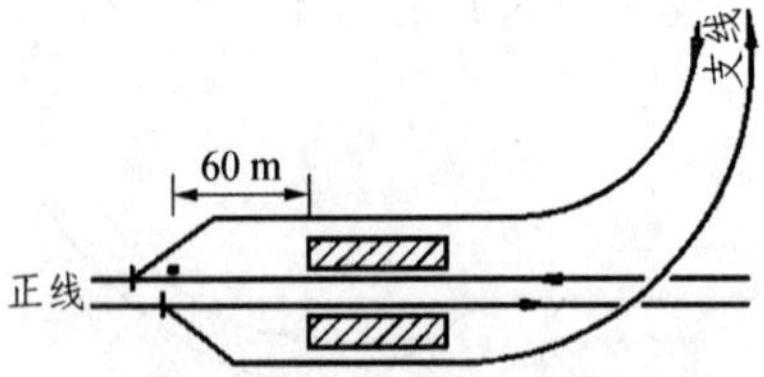

图 1-67　岛式车站岔线接轨形式

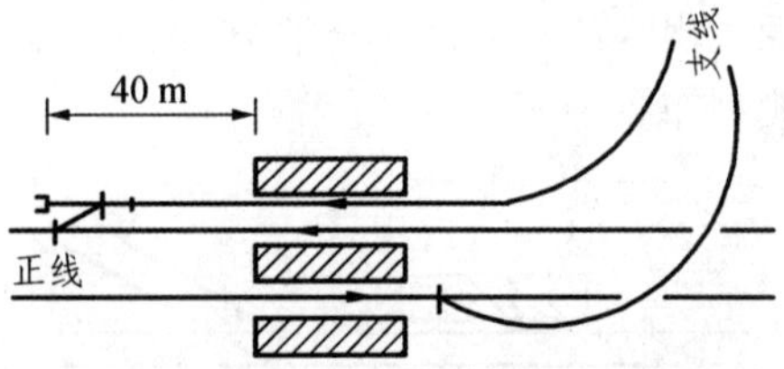

图 1-68　侧式车站岔线接轨形式

安全线的长度一般不小于 40 m。

（三）车场线

当一条线路长度超过 20 km 时，在适当位置应增设停车场，车场线为场区作业线路。

三、车辆段

车辆段的设置应根据城市轨道交通线网规划统一考虑，按具体情况可以一条线建一座或者几条线路合建一座车辆段。

车辆段按与车站的联系线路布置方式可分为尽端式车辆段和通过式车辆段两种，如图 1-69 所示。

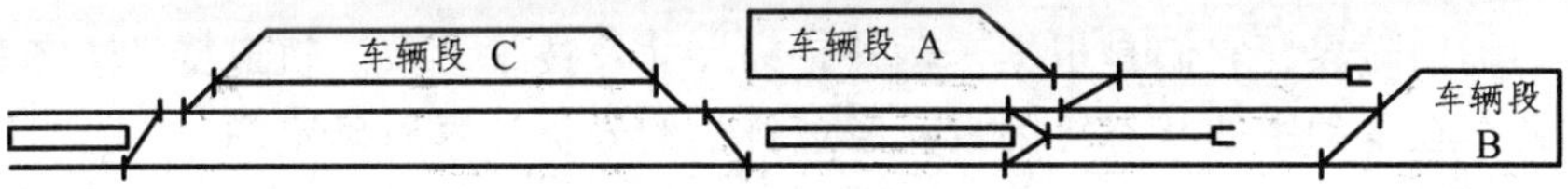

图 1-69　车辆段布置形式

图中 A 和 B 为尽端式车辆段，C 为通过式车辆段。

车辆段由停车库、检修库、运用管理部门和管理与服务部门组成。

1. 停车库

停车库一般设在地面或建在高架结构上，主要用于夜间收车后停车作业以及停放备用车辆，可以对车辆进行简单的维护保养作业。

停车库内主要设置以下线路：

（1）检车线：停车库出入门布置的临时停车线，有效长为列车长度 + 8 m，配有调车信号机，可以做简单的维护保养作业。

（2）停车线：停车库内专门用于停车的线路。停车线需配置雨棚、站台，便于简单维护保养和降低车辆的自然破损，应设有出入库调车信号机。

（3）洗车线：设置于停车库与运行线路之间，专门用于车辆清洗的线路，主要设有洗车设备、污水处理设施、调车信号设备。

（4）列检线：专门用于一般检查的停车线。

洗车线与列检线构成检车区，完成清洗、日常保养检修作业。

2. 检修库

检修库专门用于车辆检修作业，配有检修设备。检修库内主要设置以下线路：

（1）车体整修线：完成分解车体、喷丸除锈、结构整修、车体组装等作业的线路。

（2）试车线：完成定修、架修、大修等修程的车辆进行试车检测的线路。为达到必要的运行速度，试车线需有一定的长度和平纵断面特点。

（3）镟轮线：当轮对磨耗不对称时（圆度、斜面不等），进行镟轮作业的线路。

（4）检修线：设在各检修库内的线路。

（5）其他线路：调车用的牵出线、与地面铁路的联络线、内燃机车线、材料线等。

四、限　界

限界是指列车沿固定的轨道安全运行所需要的空间尺寸。为保证列车运行安全，各种建筑物及设备均不得侵入限界范围。城市轨道交通工程地下隧道的断面尺寸及高架桥梁的宽度都是根据限界确定的。限界越大，安全度越高，但工程量及工程投资也随之增加。因此，合理限界的确定既要考虑保证列车运行安全，又要考虑系统建设成本。

限界一般是按平直线路的条件进行制定的。对曲线和道岔区的限界，一般应在直线地段限界的基础上根据车辆的有关尺寸以及曲线半径、超高、道岔类型，再分别考虑适当的加宽和加高。

（一）限界的种类

根据城市轨道交通系统的构成和设备运营要求，限界分为车辆限界、设备限界、建筑限界和接触轨或接触网限界。受电弓限界或受流器限界是车辆限界的组成部分，接触轨限界属于设备限界的辅助限界，它们是根据车辆外轮廓尺寸及技术参数、轨道特性、各种误差及变形，并考虑列车在运动中的状态等因素，经过科学的分析计算后确定的。

1. 车辆限界

车辆限界是车辆在正常运行状态下形成的横截面的最大尺寸轮廓线。直线地段车辆限界分为隧道内车辆限界和高架或地面线车辆限界。高架或地面线车辆限界应在隧道内车辆限界的基础上，另外加上当地最大风荷载引起的横向和竖向偏移量。

2. 设备限界

设备限界是为保证城市轨道交通系统的列车等移动设备在运营过程中的安全，而为线路周围所有固定设备以及土木工程的任何部分规定的不得侵入的最小尺寸轮廓线。一般说来，设备限界要在车辆限界的基础上，考虑轨道出现不良状态而引起的车辆偏移和倾斜。此外，还要考虑适当的安全预留量。

3. 接触轨与架空接触网限界

接触轨与架空接触网限界应根据受流器的偏移、倾斜和磨耗、接触轨安装误差、轨道偏差、电间隙等因素确定。

4. 建筑限界

建筑限界是指在设备限界的基础上，再考虑其施工误差、测量误差、结构变形等因素，为满足固定设备和管线安装的需要而必需的限界。换言之，建筑限界以内、设备限界以外的空间主要是各类误差、设备变形和其他管线所需要的空间。

建筑限界分为隧道建筑限界、高架线及地面线建筑限界等。

（二）区间直线地段的限界

1. 地面线建筑限界

图 1-70 所示为区间地面直线地段建筑限界。

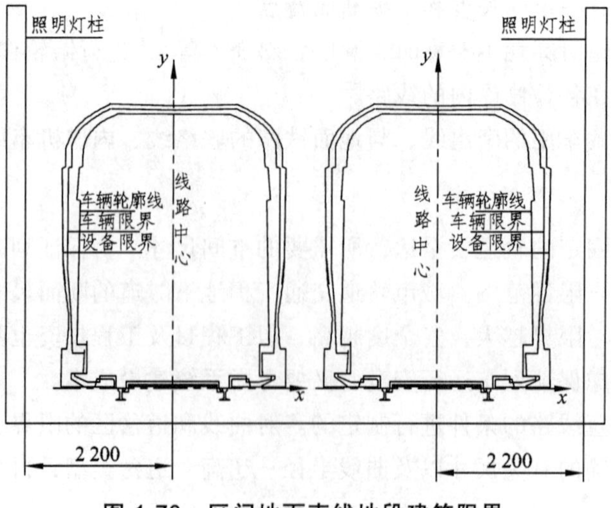

图 1-70　区间地面直线地段建筑限界

2. 隧道限界

隧道限界是在既定的车辆类型、施工方法及结构形式等基础上确定的隧道横截面的最小尺寸轮廓线。隧道限界可以分为矩形隧道限界、圆形隧道限界、马蹄形隧道限界 3 种类型。

（1）矩形隧道限界。一般地铁采用明挖施工方法时会形成矩形隧道。图 1-71 所示为区间直线地段矩形隧道限界。

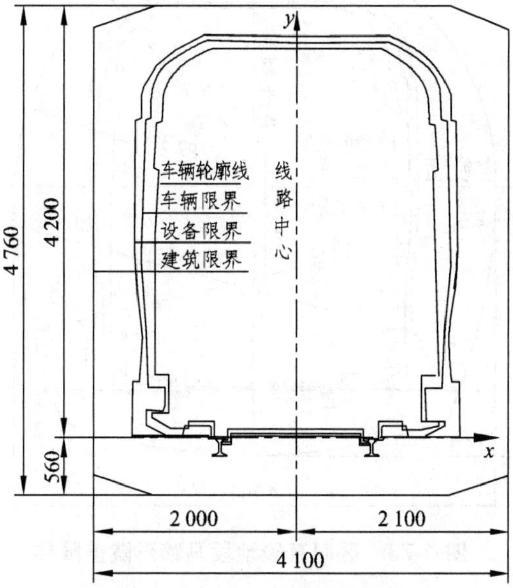

图 1-71　区间直线地段矩形隧道限界

（2）圆形隧道限界。盾构法施工的圆形隧道，不论在直线还是曲线地段，只能采用同一直径的盾构机，所以只有按最小曲线半径选用盾构机进行施工，才能满足圆形隧道的建筑限界要求。当线路最小平面曲线半径为 300 m 时，圆形隧道建筑限界的直径宜为 5 200 m。图 1-72 所示为区间直线地段圆形隧道限界。

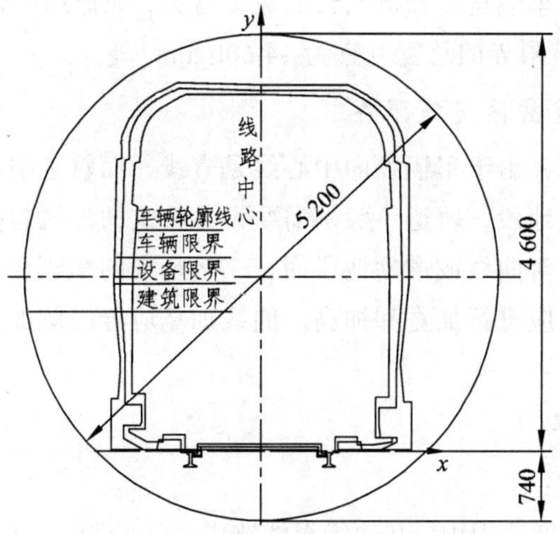

图 1-72　区间直线地段圆形隧道限界

（注：各限界控制点坐标值详见《设规》）

（3）马蹄形隧道限界。矿山法施工的浅埋暗挖隧道，多采用马蹄形断面。图 1-73 所示为区间直线地段马蹄形隧道限界。

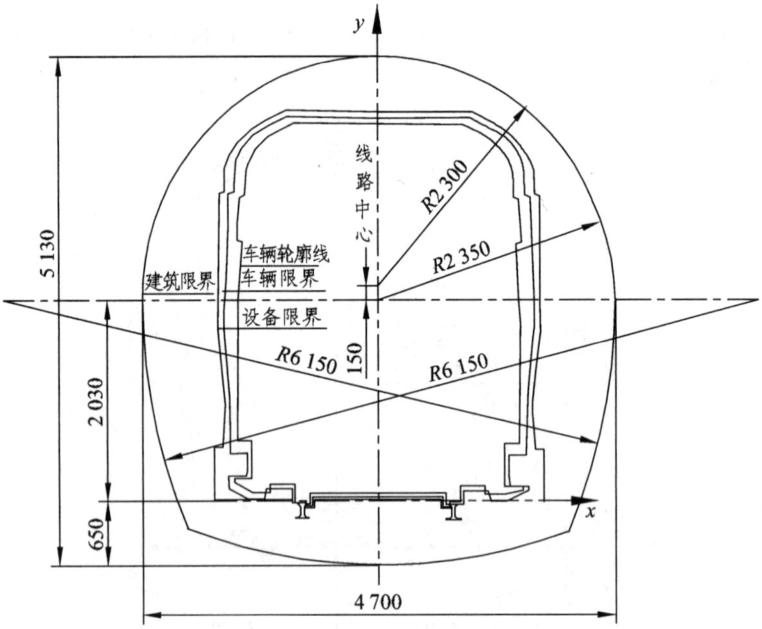

图 1-73　区间直线地段马蹄形隧道限界

3. 高架桥建筑限界

在城市地区，有时会在城市轨道交通线路上设计高架的人行通道。为保证安全，这种高架的人行桥需要给城市轨道交通列车及设备留有适当的空间，这就是高架桥建筑限界。

高架桥建筑限界宽度一般为 8 600 mm。线路中心至防护栏内距离为 2 400 mm，侧向人行道宽度为 750 mm。如两线之间设接触轨受电，线路间距宜为 3 800 mm。侧式车站桥面建筑限界的总宽度与选用的车辆宽度和侧站台的宽度有关，如选用车辆宽 2 800 mm，侧站台的宽度为 4 000 mm，其建筑限界的总宽度宜为 14 600 mm。

（三）曲线地段及道岔区建筑限界

车辆在曲线上运行时，由于车辆纵向中心线是直线，而轨道中心线是曲线，故车辆产生平面偏移。此外，在曲线地段，轨道一般都需要设计一定的外轨超高，这将引起车辆的竖向中心线发生偏移。因此，对曲线或道岔地段而言，运行中的车辆在平面和立面上都产生一定的偏移量，故其建筑限界应进行加宽和加高。曲线加宽应分内侧加宽和外侧加宽，加宽量可计算确定。

（四）车站建筑限界

车站建筑限界的确定：

（1）直线站台有效长度范围内，其边缘至线路中心线的距离，应根据车厢宽度进行确定，一般站台边缘与车厢外侧之间的空隙设置以不大于 100 mm 为宜。

（2）直线地段站台面的建筑高度，应受车厢地板面至轨顶的垂直距离所控制，一般站台面低于车厢地板面 50 ~ 100 mm 较为合适。

（3）站内线路中心线至隧道边墙内侧面的距离，如无特殊要求，一般都与区间相一致。

（4）车站建筑限界的高度，一般与区间相同就能满足设备限界的要求。但由于建筑装修和有些设备及管线安装的需要，车站建筑限界的高度都比区间大。

（5）站台有效长度两端以外的所有用房的外墙面距线路中心线的距离宜不小于 1 800 mm，且外墙面不允许安装任何设备和管线。

五、线间距

两线路中心线之间的距离简称线间距。

（一）区间并行地段线间距

1. 地下线路盾构施工法线间距

《设规》规定采用盾构法施工平行隧道间的净距，应根据工程地质条件、埋置深度、盾构类型等因素确定，且不宜小于隧道外轮廓直径。当因功能需要或其他原因不能满足上述要求时，应在设计施工中采取必要的措施。

区间盾构圆形隧道建筑限界为直径 5 200 mm 的圆，按已有的设计、施工经验，综合考虑隧道轴线施工误差 100 mm（其中包括线路拟合误差、测量误差在内），隧道后期不均匀沉降 ± 50 mm，则隧道的内径定为 5 500 mm；如采用单层装配式钢筋混凝土 350 mm 厚衬砌环衬砌，则隧道的外径定为 6 200 mm，上海地铁 1 号线和天津地铁 1、2、3 号线按此设计；广州地铁 2 号线盾构内径按 5 400 mm 设计，隧道衬砌采用 300 mm 厚 C50 防水钢筋混凝土预制单层管片，隧道外径为 6 000 mm。

在满足最小净距的前提下，车站两端线路线间距宜采用车站（岛式）地段线间距，这样可免设反向曲线恶化线路平面条件。当车站地段线间距过大时，可利用站端曲线或加设两反向曲线减小区间线路的线间距。

2. 地下线路明挖施工法线间距

明挖法施工的地铁区间隧道结构通常采用矩形断面，双线并行地段一般采用设中隔墙（或中柱）的双跨框构型式。其线间距离为下列诸项之和，即按矩形隧道建筑限界要求的左右线路中心线分别至中间墙（柱）外缘按建筑限界要求的距离 + 中墙（柱）横向宽度 + 施工误差富余量之和。天津地铁 1 号线设计中隔墙厚 0.35 m，采用线间距 4.3 m。曲线地段按规定加宽。

3. 地面、高架线路线间距

区间并行地面、高架线路线间距离为两个车辆限界与两线相向不限速会车要求的安全间隔距离之和，该安全间距铁路规定为 350 mm。另外，地铁《设规》规定：“相邻的双线，当两线间无墙、柱及其他设备时，两设备限界之间的安全距离不得小于 100 mm。”通过计算，按不限速会车安全间距要求的最小线间距略大于按设备限界控制要求的最小线间距，考虑留有适当余量，当采用 B 型车时，地面高架线最小线间距为 3.6 m，如天津地铁 1 号线和深圳地铁等均采用 3.6 m；当采用 A 型车时，最小线间距离为 3.8 m，例如上海地铁 1 号线等。曲线地段按规定加宽。

（二）车站地段线间距

1. 地下岛式车站

两正线之间距离=右线线路中心线至站台边缘的距离＋站台设计宽度＋左线线路中心至站台边缘的距离。线路中心线至站台边缘的距离根据车辆类型及站台边缘距车辆轮廓之间要求的间隙确定。《设规》规定，站台计算长度内的站台边缘距线路中心线的距离，应按车辆限界加 10 mm 安全间隙确定，但站台边缘与车辆轮廓线之间的间隙，当采用整体道床时不应大于 100 mm，当采用碎石道床时不应大于 120 mm。曲线车站站台边缘与车辆轮廓线之间的间隙不应大于 180 mm。站台计算长度外的边缘距线路中心线的距离宜按设备限界另加不小于 50 mm 的安全间隙确定。

2. 地下侧式车站

地下侧式车站通常采用明挖法施工。当邻接的区间线路亦采用明挖法施工时，车站两正线之间的距离同区间地面线路线间距相同。当站端区间线路采用单洞盾构或其他暗挖施工方法时，一般应在站外改变线间距离，使站台地段两正线间设计为最小线间距。

3. 地面、高架车站线间距

为节省工程投资和减少对地面交通的干扰，地面、高架站通常设计为侧式车站，并采用最小线间距，当采用 B 型车时，一般为 3.6 m；当采用 A 型车时，一般为 3.8 m。

（三）道岔地段线间距

地铁车站两端常因铺设单渡线、交叉渡线、车辆停留线、交路折返线及部分区间设渡线的需要，须铺设道岔，根据其布置形式，对线间距有相应要求。

1. 交叉渡线地段

如设置交叉渡线，两平行正线的线间距宜按下列规定确定：12 号道岔采用 5 m；9 号道岔可采用 4.6 m 或 5 m；6、7 号道岔可采用 4.5 m 或 5.0 m。小于规定标准的应予特殊设计。

2. 单渡线地段

如设单渡线时，两平行线的线间距根据道岔构造尺寸及两反向单开道岔之间要求的插入短轨长度计算确定，如图 1-74 所示：

$$D=AB\sin\alpha\approx AB\tan\alpha=(2b+f)/\text{道岔号}$$

因 α 较小，$\sin\alpha\approx\tan\alpha$。

式中 AB ——两岔心间距离；

f ——插入短轨长度；

D ——线间距，设计时通常取 0.1 m 的整倍数。

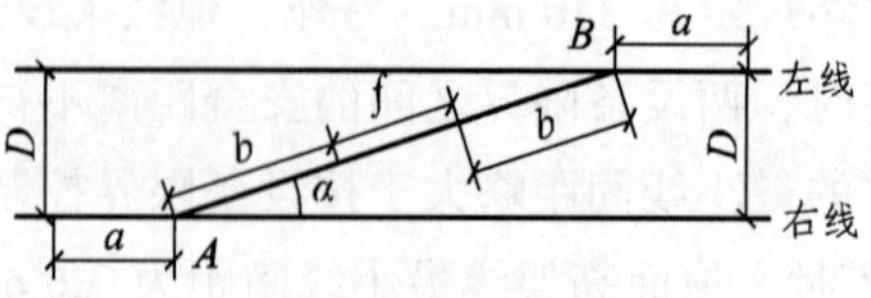

图 1-74　单渡线

为使两相邻道岔间轨距变化平缓，减小列车对道岔的冲击，使列车运行平稳，两组道岔之间应设置直线段钢轨连接。根据地铁特点及运营实践，其钢轨长度不应小于表 1-19 的规定。

表 1-19　道岔间插入钢轨长度

道岔布置相对位置		线　别	插入钢轨长度 L（按轨缝中心）	
			一般地段	困难地段
两组道岔前端对向布置	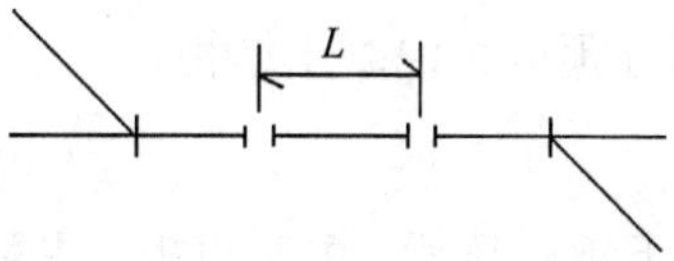	正、配线	12.5	6.0
		车场线	4.5	3.0
两组道岔前后顺向布置	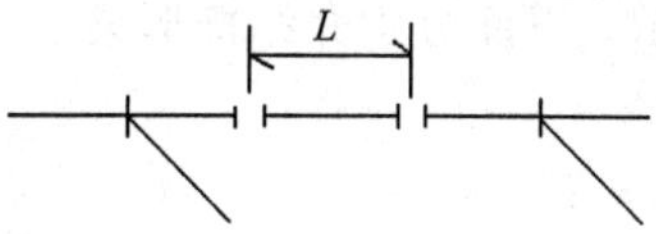	正、配线	6.0	4.5
		车场线	4.5	3.0
两组道岔根端对向布置	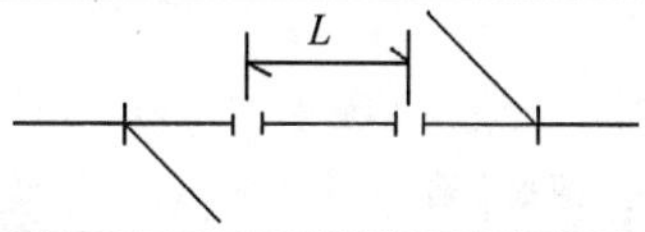	正、配线	6.0	6.0
		车场线	4.5	3.0

3. 停留线、折返线地段

车站停留线、交路折返线地段为便于使用和节省工程投资，一般设置在岛式车站紧靠站台端部的左右正线之间，两正线线间距同站台段线间距。

六、曲线线间距计算

曲线线间距计算以右线法线方向为准。曲线地段因涉及左右线曲线半径、缓和曲线长度、两圆是否同心、两端直线段线间距是否相同以及两线平行与否等诸多因素，曲线地段线间距是变数，铁路传统沿用三角分析法、坐标法两种主要方法计算，人工计算繁杂，效率低，现已有多种电子计算机软件可供选用，可便捷地计算出曲线地段各种步长或其中任意特征点的线间距。

第六节　桥隧建筑

城市轨道交通系统进入城区后，可以随着城市地势的变化或城区建筑群的不同，或从空中走，形成高架桥梁；或进入地下，形成隧道。桥隧建筑物包括桥梁、隧道、涵洞等。

一、桥　梁

（一）高架结构工程的特点

高架结构工程是城市永久性建筑的一部分，结构寿命应按 50 年以上考虑，因而城区高架结构可以作为城市景观的一部分，与城市的其他建筑相协调。另外在城区施工，要求速度快，对现有的交通干扰小。

高架桥上应考虑管线设置或通过要求，并设有紧急进出通道、防止列车倾覆的安全设施，及在必要地段设置防噪屏障，还应设有防水、排水设施。

高架桥一般有以下结构形式：

（1）槽形梁结构：跨度 $L = 10$、20、30、35 m，建筑高度为 0.35 ~ 0.5 m。

（2）脊梁结构：跨度 $L = 25$、30、35、40 m，建筑高度为 0.5 ~ 0.6 m。

（3）超低高度板结构：$L = 10$ m，建筑高度为 0.44 ~ 0.8 m；$L = 15$ m，建筑高度为 0.54 ~ 1.00 m；$L = 20$ m，建筑高度为 0.66 ~ 1.40 m。

目前城市高架桥大都采用预应力或部分预应力混凝土结构。

（二）高架槽形梁结构

槽形梁一般是预应力混凝土结构，属下承式桥梁，由车道板、主梁和端横梁 3 部分组成，如图 1-75 所示，各部分结构如图 1-76 所示。下面分别介绍槽形梁 3 个主要组成部分的设计、构造和施工要点。

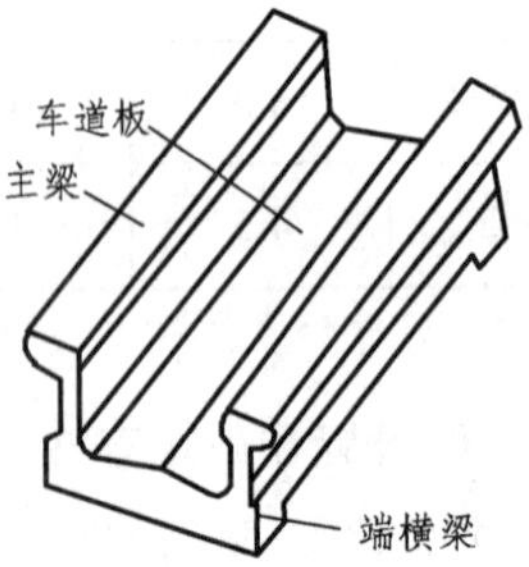

图 1-75　槽形梁的组成

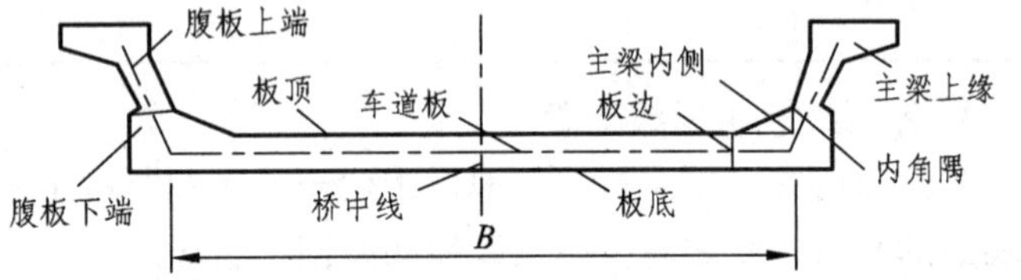

图 1-76　槽形梁结构部分

1. 车道板

车道板位于梁体下翼缘，在预应力和竖向荷载作用下，不仅会产生双向弯曲和扭转，而且作为主梁截面的一部分，会产生拉伸（竖向荷载作用下）或压缩（纵向预应力作用下）。车道板是直接承受车辆荷载的部分，当桥的长宽比 L/B 较大时，车道板按单向板考虑，荷载主要通过车道板传给主梁，再由主梁传到支座。只有接近桥梁两端的荷载是经由车道板传给端横梁，再由端横梁传到支座。当桥的长宽比较小（$L/B<2$）时，车道板作为双向板考虑，荷载一部分通过主梁，一部分则通过端横梁传到支座。

由于列车在车道板上通行，所以车道板的宽度较大，当单线不设检修道时，取宽度 $B = 3.8$ m（主梁净距 3.5 m）；设检修道（宽 0.5 ~ 0.6 m）时，$B = 4.3$ m（主梁净距 4.0 m）。双线桥 $B = 8.2$ m（主梁净距 7.8 m，检修道宽 1 m，设在两车道中央）。车道板厚度，单线可取 0.3 ~ 0.35 m，双线可取 0.50 ~ 0.55 m。若将检修道设在主梁上翼缘处，由于板宽减小，可做得更薄些，单线可用 0.25 ~ 0.30 m，双线可用 0.45 ~ 0.50 m。

槽形梁的车道板和主梁内侧交接处常设置斜率小于 1 : 3 的内角隅，一方面可以减小截面突然变化引起的应力集中，另一方面内角隅构造有利于横向预应力筋弯起布置。

车道板作为主梁主翼缘的一部分，在竖向荷载作用下承受纵向拉应力。在板宽方向，该拉应力自板边向中线逐渐降低，即所谓剪应力滞现象，它影响了车道板作为主梁翼缘有效宽度值，在设计中为了简化计算，取一定宽度的车道板作为主梁翼缘，该宽度即为“计算宽度”。根据国内外资料，板的计算宽度可采用下列 3 项的最小值：

（1）梁梗每侧取计算跨度的 1/L，当梁梗两边伸出的板为对称时，合计为跨度的 1/3。

（2）梁梗每侧取两相邻轴线间距离的一半。

（3）自梗肋以外每侧再加 6 倍板厚。当单线桥跨度在 12 m 以上，双线桥跨度在 22 m 以上时，可取车道板全宽作为主梁翼缘。在预加应力作用下可取车道板全宽作为主梁翼缘进行计算，不受上述 3 项规定的限制。

槽形梁的纵向必须设置预应力筋，一般情况下，车道板内还应设置横向预应力筋，单线时可不设预应力筋，但需增配较多的非预应力筋。双线槽形梁必须设置横向预应力筋。

车道板的计算跨度 B 取主梁腹板中线与车道板中面交点间的距离。荷载取上部列车的最大轴重，横向预应力按计算跨度 B 的简支梁计算。

2. 主　梁

主梁是主要的承重结构，由上翼缘、腹板和车道板的一部分宽度作为下翼缘组成，其高度为 $h = L/10 \sim L/14$。上翼缘是主要的受压构件，其横向稳定是依靠腹板与车道板组成的 U 形半框架来保证的，在梁端由加厚的腹板与端横梁形成刚度较大的结构，对上翼缘起侧向支撑作用。当上翼缘宽度不小于跨度 L 的 3%就不会失稳。它的厚度一般可取（$0.15 \sim 0.2$）h。

主梁腹板按厚度分有薄腹板和厚腹板两种。薄腹板能减轻梁的自重，但要设竖向预应力筋，施工难度较大。厚腹板为普通钢筋凝土结构，跨中厚度单线为 0.3 m，双线为 0.4 m，端部增加到 0.4 ~ 0.55 m，箍筋间距为 0.1 ~ 0.15 m。

3. 端横梁

端横梁是槽形梁的重要组成部分之一，在施工和养护维修时起顶梁的作用，并为车道板的两端提供支承，保证车道板的整体作用，并为上翼缘的横向稳定起支撑作用。

端横梁的高度和宽度一般为 $h_2 = (1.6 \sim 2.0)h_1$，$b_2 = (1.0 \sim 1.3)h_1$，h_1 为车道板厚度。

端横梁的计算按简支梁考虑。

4. 施　工

槽形梁在设计中一般要进行抗弯强度、抗剪强度、变形、抗裂性和裂缝宽度以及运营阶段混凝土及钢筋应力等一系列的验算，各项验算必须满足相应的规范要求。

槽形梁的施工一般采用装配式方案，该方法又分为纵向分块和横向分块两种。

① 横向分块，每块为一完整的 U 形截面，横向预应力在预制时已实施完成。施工时在桥头路堤上串联成整体，然后用纵移法移到桥孔，落梁就位。

② 纵向分块是将两侧主梁预制成两大块，主梁之间的车道板和端横梁可以预制，也可以在主梁架设就位现浇。预制的车道板，端横梁和两侧主梁的连接必须采用湿接缝。在工地上要施加横向预应力和纵向预应力。

横向分块的每块重量可以做得很小，方便运输。块件连接可以设干接缝，用环氧树脂砂浆黏合，然后在工地上施加纵向预应力，张拉锚固，压浆，封端，纵移落梁，架设就位。

纵向分块运输不便，且湿接头难度较大，唯一的优点是可以利用工地现有的架桥机，将预制主梁直接架设就位，无须设置临时便梁及纵移就位。

（三）高架脊梁式结构

脊梁式结构分上承式和下承式两种。上承式是在单箱梁的上部带大悬臂挑臂结构，下承式是在脊梁的下底板位置带大悬臂挑臂结构，如图 1-77 所示。一般城市轨道交通大多采用后者。这种结构主要靠脊梁来承受纵向弯矩，挑臂板作为行车道板，同时将列车荷载传到脊梁上。挡墙主要是防止噪声和作为防护车辆倾覆的保护体，也可作为结构的一部分，起边梁作用，改善挑臂的受力。

下承式脊梁结构具有以下优点：

（1）建筑高度低。其建筑高度为挑臂板的厚度，脊梁高度的改变对挑臂板的厚度无影响，而跨度的改变只影响脊梁的高度，这对城市高架结构的线型布置非常有利。

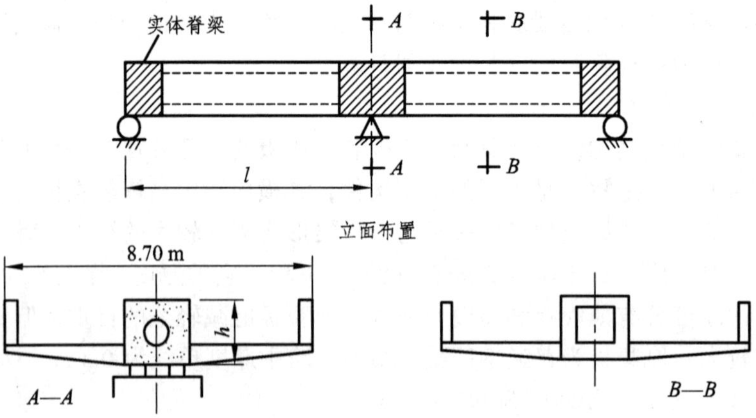

图 1-77　脊梁结构形式

（2）施工方便。可以选用预制构件拼装法，先吊装脊梁，然后拼装挑臂翼板，施工便捷。

（3）结构上需要的部分可供做他用，即边缘和脊梁顶面可作检修道等。

（4）脊梁和边梁构成一个防噪体系。

（5）外形美观。

下承式脊梁翼板式结构的横断面由脊梁、大挑臂翼板和端加劲边梁或称挡板 3 部分组成。

脊梁一般为单箱，宽为 1.6 ~ 2.3 m，由于脊梁除了提供纵向抗弯刚度之外，还要提供抗扭刚度，一般壁厚取 0.25 ~ 0.42 m，在支承区，由于约束扭转，结构的剪力相当大，所以常设置一段实体脊梁。

挑臂板的结构形式可采用纵向连续板、空心板或者用多根悬臂梁代替，如图 1-78 所示。从施工、防振、隔振、防噪性能和美观上综合考虑，以实体板为好。

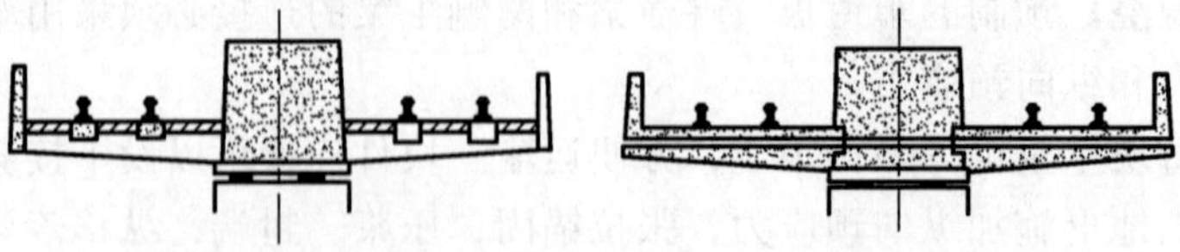

（a）挑臂梁　　　　（b）挑臂板

图 1-78　挑臂形式

悬臂行车板的计算方法较多，结果差异很大，总的说来这些计算方法可以归结为以下两类假定：

（1）不考虑主梁变形影响，即把悬臂板的根部看作固定端。

（2）近似考虑主梁截面畸变影响，即将悬臂板的根部简化为弹性系数为 K 的转角弹簧约束。

第一种假定偏于保守，第二种假定更接近实际情况。

（四）超低高度板式结构

超低高度板式结构实际上是低高度梁或厚板，亦称为板梁，一般由于结构的建筑高度要求做得小，刚度是设计的控制条件。超低高度板梁结构形式如图 1-79 所示。

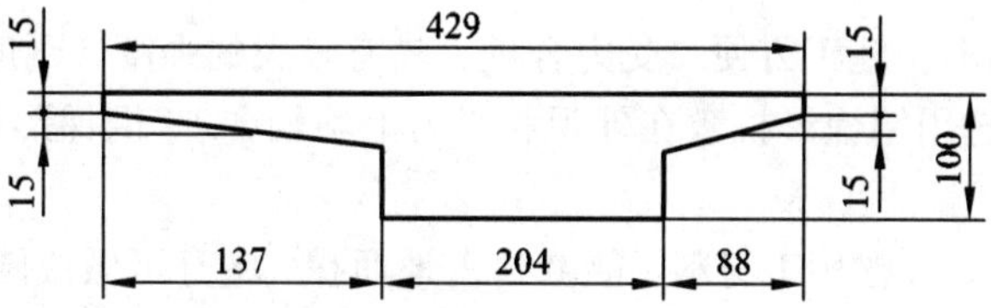

图 1-79　轻轨板梁横截面图

板梁的配筋与预应力度 λ 有关，λ 的定义为：

$$\lambda = \frac{m_0}{m}$$

$$m_0 = Q_h w_0$$

式中　m_0——消压弯矩；

Q_h——弯构件在预应力作用下受拉边缘的有效预应力，MPa；

w_0——换算截面受拉边缘的弹性抵抗矩，m^3；

m——使用荷载短期组合作用下控制截面的弯矩，MN · m。

在设计中应进行以下各项计算：

（1）承载能力计算。

（2）使用荷载下应力、变形及裂缝计算。

（3）施工荷载下应力、变形及裂缝计算。

（4）对承受重复荷载的构件必要时进行疲劳强度计算。

若设计成部分预应力时，在构件的受拉边外侧应当布置一定数量的非预应力筋。当 λ 较高时，非预应力筋宜用小直径及较密间距。当 $\lambda < 0.3$ 时，可按钢筋混凝土构件的构造规定布置。

部分预应力板梁的最小配筋率应满足：

$$\frac{m_p}{m_f} \geqslant 1.2$$

式中　m_p——破坏弯矩，MN · m；

m_f——开裂弯矩，MN · m。

部分预应力板梁的最大配筋率应满足：

$$x \leqslant 0.40 H_y$$

式中　x——构件破坏时混凝土受压区高度；

H_y——预应力筋重心至构件受压边缘的距离。

（五）墩台形式

高架桥的墩台除具有足够的强度和稳定性以承受荷载外，还需要考虑美观，并与城市环境和谐、匀称、协调。一般有如下几种形式：

1. 倒梯形桥墩

倒梯形桥墩构造简单，施工方便，受力合理，具有较大的强度、刚度和稳定性。对于单箱单室箱梁和脊梁来说，选用倒梯形桥墩在外观和受力上均较合理。倒梯形桥墩如图 1-80(a)所示。

2. “T”形桥墩

“T”形桥墩自重小、节省圬工材料、能减少占地面积，墩身可做成圆柱、方柱、六棱柱等，具有较大的强度和刚度，其与上部结构的轮廓线过渡平顺、受力合理，如图 1-80(b)所示。

3. 双柱式桥墩

双柱式桥墩体积小，透空空间大，稳定性好，结构轻巧，所适用的上部结构较灵活。双柱形桥墩如图 1-80(c)所示。

4. “Y”形桥墩

“Y”形桥墩与“T”形桥墩一样，体积小、省圬工、占地少、外观简洁、桥下透空大。但其结构相对来说较复杂，施工也较麻烦。“Y”形桥墩如图 1-80(d)所示。

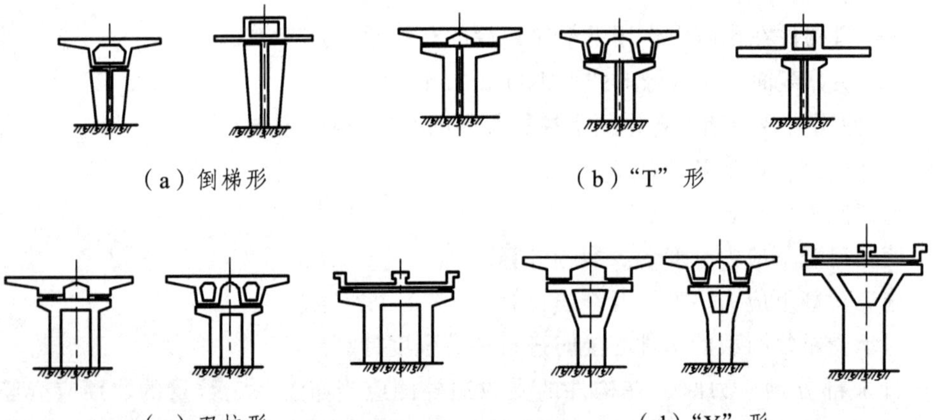

（a）倒梯形　　（b）“T”形

（c）双柱形　　（d）“Y”形

图 1-80　桥墩形式

二、隧　道

在城市轨道交通中占有较大比重的应当数地下铁道。地下铁道由于在地下运行，对地面上的其他交通工具无干扰，其运输能力不受气候影响，也避免了地面轻轨和高架交通所产生的噪声对城市的污染，在战争期间还可作为民用防空设施，所以地下铁道的优点非常明显，但是地下铁道造价昂贵，应充分进行技术经济比较后，分区段确定线路方案。

（一）区间隧道的特点

地铁的地下线路铺设在隧道中，连接两个地铁车站的隧道称为区间隧道。区间隧道的走向和埋深，受工程地质和水文地质条件、地面和地下环境、施工方法等因素制约，直接关系到造价的高低和施工的难易。

地铁区间隧道结构包括行车隧道、渡线、折返线、地下存车线、联络线以及其他附属建筑物。

区间隧道的开挖大多沿闹市区的街道进行，必然引起地面沉降，如何控制地面沉降量，不致影响既有建筑物的安全，是城市地下铁道施工所面临的一大课题。

当列车在曲线隧道中运行时，隧道的内净空也需要进行加宽，理由如下：

（1）由于曲线外轨超高引起车体内倾，车体中线由原来的竖直变为向内倾斜。如图 1-81 所示，隧道建筑限界上方控制点向内偏离线路中线，水平距离为 $d_{超内}$：

$$d_{超内}=\frac{H}{150E}$$

式中　E ——外轨超高，cm；

　　　H ——隧道建筑限界控制点至轨顶面的高度，cm。

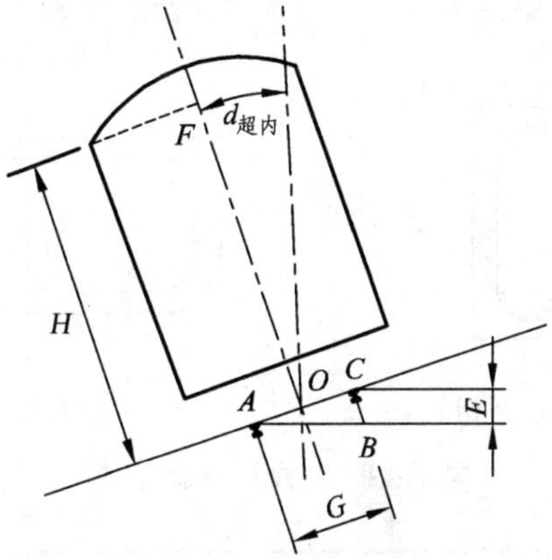

图 1-81　车体内移

（2）由于车体行经曲线时，车辆两端中线偏移线路中心外侧 $d_{外}$，车辆中部向线路中心内侧偏移 $d_{曲内}$，如图 1-82 所示。

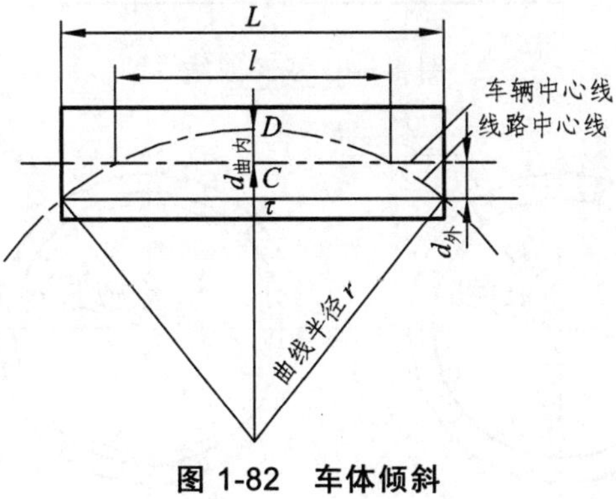

图 1-82　车体倾斜

$$d_{外}=L^2-\frac{L^2-l^2}{8r}$$

$$d_{曲内}=\frac{l^2}{8r}$$

式中 L——车辆长度，m；

l——车辆前后两转向架中心间距，m。

于是，曲线隧道内净空的加宽值为：

$$d=d_{外}+(d_{超内}+d_{曲内})$$

（二）区间隧道的断面形式

地下空间结构根据在土中的埋深，分为浅埋和深埋地下结构。

1. 浅埋式地下铁道

浅埋式地下铁道一般采用矩形断面，如图 1-83、图 1-84 所示。

2. 深埋式地下铁道

深埋式地下铁道根据施工方式不同，可以设计为矩形断面（如地下连续墙施工方法），也可以采用圆形断面（如地下盾构掘进施工方法），也有采用椭圆形断面的，如图 1-85 所示。

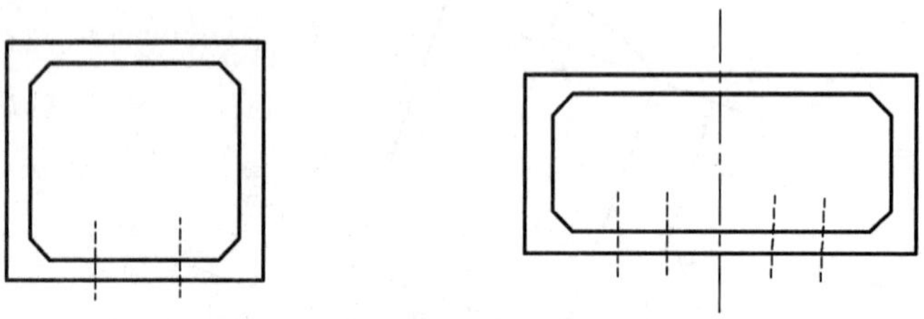

（a）单跨单线示意图　　（b）单跨双线示意图

图 1-83　单跨单线和双线

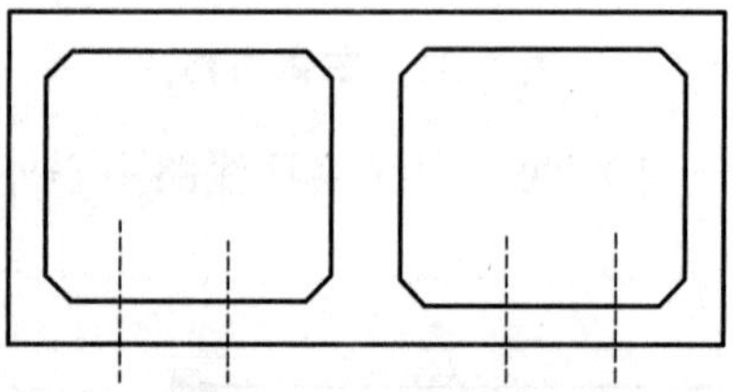

图 1-84　双跨双线

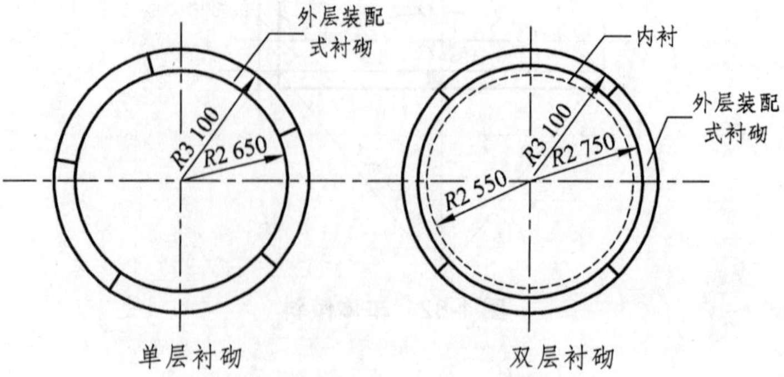

1—外层装配式衬砌；2—内衬。

图 1-85　地下铁道隧道圆形断面图

（三）地下隧道施工方法简介

1. 明挖法

明挖法是从地表开挖基坑或堑壕，修筑衬砌后用土石进行回填的浅埋隧道的施工方法。只要地形、地质条件适宜和地方建筑物条件许可，便可采用明挖法施工。明挖法的优点是施工条件有利、速度快、质量好且安全。缺点是干扰地面交通，需拆迁地面建筑物，以及需要加固、悬吊、支托跨越基坑的地下管线。

当城市地面空间足够时，可以采用放坡大开挖法修筑隧道，如图 1-86 所示。放坡率可以根据地质情况确定，对应的区间隧道一般采用框架结构，上部设计荷载以回填土重加路面荷载来考虑，侧面荷载考虑侧土压力。

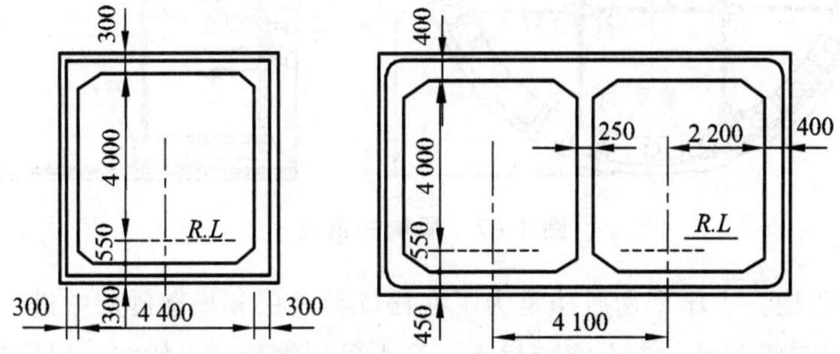

图 1-86　明挖法修建的整体式衬砌结构形式

2. 暗挖法

当埋深超过一定限度后，明挖法不再适用，而要改用暗挖法，即不挖开地面，采用在地下挖洞的方式施工。

（1）盾构法。

盾构法是暗挖法施工中的一种全机械化施工方法。它是将盾构机械在地中推进，通过盾构外壳和管片支承四周围岩防止发生往隧道内的坍塌，同时在开挖面前方用切削装置进行土体开挖，通过出土机械运出洞外，靠千斤顶在后部加压顶进，并拼装预制混凝土管片，形成隧道结构的一种机械化施工方法。

盾构是松软地层中修建隧道的专门机具。盾构沿其长度可分为 3 部分：前部叫切口环，中部叫支撑环，后部叫盾尾，如图 1-87 所示。其断面形式有：圆形或椭圆形、半圆形、马蹄形、箱形。大多数盾构为圆形。

盾构既是一种施工机具，又是一种强有力的临时支撑结构，其开挖和衬砌工作均在盾壳保护下进行。切口环是为了保护开挖面的稳定和作业空间的安全而设置的。支撑环连接着切口环和盾尾使盾构构成整体，是盾构结构的重要组成部分，在其周边内装有一组盾构千斤顶。在盾尾中设有组装机，主要用于组装预制衬砌管片。

盾构依其断面形状、开挖方式、前部结构的不同可分为很多类，下面介绍几种比较特殊的机械开挖盾构。

① 泥水加压盾构。这种盾构的旋转切削头后面有一个用隔板密封起来的泥浆室，其中充

满加压泥浆，泥浆的压力比开挖面的地下水压力略高，从而保持开挖面的稳定。弃渣与泥浆混合后由输泥管抽出洞外进行渣泥分离处理。

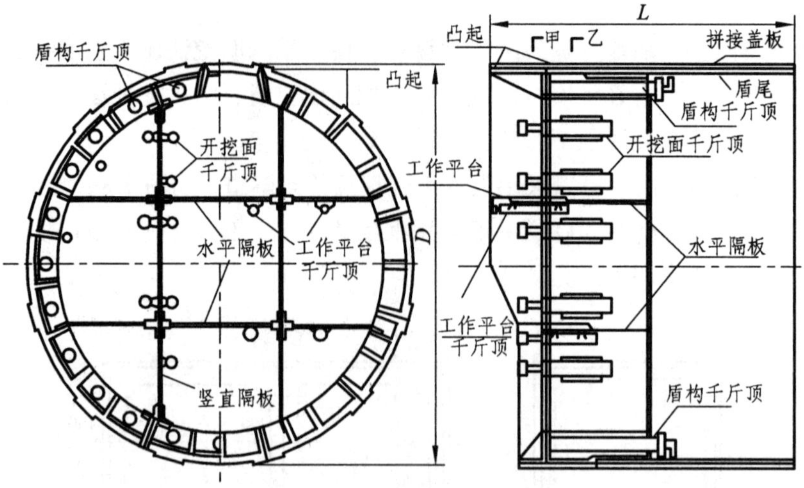

图 1-87　盾构的组成

② 土压平衡盾构。土压平衡盾构是为了在松软粉砂层和松散砂层中进行开挖而研制的。在机械开挖盾构的前部设置一个土壤密封室，排土采用螺旋式运输机。以回转刀盘开挖下来的土壤经常填满于密封室及螺旋输送机中。通过控制螺旋输送机排出的土量和盾构推进的速度来保持开挖面的土压平衡和稳定。

③ 插刀盾构。插刀盾构推进时不需要已安装好的管片环作为千斤顶支承后座，它由许多插刀组成，可组合成不同的断面形状和尺寸，自由选择衬砌类型。插刀盾构的推进是用设在插刀和支承框架之间的液压缸，将插刀以单刀或成组插刀的方式进行，当所有的插刀都推进一个行程的距离时，再由所有的液压缸同步收缩，把支承框架向前拖动。

（2）矿山法。

矿山法指的是用开挖地下坑道的作业方式修建隧道的施工方法。矿山法是一种传统的施工方法。它的基本原理是，隧道开挖后受爆破影响，造成岩体破裂形成松弛状态，随时都有可能坍落。基于这种松弛荷载理论依据，其施工方法是按分部顺序采取分割式一块一块地开挖，并要求边挖边撑以求安全，所以支撑复杂，木料耗用多。

矿山法施工主要包括：全断面法、台阶法、下导坑漏斗棚架法及上下导坑先拱后墙法等。我国现有的铁路隧道大部分采用矿山法修筑而成。由于矿山法施工的理论基础是传统的结构力学，其基本假定与实际隧道的工作状态相差甚远，另外在施工中需要大量的钢材和木材作为临时支撑，工人的劳动强度大，施工环境差，因而近年来已逐渐被新奥法所取代。

（3）新奥法。

新奥法是新奥地利隧道施工法的简称，指充分利用围岩的自承能力和开挖面的空间约束作用，以锚杆和喷射混凝土为主要支护手段，及时对围岩进行加固，约束围岩的松弛和变形，并通过对围岩和支护结构的监控、测量来指导地下工程的设计与施工。它的基本观点是：围岩既是隧道结构的荷载，又是承受岩体压力的承载体的一部分，即围岩本身具有承载能力；围岩自承能力只有通过围岩的变形才能发挥出来，因而隧道开挖后允许围岩发生变形，同时也要限制围岩的变形量，不致由于变形过大而使岩体松弛甚至坍塌，所以最理想的支护结构应当是能随围岩共同变形的柔性支护，在实践中证明这种柔性支护为喷混凝土和锚杆支护。由于允许围岩发生变形，为了掌握围岩和支护的实际工作情况，在施工的各个阶段，应进行现场量测监护，及时反馈位移或应力等信息，以指导施工和修改设计。

铁路部门将新奥法的基本原则扼要概括为：少扰动，早喷锚，勤量测，紧封闭。新奥法施工的理论基础建立在现代岩体力学的基础上。

新奥法施工按其开挖断面的大小及位置，基本上可以分为全断面法、台阶法、分部开挖法 3 大类及若干变化方法。

① 全断面法。全断面法是将隧道设计轮廓线一次钻爆成型，优点是工序少，相互干扰少，便于组织施工和管理；工作空间大，便于采用大型施工机具。

② 台阶法。台阶法施工如图 1-88 及图 1-89 所示，将开挖断面分成两步或多步，又可根据台阶的长短划分为长台阶法（台阶长度大于 5 倍洞跨）、短台阶（台阶长度大于洞跨 ）和超短台阶法（台阶长度小于洞跨）。

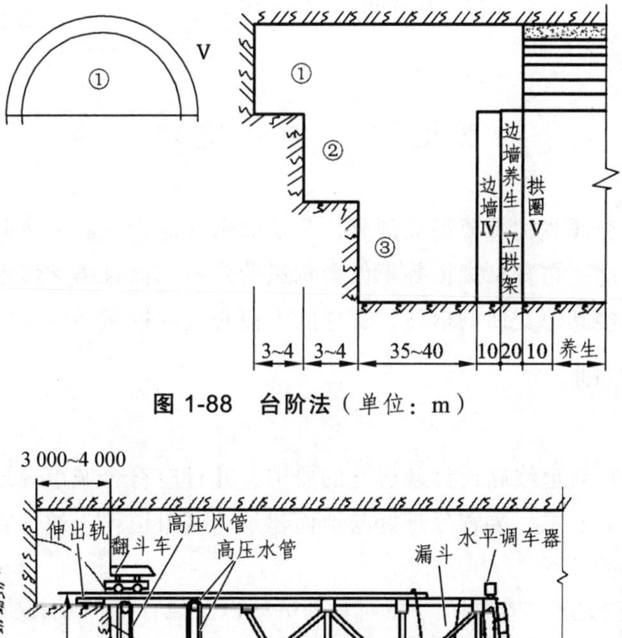

图 1-88　台阶法（单位：m）

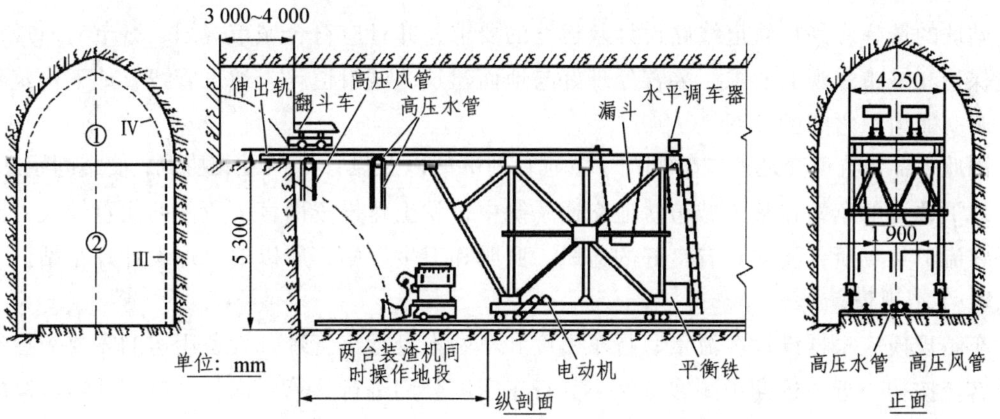

图 1-89　台阶法施工简图

三、涵　洞

涵洞是设在路堤下部的填土中，用以通过水流或行人的一种建筑物。

涵洞主要由洞身（由若干管节所组成）、基础、端墙和翼墙所组成，如图 1-90 所示。管节埋在路基之中，它具有一定的纵向坡度（从进口向出口），以便排水。端墙和翼墙的作用是便于水流进出涵洞，同时还可以保护路堤边坡，使它不受水流的冲刷。

按照建筑材料的不同，涵洞有石涵、混凝土涵、钢筋混凝土涵、铁涵等多种。涵洞的截面有矩形、圆形、拱形等不同形式。涵洞的孔径一般是 0.75 ~ 6.0 m。

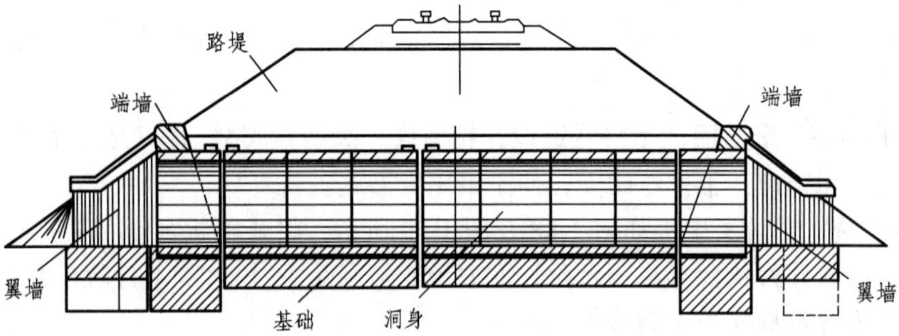

图 1-90　涵洞的组成

第七节　车站建筑

车站是城市轨道交通线的重要组成部分，又是吸引客流和疏散客流并为旅客乘车服务的基本设施。车站的选址、布置、规模等不仅影响运营效益，而且影响城市文明建设和市容观瞻。车站往往又是连接其他交通的枢纽，交通的方便必然促进城市的发展。

一、车站设计原则

1. 站址选择

站址的选择应满足轨道线路设计及运营的要求，并且应符合城市规划、城市交通规划、环境保护和城市景观的要求，妥善处理好与地面建筑、城市道路、地下管线、地下构筑物及施工时交通组织之间的关系。

因此，需要轨道交通的主管部门、城建管理部门以及设计部门互相协调，使站间距适宜。

地下铁道的车站在整个城市轨道交通系统中，就土建投资而言，所占的比重较大，同时又是客流汇集场所，要求具有良好的通风、照明和卫生设施，所以要合理设计好车站。

2. 车站规模

车站规模应根据设计客流量、行车密度和车站本身行车管理、设备用房的需要来控制。设计客流按初、近、远期预测客流对应其行车密度分别进行核算，取最大值，并考虑高峰小时内乘客的不均匀性，计入超高峰系数，取超高峰系数 1.1 ~ 1.4。

一般车站在高峰期 1 h 内，集中了全日乘降人数的 10%～15%，但由于车站所在地区的不同，如居民区、商业区等，其乘降人数的集中程度不相同，所以在规划时要充分做好预测工作，并考虑轨道交通启用后客流分布所发生的变化。重要换乘车站、小交路折返站、位于重要客流集散点附近突发客流较大的车站视实际情况可适当调整。

3. 车站布置

车站布置应合理组织各种客流，减少相互交叉干扰，方便乘客使用，能迅速进出站，并且要有良好的通风、照明、卫生、防火等设备条件，以提供旅客安全和舒适的乘降环境。车站的站厅、站台、出入口、通道、人行楼梯、自动扶梯、售检票口（机）等部位的规模和通过能力应相互匹配。

另外，车站应统一考虑无障碍设计，设无障碍电梯、无障碍专用厕所及残疾人坡道、盲道等设施。车站至少应有一处出入口设置无障碍电梯，如确实无法设置，则必须设置轮椅牵引机，以满足无障碍设计要求。

4. 建筑设计

地面、高架和地下车站所处的位置不同，其建筑设计应各具特色，要因地制宜地考虑建筑风格，力求与城市景观相协调。在设计时，应力求规范化和标准化，充分采用新技术、新工艺和新材料。

车站建筑应以安全、适用、美观为总原则，以速度、秩序、通畅、易识别体现快捷性交通建筑的特点，力求简洁、明快、经济。

二、车站平面布置

车站布置的原则是力求紧凑，能设于地面的设备，应尽量设于地面，以降低造价。

车站原则上由站台、站房、站前小广场、垂直交通及跨线设备等组成。其中站台是最基本的部分，不论车站的类型、性质有何不同，都必须设置。其余 3 部分，一般情况下都设置，但在某些特殊的情况下，在满足功能要求的前提下，其中的某些部分可能被简略。城市轨道交通乘客的构成比铁路、公路简单，乘客在车站停留时间短，且没有行李寄存与货物运输等问题。在一般车站中旅客运送方向也基本上是往返方向。因此，在车站乘客活动而形成的流线、服务设施都比较简单。在换乘站中客流流线就比较复杂些，大型枢纽站更应认真仔细分析旅客活动流线。

车站总体布局应按照乘客进出车站的活动顺序，合理布置进出站的流线，使其不发生干扰，要求流线简捷、通畅，为乘客创造便捷、舒适的乘降环境。图 1-91 所示为一般车站的旅客进、出站活动流线。

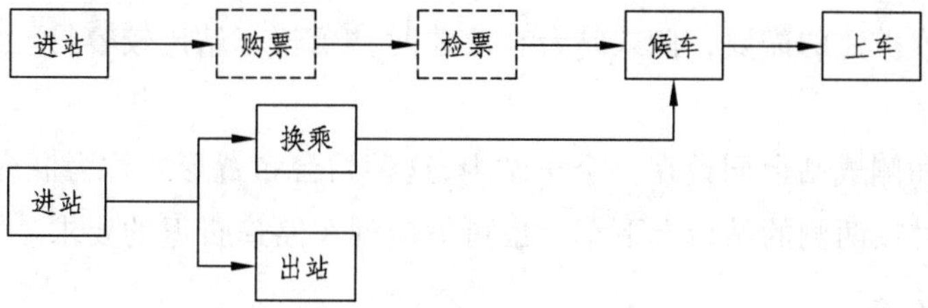

图 1-91　旅客进、出站活动流线

三、站　台

站台是乘客上、下车的地方。

（一）站台形式

站台形式有岛式站台、侧式站台和混合式站台 3 种，如图 1-92 所示。

1. 岛式站台

站台位于上下行行车线路之间，这种站台布置形式称为岛式站台，如图 1-92（a）所示。岛式站台具有站台面积利用率高、能灵活调剂客流、乘客使用方便、管理集中等优点。缺点是乘客有乘错车的可能，造价相对较高。因此，一般常用于客流量较大的车站。

如果车站有改扩建的需要，岛式站台在改建时，延长车站很困难，技术复杂。

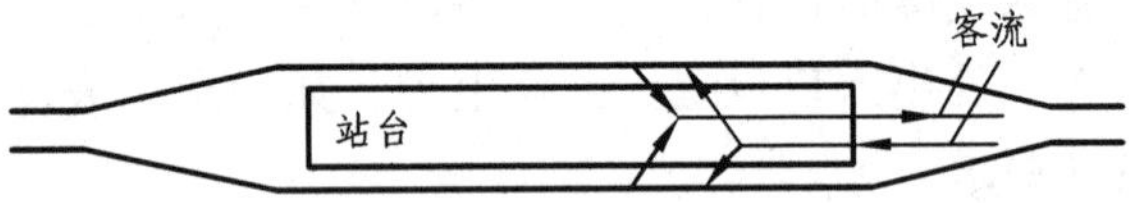

（a）岛式站台

（b）侧式站台

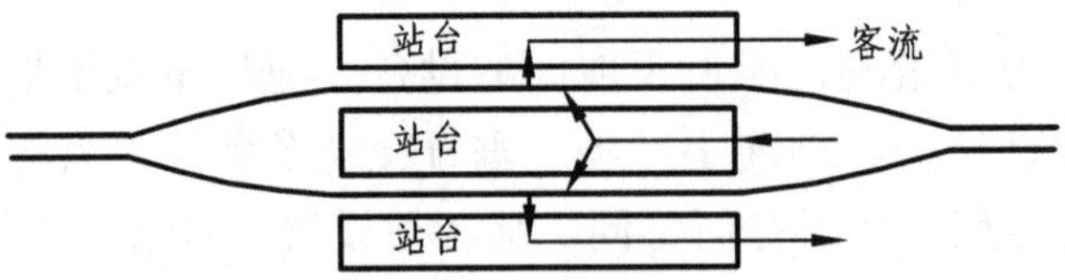

（c）混合式站台

图 1-92　地铁站台布置

2. 侧式站台

站台位于上下行行车线路的两侧，这种站台布置形式称为侧式站台，如图 1-92（b）所示。侧式站台在面积利用率、调剂客流的灵活性、站台之间联系的紧密性等方面均不及岛式站台，且站厅分设时，管理分散，联系不方便。但是乘客不易乘错车，造价也相对较低。因此，侧式站台多用于客流量不大的车站及高架车站。

如果车站有改扩建的需要，侧式站台在改建时，延长车站比较容易。

3. 混合式站台

将岛式站台和侧式站台同设在一个车站内，这种站台布置形式称为混合式站台，如图 1-92（c）所示。可同时在两侧的站台上下车，也可适应列车路途折返的要求。

（二）站台长度

站台长度应采用远期车辆编组长度加停车误差。考虑到停车位置不准确和车站值班员、司机确定信号的需要，一般需预留 4 m 左右。

计算如下：

$$L = nl + 4$$

式中 L——站台长度，m；

l——车辆长度，包括车钩长度，m；

n——车辆的编组数。

（三）站台宽度

确定站台宽度的主要依据是高峰小时的客流量。在高峰小时内车站汇集了全日乘客人数的 10%～15%。在高峰小时内客流也不均匀。

1. 侧式站台的宽度

侧式站台需要面积计算如下：

$$A = pa$$

式中 A——站台需要面积，m^2；

p——高峰时间每侧站台到达的乘客量，人；

a——人均占有面积（m^2/人，一般取 a=0.33～0.75）

侧式站台宽度：

$$b = \frac{A}{L_{it}} + b_0 + 0.45 + c$$

式中 b——侧式站台宽度，m；

L_{it}——列车全长减去车头到第一门及车尾到最后门的距离，m；

b_0——考虑乘客沿站台纵向流动宽度，一般 b_0 = 1.0～1.5 m；

c——柱宽，m；

0.45——站台安全防护宽度，m。

2. 岛式站台的宽度

$$B=2b + b_0$$

式中 B——岛式站台宽度，m；

b_0——考虑岛式站台纵向客流流动宽度，一般取 2～2.5 m。

（四）站台高度

站台高度指站台到轨顶面的高度，与车型有关。站台与地板面同高，称为高站台；站台比车厢地板面低一两个台阶，称低站台。我国生产的轻轨样车，车厢地板面到轨顶面的高度为 950 mm，车辆第一踏面距轨面 650 mm，所以站台高度 900 mm 为高站台，650 mm 或 400 mm

为低站台。采用高站台时，考虑到由于车辆弹簧的挠度，在最大乘车效率时，车厢地板下沉的范围在 100 mm 以内，故高站台高度宜低于车厢地板面 50 ~ 100 mm 为宜。

（五）轨道中心到站台边缘距离

从轨道中心到站台边缘的距离由车辆的建筑限界决定，还应考虑站台的施工误差，一般施工误差为 10 mm。针对样车，车体宽为 2.6 m，把轨道中心到站台边缘的距离定为 1.4 m。当车站设在曲线上时，应适当加宽，此时轨道中心到站台边缘距离为：

$$L = l_1 + E + 0.8c$$

式中 l_1——轨道中心到建筑限界边的距离，加施工误差 10 mm。

E——曲线总加宽，曲线内侧有站台，E 为“+”；曲线外侧有站台，E 为“–”。

c——线路超高值。

四、站　房

车站站房的组成，应根据运营管理的要求决定。如果运营管理上采用上车自动售票，车站为无人管理方式，而以集中监视的闭路电视系统提供保证时，车站可以不设站房，而只设风雨棚，否则应设售票房。

五、跨线设施及垂直交通

1. 跨线设施

由于城市轨道交通列车的速度快、密度高，要求整个线路封闭程度较高。考虑乘客候车安全，侧式站台上、下行线间加防护栏杆隔开，所以有上下行越线问题。岛式站台乘客进站也有越线问题，而且行人过街也同样有越线问题。

对地面站来说，除了客流量小，一般均需设跨线设施。地面站的跨线设施可以是天桥或地道两种方案。天桥方案较经济，施工方便，对交通干扰少，应优先采用。

地下站跨线设施可以在地下站内解决。

高架站的跨线设施如在高架桥上再设天桥，对于乘客来说会加重负担，安全感差，又占用较多高架站台面积，增加高架站结构的复杂性，提高了造价，也影响景观。因此，通常应该尽量利用高架桥面以下的结构空间解决跨线功能，也可以在解决高架站的垂直交通时，同时解决跨线问题。但要注意避开道路的交会路以满足道路上空的限高要求。

2. 垂直交通

高架站和地下站与地面的联系必然通过垂直交通来疏导旅客，天桥或地道跨线设施也需要垂直交通。垂直交通的设计要求位置适宜、路线便捷、合理通畅的宽度。

高架站的垂直交通布置，通常有两种方式：一种为街道两侧布置垂直交通，经天桥进入高架车站，即天桥进出方式，如图 1-93 所示。

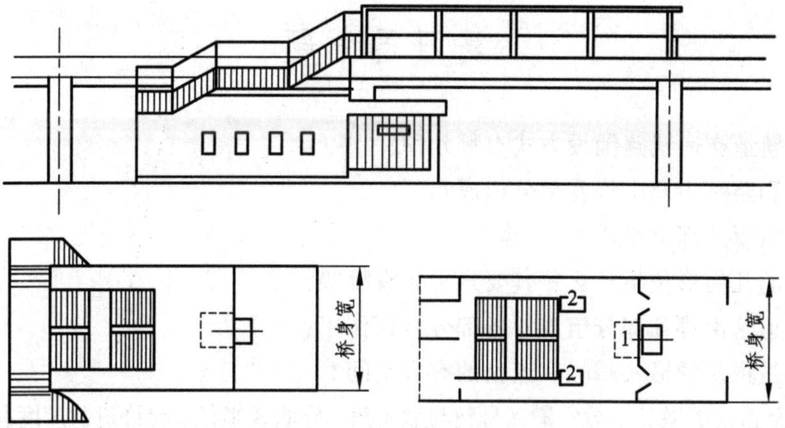

1—售票处；2—检票处。

图 1-93　某高架车站天桥进出方案

另一种是利用桥下空间，由楼梯通向休息平台，再通向两侧高架站台或通向岛式站台，即为桥下进出方式。

地下车站的出入口位置应根据车站位置的地形、地势等具体条件，并满足城市规划和交通的要求，设在人行道、街道拐角、街道中心广场和街心花园处，建筑物内和建筑物边，如图 1-94 所示。

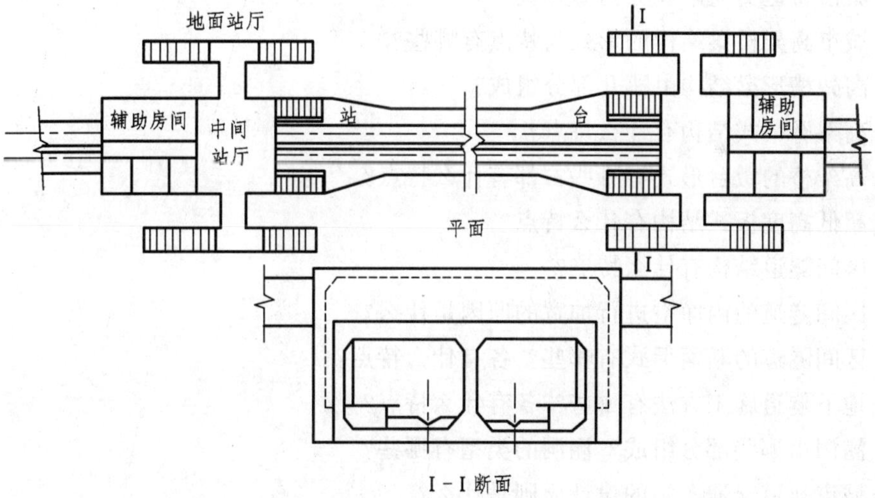

图 1-94　双跨地下侧式车站平断图（浅埋地铁车站）

地下铁道车站的出入口及通道的数目和宽度应根据该地区的具体条件和客流量确定，并考虑紧急情况下，站台的乘客和停在列车内的乘客必须在 6 min 内全部疏散出地下站并上到地面。

出入口及通道宽度应根据高峰小时客流量计算确定，采用宽度一般不小于 2 m，最小不得小于 1.5 m。地下通道净高一般为 2.5 m 左右。

复习思考题

1. 城市轨道交通线路铺设方式有哪几种？
2. 路堤和路堑主要由哪些部分组成？
3. 轨道由哪几部分组成？
4. 轨道的几何形位指什么？其要素主要有哪些？
5. 单开道岔由哪几部分组成？各部分有何作用？
6. 什么是道岔的辙叉咽喉和道岔的有害空间？
7. 什么是道岔的辙叉号数？辙叉号数与辙叉角、导曲线半径、允许过岔速度有怎样的关系？
8. 线路平面由哪几部分组成？
9. 为何要设置曲线外轨超高？如何计算取值？怎样设置？
10. 缓和曲线有何作用？有何特征？
11. 小半径曲线对运营工作的不利影响有哪些？
12. 为什么要设置竖曲线？
13. 城市轨道交通车站是如何分类的？车站类型有哪些？各有什么特点？
14. 城市轨道交通车站线路分为哪几类？
15. 城市轨道交通限界分为哪几类？
16. 城市高架桥梁结构的形式与特点有哪些？
17. 高架槽形梁结构由哪几部分组成？
18. 高架脊梁式结构有什么特点？
19. 高架桥的墩台形式有哪些？都有什么特点？
20. 超低高度板式结构有什么特点？
21. 区间隧道结构有什么特点？
22. 区间隧道的内净空进行加宽的原因是什么？
23. 区间隧道的断面形式有哪些？各有什么特点？
24. 地下隧道施工方法有哪些？各有什么特点？
25. 涵洞由哪些部分组成？涵洞的类型有哪些？
26. 城市轨道交通车站的设计原则是什么？
27. 城市轨道交通车站平面布置有哪些要求？
28. 车站站台形式有哪几种？各有什么特点？
29. 车站站台长度、宽度如何计算？站台高度、轨道中心到站台边缘的距离如何计算？
30. 车站跨线设备及垂直交通的设计要求是什么？

第二章　城市轨道交通车辆

第一节　城市轨道交通车辆概述

一、城市轨道交通车辆的分类

1. 按牵引动力配置分类

城市轨道交通车辆按牵引动力配置分为动车和拖车。城市轨道交通列车均为电动车组，由动车和拖车组成。

动车自身具有动力装置（装有牵引电机），具有牵引与载客双重功能，可分为带有受电弓的动车和不带受电弓的动车。

拖车不装备动力装置，需具有动力牵引功能的车辆牵引拖带，仅有载客功能，可设置司机室，也可带受电弓。

2. 按驱动方式分类

城市轨道交通车辆按驱动方式分为旋转电动机驱动车辆和直线电动机驱动车辆。

旋转电动机驱动包括直流电动机驱动和交流电动机驱动，都是依靠轮轨黏着作用传递牵引力。直线电动机驱动，将传统电动机从旋转运动方式改为直线运动方式，由于取消了传统的旋转电机从旋转运动转换成直线运动的机械变速传动机构，使转向架结构简单、重量轻。

3. 按车辆规格分类

为有利于我国城市轨道交通车辆制造、运营、维修的良性发展，车辆类型的规范化及主要技术规格的统一是十分必要的。建设部 1999 年颁布的《城市快速轨道交通工程项目建设标准》根据我国各城市对城轨车辆选型的不同要求和城轨车辆的发展现状提出了 A、B、C 型车的概念，它主要是按车体宽度的不同进行分类。

A 型地铁列车：长 22.8 m，宽 3 m。代表车型：上海地铁 1、2、3、4、7、9、10、11、12、13、14、16 号线列车。

B 型地铁列车：长 19 m，宽 2.8 m。代表车型：北京、天津地铁宽体车（实际上是鼓形，是利用既有限界条件下的加宽车体，应该算作准 B 型车）。

C 型地铁列车：长 19 m，宽 2.6 m。代表车型：上海地铁 5、6、8 号线列车。

《地铁车辆通用技术条件》中对用于地铁运营车辆的技术规格也作出了相应的具体规定。为了便于车辆的管理和维护，车辆提供商及运营公司对车辆又进行了分类。

上海地铁 1、2 号线的车辆分为 3 类，即 A、B、C 类车（与上述按车体宽度分类分为 A、B、C 型车）。A 类车为拖车，一端设有驾驶室；B 类车为动车，车顶上装有受电弓；C 类车为动车，车下装有一套空气压缩机组。广州地铁 1、2、3、4 号线均采用此种分类方法。

4. 按车辆制作材料分类

城市轨道交通车辆按车辆制作材料分为钢骨车和新型材料车。

（1）钢骨车的车底架、车体骨架等受力部分采用钢材制作，其他部位用木材或合成材料制作。

（2）新型材料车采用轻质合金材料，如铝合金、铁合金等，以降低车辆自重，提高承载能力和运输效率。

5. 按连接方式分类

城市轨道交通车辆按连接方式分为贯通式或非贯通式车辆。

贯通式的全列车载客部分贯通，乘客可沿全列车走动，以有效调节各个车辆的载客拥挤度，使其在全列车中均匀分布，也有利于在列车发生意外事故时疏散乘客。非贯通式车辆之间无通道贯通。

二、城市轨道交通车辆的组成

城市轨道交通车辆主要由车体、逃生设备、车辆连接装置、转向架、制动装置、空调通风系统、受流装置、车辆电气牵引系统、辅助电源设备、内部设备、列车控制和诊断系统、乘客信息系统等部分组成。

1. 车　体

它主要是容纳乘客和司机驾驶的地方，又是安装与连接其他设备和部件的基础。近代城轨车辆车体均采用整体承载的钢结构或轻金属结构，以达到满足强度、刚度要求的同时最大限度地减轻自重。它由车顶、底架、端墙、侧墙、车窗、车门等组成。

2. 逃生设备

紧急疏散门为上翻形式，打开后由两根空气弹簧支撑。在正常状况下，紧急疏散门处于锁闭状态；在紧急情况下，按照紧急操作标签的指示，可手动将紧急疏散门打开，配合紧急疏散梯，以用于疏散人群。使用结束后可方便回收。正常情况下，紧急疏散门应处于锁闭状态。当发生紧急情况时，可按照操作标识打开紧急疏散门：扳动红色锁把手至开位，向外轻轻一推，疏散门将自动打开。顺时针旋动司机室内的紧急疏散梯解锁旋钮，使锁舌缩回，坡道解锁，用手在坡道上部的把手处轻推坡道，把坡道推出车外，坡道即可自动展开为一个由车头至铁轨面的疏散通道。

3. 车辆连接装置

车辆连接装置包括车钩缓冲装置和贯通道。车钩是连接车辆使其编组成列车，并传递纵向力的一套装置。通常在车钩的后部装设缓冲装置，在车钩传递纵向力时缓和车辆之间的纵向冲击。通过车钩还可将车辆之间的电路和空气管路进行连接。贯通道是车辆与车辆之间的客室连接通道。

4. 转向架

转向架位于车体与轨道之间，用来支撑车体，牵引和引导车辆沿着轨道行驶，承受与传递来自车体及线路的各种荷载并缓和其冲击作用。转向架一般由构架、轮对轴箱装置、弹簧悬挂装置和制动装置等组成。转向架分为动力转向架和非动力转向架，动力转向架安装在动车上，非动力转向架安装在拖车上。

5. 制动装置

制动装置是使车辆减速、停车，保证列车安全运行必不可少的装置。不管是动车还是拖车都设有制动装置，它可以保证运行中的列车按需要减速或在规定的距离内停车。车辆的制动除常规的空气制动外，还有再生制动、电阻制动和磁轨制动等。一般地铁车辆均采用电-空混合制动(电制动与空气制动混合)。

6. 空调通风系统

随着城市轨道交通车辆服务质量的提高，为改善车厢的空气质量必须要有通风装置，目前均采用空调通风系统。

7. 受流装置

受流装置从接触导线或导电轨将牵引电流引入动车。接触网受流采用受电弓，接触轨受流采用轨道受流器。

受电弓受流器，属上部受流，弓可升可降，适用于列车速度较高的干线电力机车。

8. 车辆电气牵引系统

车辆电气牵引系统指车辆上的各种电气牵引设备及其控制电路。车辆电气牵引系统有直流电气牵引系统和交流电气牵引系统两种。随着电力电子技术和微电子技术的高速发展，目前几乎所有车辆都采用交流牵引电机和交流调频调压（VVVF）控制的交流电气牵引系统。

9. 车辆辅助电源设备

辅助供电系统（SIV）有将直流 1 500 V 悬链线电压转变成三相交流 380 V 电压的功能。通过变压整流给空调、照明、控制电路提供电源。

10. 车辆内部设备

车辆设备包括服务于乘客的设备和服务于车辆运行的设备。属于前者的有：照明、广播、通风、取暖、空调、座椅、吊环、扶手等。服务于车辆运行的设备一般不占车内空间。

11. 列车控制和诊断系统

微机控制系统有自我监控和诊断功能，能对列车主要设备的运行状态和故障自动进行信息采集、记录和显示。现行地铁车辆采用 TMS 设备对非安全相关系统进行集中控制，对通过硬接线或传输电缆与 TMS 装置连接的各子系统进行监视。车下有 TMS 箱，司机室有 TMS 显示屏，实时监控列车各系统与设备运行状况。

12. 乘客信息系统

城市轨道交通车辆乘客信息系统向乘客提供列车运行信息、安全信息和其他公共信息；在列车发生故障或事故时，向乘客提供回避危险的指挥、指导信息等。

三、城市轨道交通车辆的特点

1. 载客能力较强

由于城市轨道交通车辆服务于城市居民的市内交通，车内的平面布置上有其特征，如座位少，车门多且开度大，内部设备十分简单等。大型车辆每辆约可载客 310 人。

2. 动力性能良好

为了适应城市轨道交通线路曲线半径小、坡度大、停站多的运营条件，城市轨道交通车辆的加速能力强，制动效果好。

3. 安全可靠性较高

城市轨道交通车辆设备先进，可靠性、稳定性强，故障率低，在突发情况下适应性强（防火、紧急出口等）。

4. 环境条件优越

城市轨道交通车辆在设计上，完善照明和空调，并且提供适量的座椅和众多的扶手。

四、城市轨道交通车辆的编组及标识

标识是指对车辆及其设备进行标记或编号。为了车辆运用和检修在管理和识别上的方便，必须对车辆进行标识。

（一）列车编组

城市轨道列车中，动车和拖车通过车钩连接而成的一个相对固定的编组称为一个（动力）单元，一个列车可以由一个或几个单元编组而成。

我国地铁列车编组形式为：6 辆编组主要有“三动三拖”和“四动二拖”，4 辆编组主要有“二动二拖”。

（1）沈阳地铁 1 号线每一列车由 6 节车厢组成，编组方式为：

6 辆/列为：+ Tc – Mp – M – Mp – M – Tc +

Tc 车：有司机室的拖车；

Mp 车：带受电弓动车；

M 车：不带受电弓动车；

T 车：无司机室的拖车；

+：半自动车钩；

–：半永久棒式车钩。

（2）广州地铁 1 号线每一列车由 6 节车厢组成，编组为：

– A*B*C = C*B*A –

A 车为拖车，一端设有驾驶室，车顶上装有受电弓，车下装有一套空气压缩机组。

B 车和 C 车均为动车，结构基本相同。

广州地铁 2 号线与 1 号线基本一样，只是受电弓装于 B 车车顶，而空气压缩机组装于 C 车车底。

（3）上海地铁 1、2 号线近期每一列车由 6 节车厢组成，编组为：

– A=B*C=B*C=A –

上海地铁 1、2 号线远期每一列车由 8 节车厢组成，编组为：

– A=B*C=B*C=B*C=A –

“–”表示全自动车钩；“=”表示半自动车钩；“*”表示半永久车钩。

（二）车辆编号

一般每节城轨车辆都有属于自己的固定编号，但各车辆制造商或运营商的编号方式不一样。

上海地铁 1、2 号线车辆编号由 5 位数组成，采用 YYCCT 形式，其中 YY 为车辆出厂的年份；CC 为出厂时这一年的同类型车辆的生产顺序号；T 为车辆类型代号，其中“1”为 A 车，“2”为 B 车，“3”为 C 车。

例如，“92082”表示 1992 年出厂的第 8 辆车，其车辆类型为 B 车。目前上海地铁列车的编组是固定的，编号后的车辆在列车中的编组位置没有变化。

广州地铁 1、2、3 号线车辆采用了一样的编号形式，其车辆编码包含信息有：车辆的所属线路（一个字母或数字的位置）、车辆的类型（A、B 或 C 车）、生产顺序号（同类型车辆的连续编号为 2 位数字），不同的车辆类型以新的顺序开始编号。

车辆编号 2A43：

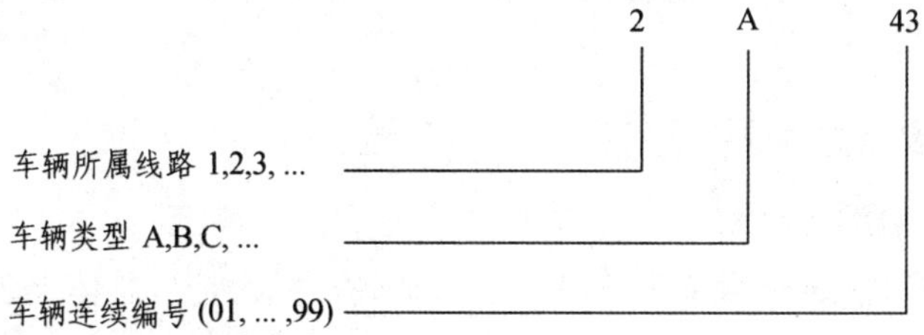

（三）车端、车侧、车门、座位等的标识定义

1. 车辆的车端、车侧的定义

（1）车端。每辆车的 1 位端按如下定义：A 车 1 位端是带有全自动车钩的一端；B 车 1 位端是与 A 车连接的一端；C 车 1 位端是连接半永久牵引杆的一端，另一端就是 2 位端。

沈阳地铁车辆规定：以 1、2、3 车或 4、5、6 车为一单元，面向本单元司机室，每节车辆靠近司机室一端为 1 位端，远离司机室一端为 2 位端。

（2）车侧。当观察者面对车辆的 1 位端时，观察者右侧的一侧就称为该车辆的右侧，另一端就定为该车辆的左侧。

沈阳地铁车辆规定：以 1、2、3 车或 4、5、6 车为一单元，面向本单元司机室，每节车辆右侧为 1 位侧，左侧为 2 位侧。

2. 列车车侧的定义

列车的车侧定义与车辆的车侧定义是不同的。它是以司机为主体，司机坐于列车驾驶端座位上，司机的右侧即为列车的右侧，左侧为列车的左侧。换句话说，是按列车行驶的方向来定义的，这与公路上汽车按行驶方向定义左右侧是相同的。

3. 转向架和轴的编号

每辆车的转向架都分为转向架 1 和转向架 2。转向架 1 在车辆的 1 位端，转向架 2 在车辆的 2 位端。

每辆车的 4 根轴从 1 位端开始至 2 位端，依次连续编号轴 1 至轴 4。

4. 车门和门页的编号

门页的编号自 1 位端到 2 位端，沿着每辆车的左侧为由小到大连续用奇数编号，即 1，3，5，7，9，11，…，17，19；右侧由小到大连续用偶数编号，即 2，4，6，8，10，12，…，18，20。

车门编号由车门两个门页号码合并而成：自 1 位端到 2 位端，左侧车门编号为 1/3、5/7、9/11，…，17/19，而右侧车门的编号 2/4，6/8，10/12，…，18/20。

沈阳地铁车门门体号规定：1 位侧为奇数，2 位侧为偶数，如 1 号车厢 1 位侧车门 1-1、1-3、1-5、1-7；2 位侧车门 1-2、1-4、1-6、1-8。2 号车厢 1 位侧车门 2-1、2-3、2-5、2-7；2 位侧车门 2-2、2-4、2-6、2-8。

5. 空调单元编号

每辆车的车顶安装有两个空调单元，位于 1 位端的空调单元称作空调单元Ⅰ，位于 2 位端的空调单元称作空调单元Ⅱ。

6. 其他编号与标记

车窗、扶手、立柱、吊环、照明灯、指示灯、扬声器等设备也采用同样的编号方法，而车辆的重量、顶车位置、应急设备位置等必须用相关符号或文字在规定位置做出明确的标记。

五、车辆的主要技术参数

（一）技术参数解析

车辆技术参数是概括地介绍车辆技术规格的某些指标，是从总体上表征车辆性能及结构的一些参数，一般可分为性能参数与主要尺寸两大类。

1. 车辆性能参数

（1）自重、载重：自重指车辆整备状态下的本身结构及设备组成的全部质量；载重指正常情况下车辆允许的最大装载质量，以吨（t）为单位。

（2）最高运行速度：指车辆设计时按照安全及结构强度等条件所决定的车辆最高行驶速度，要求连续以该速度运行时车辆具有足够良好的运行性能。

（3）轴重：指按车轴形式及在某个运行速度范围内，车轴允许负担（包括轮对自身的质量）的最大质量。轴重的选择与线路、桥梁及车辆走行部设计有关。

（4）通过最小曲线半径速度：指配用某种形式转向架的车辆在站场或厂、段内调车时所能安全通过的最小曲线半径时的速度。当车辆在此曲线区段上行驶时不得出现脱轨、倾覆等危及行车安全的事故，也不允许转向架与车体底架或车下其他悬挂物相碰撞。

（5）轴配置或轴列式：用数字或字母表示车辆走行部结构特点的方式。例如 4 轴动车，两台动力转向架，则轴配置记为 B—B；6 轴单铰轻轨车辆的两端为动力转向架，中间为非动力铰接转向架，其轴配置记为 B—2—B。

（6）制动形式：指车辆获得制动力的方式，有摩擦制动、再生制动、电阻制动及磁轨制动等多种形式。

（7）起动平均加速度：指在平直线路上，列车荷载为额定定员，自牵引电动机取得电流开始，至起动过程结束（即转入其自然特性时），该速度值被全过程经历的时间所除的商。

（8）制动平均减速度：指在平直线路上，列车荷载为额定定员，自制动指令发出至列车完全停止的全过程，相应的制动初始速度（一般取最高运行速度）被全过程经历的时间所除的商。

（9）冲击率：指由于工况改变引起的列车中各车辆所受到的纵向冲击。在城轨车辆中，冲击率主要用于说明车辆本身电气及制动控制系统所应达到的冲动限制。

（10）列车平稳性指标：车辆平稳性是评定旅客舒适程度的主要依据，反映了车辆振动对人体感受的影响。因此评定平稳性的方法主要以人的感觉疲劳程度为依据，通常以平稳性指标表示。

沈阳地铁一号线车辆技术参数：

① 速度。

最高运行速度：80 km/h

平均技术速度：≥50 km/h（典型区间、不含站停时间）

平均旅行速度：≥35 km/h（平均站停时间 30 s）

通过洗车机稳定运行速度：不大于 5 km/h

② 平均加速度。

在超员情况下，在平直线路上，车轮半磨耗状态，额定电压 750 V 时，平均加速度为：

列车从 0 加速到 40 km/h：≥0.83 m/s^2

列车从 0 加速到 80 km/h：≥0.5 m/s^2

③ 平均制动减速度。

在额定载员情况下，在平直线路上，车轮半磨耗状态，列车在最高运行速度 80 km/h 时，从给制动指令到停车时，平均减速度为：

最大常用制动　　　　≥1.0 m/s^2

紧急制动　　　　≥1.2 m/s^2

④ 列车冲击率　　　　≤0.75 m/s^3

2. 车辆的主要尺寸

（1）车辆长度，指车辆处于自由状态、车钩呈锁闭状态时，两端车钩连接面之间的距离。区别于车体长度的概念，车体长度指不包含牵引缓冲装置或折棚的车体结构的长度。

（2）车辆最大宽度，指车体横断面上最宽部分的尺寸。

（3）最大高度，指车辆顶部最高点与钢轨顶面之间的距离。通常须说明与最高点相关的结构，如有无空调，受电弓的状态等。

（4）车辆定距，同一车辆的两转向架回转中心之间的距离。

（5）固定轴距，同一转向架的两车轴中心线之间的距离。

（6）车钩中心线距离钢轨面高度，简称车钩高，它是指车钩连接面中点至轨面的高度，取新造或修竣后空车的数值。列车中各车辆的车钩高基本一致，是保证车辆正确连挂、列车运行中正常传递牵引力及不会发生脱钩事故所必需的。广州、上海地铁车辆的车钩高为 720 mm，天津轻轨车辆和北京地铁车辆的车钩高为 660 mm。

（7）地板面高度，指车辆地板面与钢轨顶面之间的距离。地板面高度与车钩高一样，指新造或修竣后空车的数值。它将受到两方面的制约，一方面是车辆本身某些结构高度的限制，如车钩高及转向架下心盘面的高度；另一方面又与站台高度的标准有关，规定车辆地板面应与站台高度相协调。

（二）广州地铁 1 号线主要技术参数

1. 车辆基本设计参数（见表 2-1）

表 2-1　车辆基本设计参数

车辆基本设计参数	具体值	车辆基本设计参数	具体值
车辆的总体设计寿命	30 年	列车平稳性指标	2.7
每辆车的平均轴重	≤16 t	最高运行速度	80 km/h
牵引电机额定功率	190 kW	设计/结构速度	90 km/h

列车载客容量如表 2-2 所示，车辆质量如表 2-3 所示。

表 2-2　列车载客容量

缩　写	定　义	每车乘客数/人	列车乘客数/人
AW0	无乘客	0	0
AW1	座客荷载	56	336
AW2	定员荷载/（6 人/m^2）	310	1 860
AW3	超员荷载/（9 人/m^2）	432	2 592

表 2-3　车辆质量

定　义	乘客载荷/t			车辆质量/t			列车质量/t
	A	B	C	A	B	C	
空载 AW0	0	0	0	33	36	36	220
座客荷载 AW1	3.36	3.36	3.36	37.36	41.36	41.36	240.16
定员荷载 AW2	18.60	18.60	18.60	52.60	56.60	56.60	331.60
超员荷载 AW3	25.92	25.92	25.92	59.93	63.92	63.92	375.52

2. 车辆主要尺寸

车辆主要尺寸见表 2-4。

表 2-4　车辆主要尺寸

车辆主要尺寸		具体值	车辆主要尺寸	具体值
车辆长度/m	A 车	24.4	列车长度/m	140
	B、C 车	22.8	车辆宽度/m	3.0
车轮直径/mm	新轮	840	车辆高度/m	3.8
	半磨耗轮	805	转向架中心距/m	15.7
	磨耗轮	770	转向架固定轴距/mm	2 500
车钩中心线距轨面距离/mm		720 + 8	车门全开宽度/mm	1 400
轨道至地板面高度（AW0）/mm		1130^{+15}_{-5}	贯通通道宽/mm	1 500
车辆最高点（含排气口）/mm		3 860	窗宽度/mm	1 300
受电弓最大升起高度/mm		1 700	轮对内侧距（AW0）/mm	1 353 + 3
受电弓工作范围/mm		175 ~ 1 600	轮缘厚度/mm	32
开、关门调整范围/s		1.5 ~ 4	开、关门时间/s	3±0.5

第二节　城市轨道交通车辆的机械部分

城市轨道交通车辆的机械部分包括车体、车门、转向架、车钩缓冲装置、制动装置、空调通风系统等。

一、车　体

车体是城市轨道交通车辆的主体结构。它支撑在转向架上，是车辆的上部结构，构成车辆的主体，用以载客。车体底架下部及车顶上部安装传动机构、电气设备和内装设施，要承受和传递各种动静荷载及振动，还要隔音、减振、隔热、防火，在事故状态下尽可能保证乘客的安全。

（一）车体的分类

按照车体所使用材料可分为碳素钢车体、铝合金车体和不锈钢车体 3 种，目前主要使用铝合金和不锈钢车体。

按照车体结构有无司机室，可分为带司机室车体和无司机室车体两种；按照车体尺寸，分为 A 型车车体、B 型车车体和 C 型车车体；按照车体结构工艺不同，可分为一体化结构和模块化结构。

（二）车体的基本特征

（1）一般为电动车组，有单节、双节、三节式等。有头车和中间车，以及动车与拖车之分，车体结构有其多样性。

（2）座位少，车门数量多，开度大，内部服务设备较简单。

（3）重量的限制较严格，轴重小，以降低线路工程投资。

（4）为使车体轻量化，对于车体承载结构一般采用大型中空截面挤压铝型材、高强度复合材料或不锈钢。

（5）运行于地下隧道的车辆，一旦发生火灾后果不堪设想，因此在车体的结构及选材上必须进行防火设计和阻燃处理，采用了防火、阻燃、低烟和低毒的材料。

（6）对车辆隔音和减噪有严格要求，降低噪音对乘客和沿线居民的影响。

（7）车体有防撞功能。

A 车底架的前端设有撞击能量耗散区，其上开有数排椭圆孔，当车辆受到迎面意外撞击时，它能产生较大的塑性变形，从而吸收纵向冲击能量；司机室前端安装防爬器，不仅可以起到车辆相撞时车辆之间防爬的作用，且通过对防爬器内部剪切部件的破坏实现能量的吸收，起到保护司机、乘客和车体的作用。

（8）车辆外观造型和色彩具有美化和与城市景观相协调的特点。

（三）车体的基本结构

车体按结构功能分为车体（壳体）、车门、车窗、贯通道和内装饰。

车体由底架、车顶、侧墙、端墙等部件组成整体承载结构，为封闭筒形结构，如图 2-1 所示。

1. 车体底架

车体底架由地板梁、牵引梁、枕梁、横梁、侧梁组成。每根地板梁由上下翼板、腹板和筋板组成中空截面挤压铝型材，将与车体等长的地板梁通过两侧的接口拼焊成车地板。每块地板梁下部有两对安装车下设备（各种机电设备、制动设备等）的吊挂座。牵引梁设在底架的两端，用来安装车钩缓冲装置。枕梁用来支承车体下两端的转向架。底架两端为横梁，两侧为侧梁，用来承重。车体底架采用上拱结构，即使在满载情况下车体也不会产生下挠度。

2. 车　顶

车顶的两侧小圆弧部分采用形状复杂的中空截面铝型材，中部大圆弧部分为带有纵向加强杆件的挤压成型的车顶板，其长度与车顶等长。车顶设受电弓。空调机组一般安装在车辆顶棚的上方。

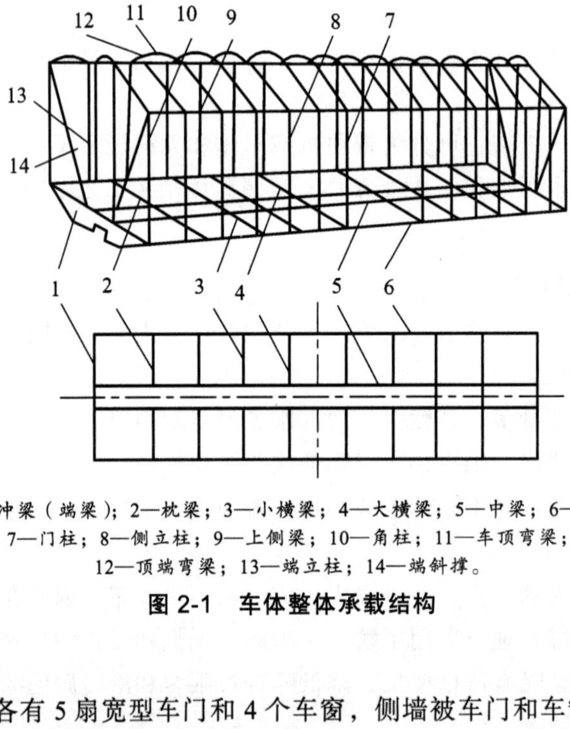

1—缓冲梁（端梁）；2—枕梁；3—小横梁；4—大横梁；5—中梁；6—侧梁；
7—门柱；8—侧立柱；9—上侧梁；10—角柱；11—车顶弯梁；
12—顶端弯梁；13—端立柱；14—端斜撑。

图 2-1　车体整体承载结构

3. 车体侧、端墙

车体的左右侧墙各有 5 扇宽型车门和 4 个车窗，侧墙被车门和车窗分割成带窗框、窗下间壁及左右窗间壁或门间壁的 6 块分部件（全车共 12 块）。各块分部件亦为整体的挤压铝型材或焊接部件，在组装时分别与底架、车顶拼接。

车体两端的端墙由弯梁、贯通道立柱和墙板组成。

4. 司机室

司机室一般采用框架结构，外罩玻璃纤维增强塑料罩壳，用螺栓紧固在车体构架上。司机室前端设司机瞭望窗口，司机室内布置有驾驶台、转椅和有司机需要操作的各种电器的设备箱。司机室与载客部分隔离，后端墙设贯通门。在隧道运行的车辆前端还应设有乘客紧急安全疏散门。

车体是搭载乘客的地方，应采用美观、舒适的内部装饰。每侧有车门的传动装置。车体内还布置有座椅、扶手、立柱、乘客信息系统等各种乘客服务设施，以及车门紧急手柄、紧急对讲、灭火器等安全设施。车体上还安装了车辆电子、电气、机械等各种设备和部件。

（四）铝合金车体结构（见图 2-2）

1. 车　顶

客室内顶板由三部分组成，中间为平板，平板两侧为多孔的通风口板。

2. 侧墙、端墙

客室内的侧墙、端墙都是阻燃的密胺树脂胶合板，具有隔热保暖的功能。

3. 地　板

直流传动车的地板先在底板上纵向布置 4 mm 厚的橡胶条，再铺设 16 mm 厚的多层夹板，用螺钉将多层夹板固定在底架上，然后在多层夹板上黏结 2.5 mm 厚的灰色 PVC 材料地板。

交流传动车将多层夹板改换成表面很平坦的铝合金轻型型材，然后在铝型材表面直接粘贴 PVC 塑料地板，这就避免了塑料地板起泡和脱落的弊病。

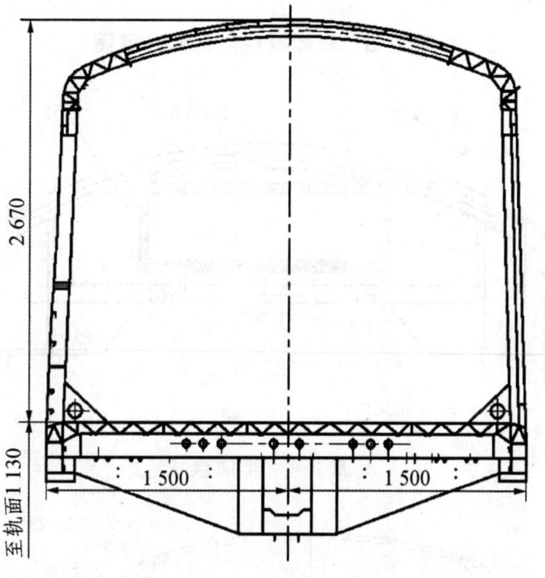

图 2-2　地铁车辆铝合金车体断面

（五）车体的模块化结构

1. 一体化结构

就车体结构形式而言，几十年来国内外都是采用全组焊结构，即底架、侧墙、车顶和端墙均为焊接而成，然后这四大部件组装时也采用焊接工艺，这种车体结构称整体焊接结构，也称为一体化结构。

2. 模块化结构

模块化车体结构与整体焊接结构车体相比，最显著的特点就在于将模块化的概念引入到车体设计、制造与生产管理的各个环节之中。整体焊接结构车体是先制造车体结构的车顶、侧墙、底架、端墙、司机室等部件，然后进行整个车体总成焊接，车体总成后再进行内装、布管布线。模块化车体设计是将整个车体分为若干个模块，在每个模块的制造过程中完成整车需要的内装、布管与布线的预组装并解决相互之间的接口问题。各模块完成后即可进行整车组装。每一模块的结构部分本身采用焊接，而各模块之间的总成采用机械连接，如图 2-3、图 2-4 和图 2-5 所示。

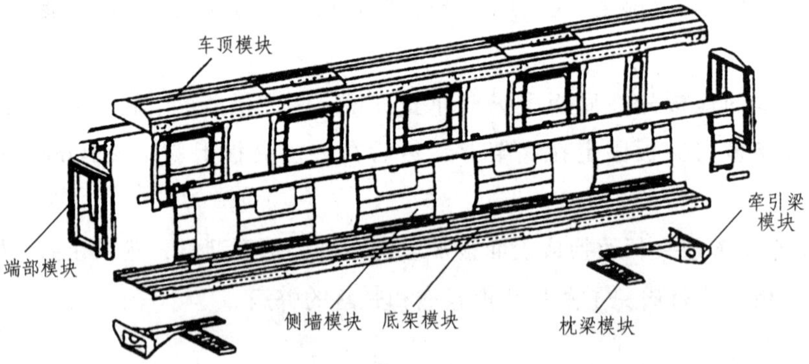

图 2-3　车体模块化结构分解图

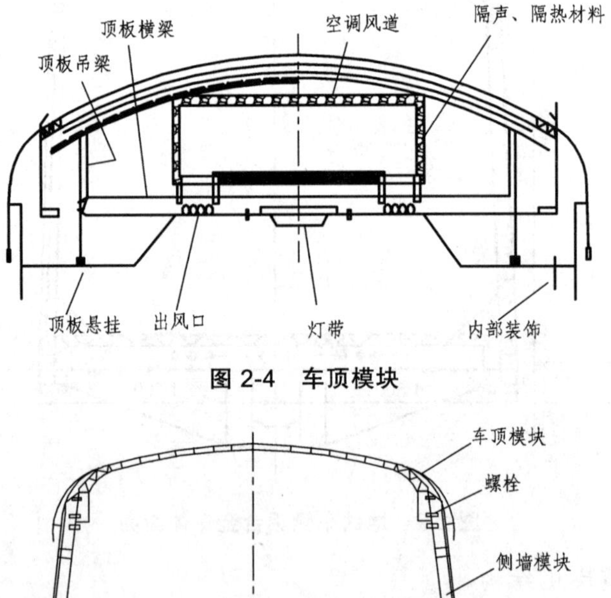

图 2-4　车顶模块

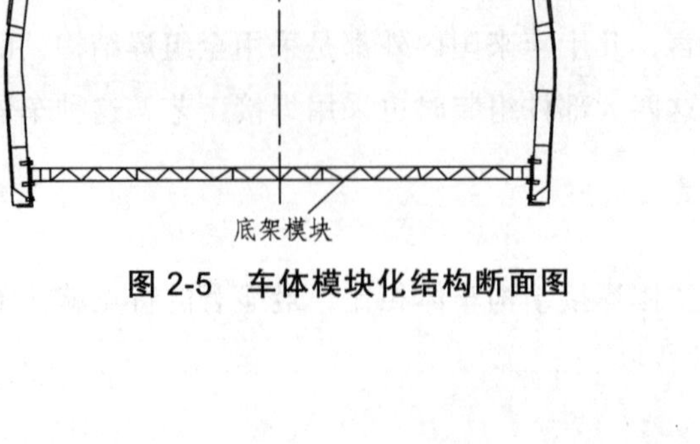

图 2-5　车体模块化结构断面图

（1）模块化结构的优点。

① 在每个模块的制造过程中均注意验证其质量。模块制成后均须进行试验，整车总装后试验比较简单，整车质量容易保证。

② 由于每个模块的制造可以独立进行，且解决了模块之间的接口问题，因此，复杂的和技术难度大的模块和部件可以由国外引进，其余模块和部件在用户本地生产。另外，对总装生产线要求不高，这均有利于国产化的逐步实施。

③ 可以改善劳动条件，降低施工难度，提高劳动效率，保证整车质量。

④ 可以减少工装设备，简化施工程序，降低生产成本。

⑤ 车辆检修可采用更换模块的方式进行，更加方便。

（2）模块化结构的缺点。

从车体结构局部来分析，存在如下缺点：个别部件（如司机室框架）采用了部分钢材制造，各部件之间又采用了钢制螺栓连接，所以车体自重要比全焊结构稍重。

（六）车体的轻量化

车辆的轻量化不仅节约制造材料，还可减轻车辆走行部分和线路的磨耗，延长使用寿命，而且在相同客流的条件下可以降低牵引动力的消耗，会带来巨大的经济效益，具有重要的现实意义。

车体轻量化的措施包括采用轻型材料，改进构件结构。车体承载结构一般采用大型中空截面铝合金挤压型材、高强度复合材料或不锈钢。车体其他辅助设施尽量采用轻型高科技新材料。另外，对车体其他辅助设施也尽量采用轻型化材料。

二、车　门

一般城市轨道交通车辆共有 4 种车门，即客室车门、紧急疏散门、司机室车门、司机室通道门。

广州地铁 1、2 号线每辆车安装了 10 个客室车门（每侧 5 个），供乘客上下车使用。在 A 车司机室安装有 2 个司机室车门、1 个紧急疏散门、1 个司机室通道门，整列车共 4 个司机室车门，包括 2 个紧急疏散门、2 个司机室通道门。

（一）客室车门

客室车门通常称车门，用于乘客上、下车，如图 2-6 所示。

1. 对车门的基本要求

根据城市轨道交通的特点，车门应有足够的有效宽度，要均匀分布，以方便乘客上、下车；数量足够，使乘客上、下车时间满足运行密度的要求；车门附近要有足够的空间和面积，方便乘客上、下车时周转，要确保乘客的安全，具有较高的可靠性。

2. 车门的驱动方式

按照驱动系统的动力来源，分为电动式车门（电动门）和气动式车门（风动门）。电动式车门的动力来源是直流电动机或交流电动机。气动式车门以压缩空气为动力，动力来源是驱动气缸。城市轨道交通车辆一般采用气动式车门，也有采用电动式车门的。

3. 车门开启方式

按照车门的运动轨迹以及与车体的安装方式有内藏嵌入式侧移门、外挂式侧移门、塞拉门、外摆式车门 4 种形式。

（1）内藏嵌入式侧移门，简称内藏门，如图 2-6 所示。

在车门开/关时，门叶在车辆侧墙的外墙板与内饰板之间的夹层内移动。传动系统设于车厢内侧车门的顶部。装有导轮的门叶可在导轨上移动。传动机构的钢丝绳、皮带或丝杠与门叶相连接，借助气缸或电动机驱动传动机构，从而使钢丝绳或皮带带动门叶动作，实现车门的往复开关动作。

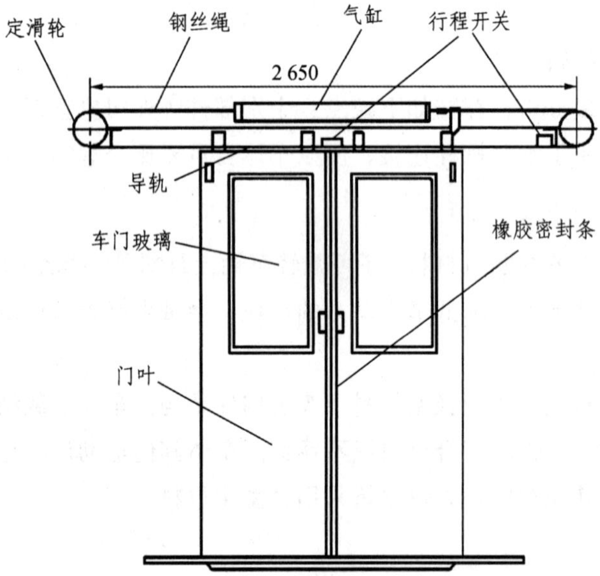

图 2-6 客室车门

北京地铁采用了该种形式的车门，司机可操纵按钮通过电气控制系统实现对列车所有车门的同步动作，也可对没关好的车门单独进行再关门控制。它由机械传动系统和电气控制系统组成。机械传动系统包括传动气缸、传动系统和电磁阀等，电气控制系统包括控制电路、信号监视电路等。气动门的风源由总风缸通过总风管供给，总风管压缩空气压力经减压阀减压，通过支管截断塞门、电磁阀充至传动气缸内，推动活塞运动，再经钢丝绳、导轮、滚轮、导轨组成的机械传动部分使门动作。双向对开拉门开门时间为 2 ~ 3 s，关门时间为 3 ~ 4 s，门移动有快慢两挡速度，通过双重活塞双向作用式传动气缸来实现，门翼快速运动时挤夹力为 740 N，慢速运动时挤夹力为 320 N。

（2）外挂式侧移门，简称外挂门，如图 2-7 所示。

它的门叶和悬挂机构始终位于侧墙的外侧，其传动机构的工作原理与上述内藏嵌入式车门的主要区别仅在于开、关车门时，门叶和悬挂机构始终处于侧墙的外侧。车门驱动机构的工作原理与内藏嵌入式车门相同。

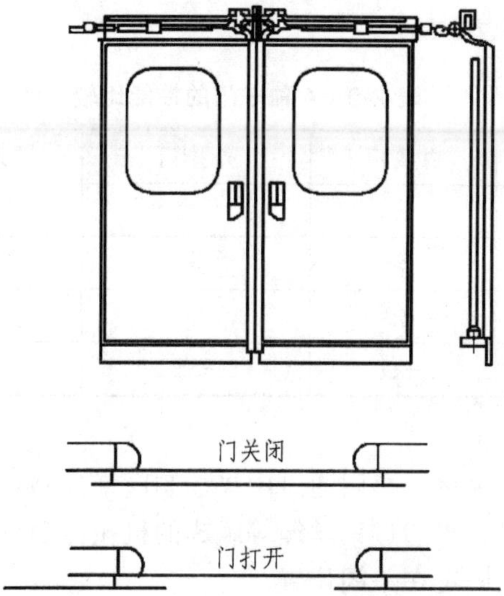

图 2-7　外挂式车门

（3）塞拉门，如图 2-8 所示。

门叶借助车门上方安装的悬挂机构和导轨导向作用，由电机驱动机械传动机构使门叶沿着导轨滑移。车门在开启状态时，门叶贴靠在侧墙的外侧，车门在关闭状态时，门叶外表面与车体外墙成一平面。这不仅使车辆外观美观，而且也有利于在高速行驶时减小空气阻力，车门不会因空气涡流产生噪声，也便于自动洗车装置对车体的清洗。

（4）外摆式车门，简称外摆门，如图 2-9 所示。

开门时通过转轴和摆杆使门叶向外摆出并贴靠在车体的外墙板上，门关闭后，门口外表面与车体外墙成一平面。这种车门的特点是在开启的过程中，门叶需要较大的摆动空间。

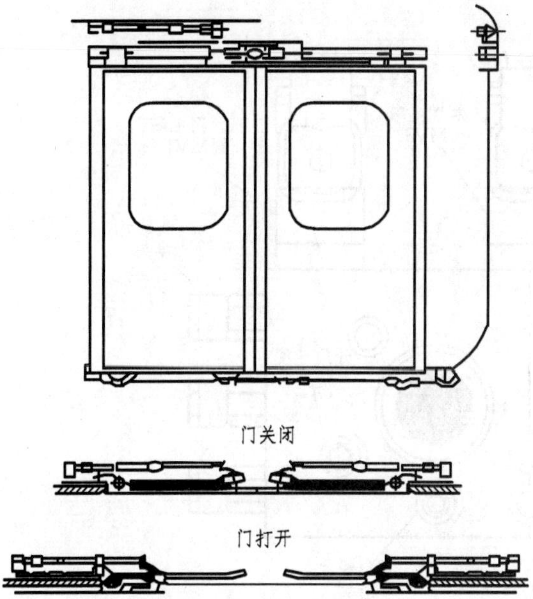

图 2-8　塞拉门

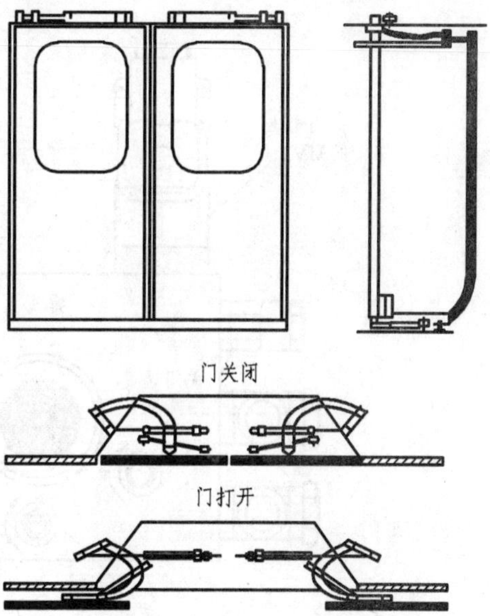

图 2-9　外摆式车门

4 种车门的性能比较见表 2-5。

表 2-5　4 种车门的性能比较

标　准	内藏门	外挂门	塞拉门	外摆门
隔音	差	很差	很好	好
隔热	差	差	好	好
隔空气动压差	差	差	很好	一般
乘客候车区无障碍	一般	一般	差	很差

4. 车门控制系统

以广州地铁 1 号线列车为例，车门通过中央控制阀来控制：以压缩空气为动力驱动双向作用的气缸活塞前进和后退，再通过钢丝绳等组成的机械传动机构完成门的开关动作，机械锁闭机构可以使车门可靠地固定在关闭位置。

客室车门是通过操作电气控制系统中央控制阀上 3 个二位三通电磁阀 MV1（开门）、MV2（关门）、MV3（解锁）的通、断来实现车门的开、关及锁定。调节中央控制阀上的调节旋钮可调整开、关门速度及缓冲速度。司机在司机室操纵按钮可以实现列车所有门的同步动作，也可对没关好的车门单独进行重开门控制。

广州、上海地铁车辆的车门既可在 ATO（列车自动驾驶系统）模式下自动打开，也可以由司机进行开关。无论是哪种方式，都要求符合以下 3 种情况：当列车速度大于 5 km/h 时，列车上任何与外界联系的车门都不允许正常打开，一旦被强行打开，列车将紧急制动；当列车上任意与外界联系的车门处于开启或非正常关闭状态，列车将不能起动；列车开门侧与站台侧要求严格对应。

（1）气动控制系统组成，如图 2-10 所示。

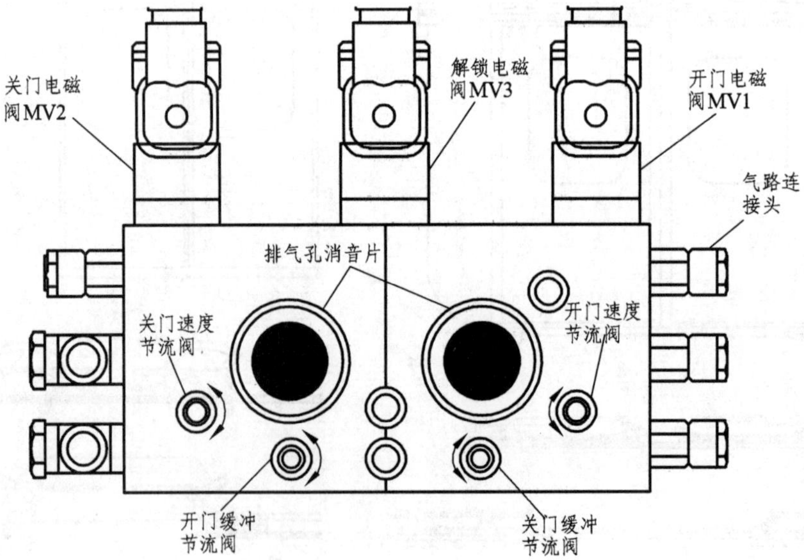

图 2-10　车门控制系统

① MV1、MV2、MV3 均为二位三通电磁阀，分别为开门、关门、解锁电磁阀。

② 节流阀有 4 个节流阀，分别用于调节开门速度、关门速度、开门缓冲、关门缓冲。

③ 快速排气阀共有两个。主气缸两端排气管是通过快速排气阀排向大气的，它相当于一个双向选择阀，它的排气口是常开的，当主气缸通过它充气时，其阀芯将排气口关闭。

④ 气缸：

A. 门控气缸，是开关门动作的执行元件，其中活塞是一个对称的带有台阶的非等直径的活塞，其气缸的内径也是非等直径的，这样的结构可使活塞变速运动。

B. 解钩气缸，是执行门钩解钩动作的。

⑤ 车门打开和关闭还设置了 4 个行程开关 S1、S2、S3、S4，分别对门钩位置、开门行程、门控切除及紧急手柄位置进行限制和位置显示。

（2）气动控制系统原理如图 2-11 所示。

① 开门。

A. 进气：

压缩空气 → MV1（得电）→ MV3（得电）→ 节流阀 → 解钩气缸 →（活塞伸出）顶开门钩

MV1 → 开门节流阀 → 主气缸进气口A1 → 活塞左移

B. 排气：

活塞左移 → 主气缸排气 A2 → 开门缓冲阀 → 快速排气阀 → 大气

当活塞的左端头进入气缸左端的小直径处侧 A2 出口被封堵，大气缸内的气体只能从 02 一个出气口并经过缓冲节流阀到快速排气阀最终排至大气。由于 A2 出口被堵，整个排气速度就大大降低，就使开门的速度有了一个极大的缓冲。

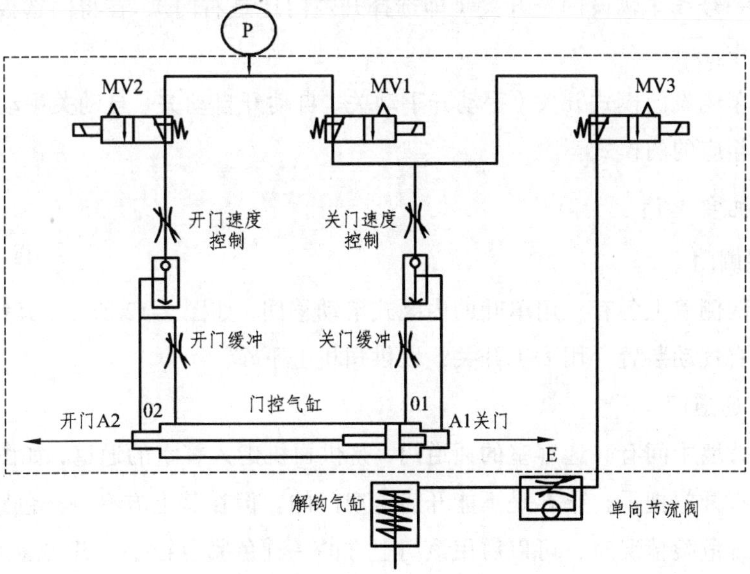

图 2-11　气动控制系统原理

② 关门。

A 进气:

MV3 —失电→ 门锁气缸排气活塞缩回 → 门钩复位（在扭簧作用下）

B 进气:

压缩空气 → MV1（失电）、MV2（得电）→ 关门节流阀 → 主气缸进气口 A2 → 活塞右移

C 排气:

活塞右移 → 主气缸排气口 A1 → 关门缓冲阀 → 快速排气阀 → 大气

关门缓冲的原理与开门缓冲的原理相同。

由于活塞杆的端头与一扇门叶及钢丝绳的一边相连接，而另一扇门叶与钢丝绳的另一边相连接，则使门叶在活塞杆运动时，能同步反向移动。运动的速度则由快速至突然缓慢，最后使门叶完全关闭或打开。

（3）客室车门操作的主要设施：

① 位于司机室左侧墙上的“左门开”“左门关”“重开门”按钮。

② 位于司机室右侧墙上的“右门开”“右门关”“重开门”按钮。

③ 位于司机操纵台上的“强行开门”开关。

④ 位于司机操纵台上的车门开门操作模式选择开关，有“自动”及“手动”挡。

沈阳地铁一号线车辆设门选开关（即选择开左门还是右门），在将门选扳至左/右位后方可进行开门操作。

沈阳地铁车辆设门模式开关（手动开手动关、自动开自动关、自动关手动开），根据不同驾驶模式选择相应的门模式。

（二）司机室车门

1. 司机室侧门

在司机室两侧墙上各有一扇单叶的内藏式滑动移门，如图 2-12 所示。其结构与客室车门类似，只是没有气动装置，用人工开关，以供司机上下车。

2. 司机室通道门

在司机室背墙中间有一通客室的通道门，是供司机走入客室的通道，如图 2-13 所示。它在客室一侧没有开门把手，乘客是不能开启这扇门的。但在其上方有一红色紧急拉手，其用途是当乘客发现危险情况时，可以启用该门上方的一红色紧急拉手，开启通道门。

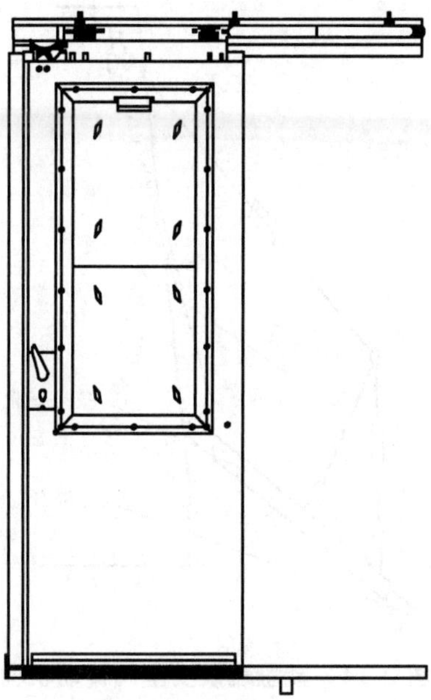

图 2-12　司机室侧门

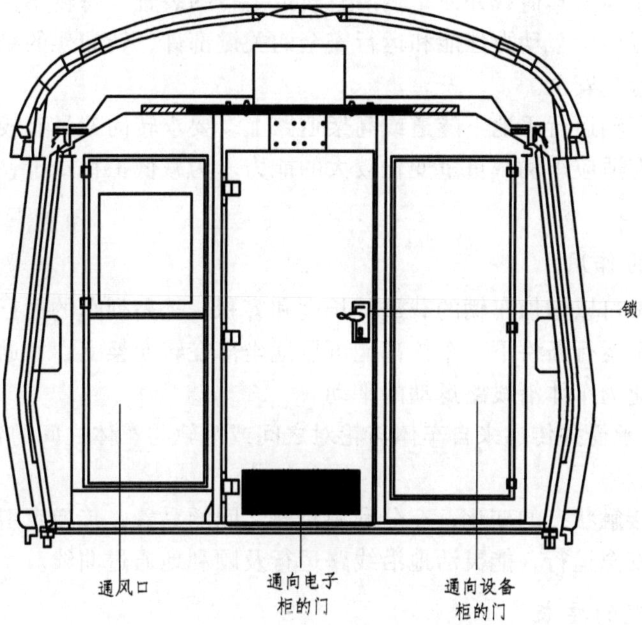

图 2-13　司机室通道门

（三）紧急疏散安全门

紧急疏散安全门设在 A 车司机室中间的前端墙上（如图 2-14 所示），为可伸缩的套节式踏级板，两侧设有扶手栏杆，中间铝合金踏板上涂有防滑漆，故乘客在上面行走时不会滑跌，乘客可通过此踏板疏散。其门锁在驾驶室内或室外都可开启，一旦门锁开启，车门能自动向前倒向路基，并且还有缓冲器，不致使倒下的加速度过大，而使疏散门装置损坏。

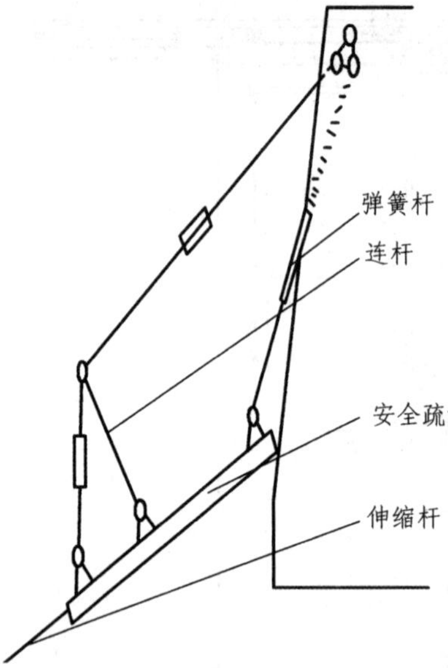

图 2-14　紧急疏散安全门传动机构

三、转向架

转向架是支承车体及其荷载并使车辆沿着轨道走行的装置，每辆车装有两台转向架。转向架是保证车辆运行质量、动力性能和运行安全的关键部件，转向架的结构是否合理，直接影响车辆的性能和行车安全。

城市轨道交通车辆运行于地下隧道或高架道路上，要求转向架具有较低的噪声和良好的减振性能，并且应有适应车辆载重量变化较大的能力。为减低工程造价，要求轮对的轴重尽可能低。

（一）转向架的作用

（1）采用转向架可以增加车辆的载重、长度和容积，提高列车的运行速度。

（2）保证在正常运行条件下，车体都能可靠地坐落在转向架上，并通过轴承装置使车轮沿着钢轨的滚动转化为车体沿线路运动的平动。

（3）支撑车体，承受并传递来自车体与轮对之间或钢轨与车体之间的各种荷载及作用力，并使轴重均匀分配。

（4）适应轮轨接触状态的变化，充分利用轮轨之间的黏着，传递牵引力和制动力。

（5）保证车辆安全运行，能灵活地沿线路运行及顺利地通过曲线。

（二）对转向架的要求

（1）要求悬挂装置可以根据客流的变化调整其刚度，以保证车辆客室地板面与站台面的高度相协调，方便旅客的乘降，这对城轨车辆尤为重要。

（2）转向架的结构便于弹簧减振装置的安装，以使其具有良好的减振特性，缓和车辆和线路之间的相互作用，减小振动和冲击，提高车辆运行的平稳性和安全性。

（3）对动力转向架来说，还要便于安装牵引电机及传动装置，以提供驱动车辆的动力。

（4）转向架是车辆的一个独立部件。在转向架与车体之间的连接件要少，结构简单，装拆方便，便于转向架独立制造和维修。

（三）转向架的分类

各种转向架主要的区别在于：有无牵引电机、所用车轴的类型、轴箱定位的方式、弹簧装置的形式、荷载传递的方式等。

1. 按有无牵引电机分类

转向架有动车转向架和拖车转向架两种。为了检修方便，满足相同部件的互换性，动车转向架和拖车转向架基本结构相同，主要区别在于驱动系统。

动车转向架为动力转向架，其上装有两台牵引电机和变速传动装置，装在动车上。拖车转向架为非动力转向架，没有牵引电机和变速传动装置，装在拖车上。

2. 按轴箱定位方式分类

约束轮对与轴箱之间相对运动的机构称为轴箱定位装置，它对转向架的横向动力性能、抑制蛇行运动具有决定性作用。

常见定位装置的结构形式有：拉板式定位、拉杆式定位、转臂式定位、层叠式橡胶弹簧定位、干摩擦式导柱定位。其中前 4 种均为无磨耗的轴箱弹性定位装置，可达到较为理想的定位性能。

（1）拉板式定位，指用特种弹簧钢材制成的薄片形定位拉板，其一端与轴箱连接，另一端通过橡胶节点与构架相连。

（2）拉杆式定位，指拉杆的两端分别与构架和轴箱销接，实现弹性定位。

（3）转臂式定位，指定位转臂的一端与圆桶形轴箱体固接，另一端以橡胶弹性节点与构架上的安装座相连接。

（3）层叠式橡胶弹簧定位，指在构架与轴箱之间装设压剪型层叠式橡胶弹簧，以实现良好的弹性定位。

（4）干摩擦式导柱定位，指安装在构架上的导柱及坐落在轴箱弹簧托盘上的支持环均装有磨耗套，导柱插入支持环，当构架与轴箱之间发生上下运动时，两磨耗套产生十摩擦，通过导柱与支持环传递纵向力和横向力，再通过轴箱橡胶垫产生不同方向的剪切变形，实现弹性定位。

3. 按弹簧装置的形式分类

根据转向架所装设弹簧系统的多少可分为一系弹簧悬挂、二系弹簧悬挂。

（1）一系弹簧悬挂在车体与轮对之间，只设有一系弹簧减振装置。它可以设在车体与构架之间，也可以设在构架与轮对之间。

（2）二系弹簧悬挂在车体与轮对之间，设有两系弹簧减振装置，即在车体与构架间设弹簧减振装置，两者相互串联，使车体的振动经历两次弹簧减振的衰减。

4. 按弹簧的横向跨距分类

根据悬挂装置中弹簧横向跨距的不同可分为外侧悬挂、内侧悬挂、中心悬挂：① 外侧悬挂指弹簧横向跨距大于构架两侧梁纵向中心线距离；② 内侧悬挂指弹簧横向跨距小于构架两侧梁纵向中心线距离；③ 中心悬挂指弹簧横向跨距与构架两侧梁中心线距离相等。

5. 按车体与转向架之间的荷载传递方式分类

按车体与转向架之间的荷载传递方式分类可分为心盘集中承载、非心盘承载、心盘部分承载。

（1）心盘集中承载，指车体上的全部重量通过前后两个上心盘分别传递给前后转向架的两个下心盘。

（2）非心盘承载，指车体上的全部重量通过中央弹簧悬挂装置直接传递给转向架构架，或者通过中央弹簧悬挂装置与构架之间装设的旁承装置传递。

（3）心盘部分承载，指车体上的重量按一定比例分配，分别传递给心盘和旁承，使之共同承载。

6. 按转向架轴数分类

一般分为单轴转向架、两轴转向架和多轴转向架。城市轨道交通车辆多采用两轴转向架。

（四）转向架的组成

一般转向架由构架、轮对、轴箱装置、弹簧减振装置和制动装置、中央牵引装置等组成。对于动力转向架还装设有牵引电机及变速传动装置，如图 2-15 所示。

1. 构　架

构架是转向架的基础，它把转向架的零部件组成一个整体，故它不仅承受、传递荷载及作用力，而且它的结构、形状和尺寸都应满足零部件组装的要求。

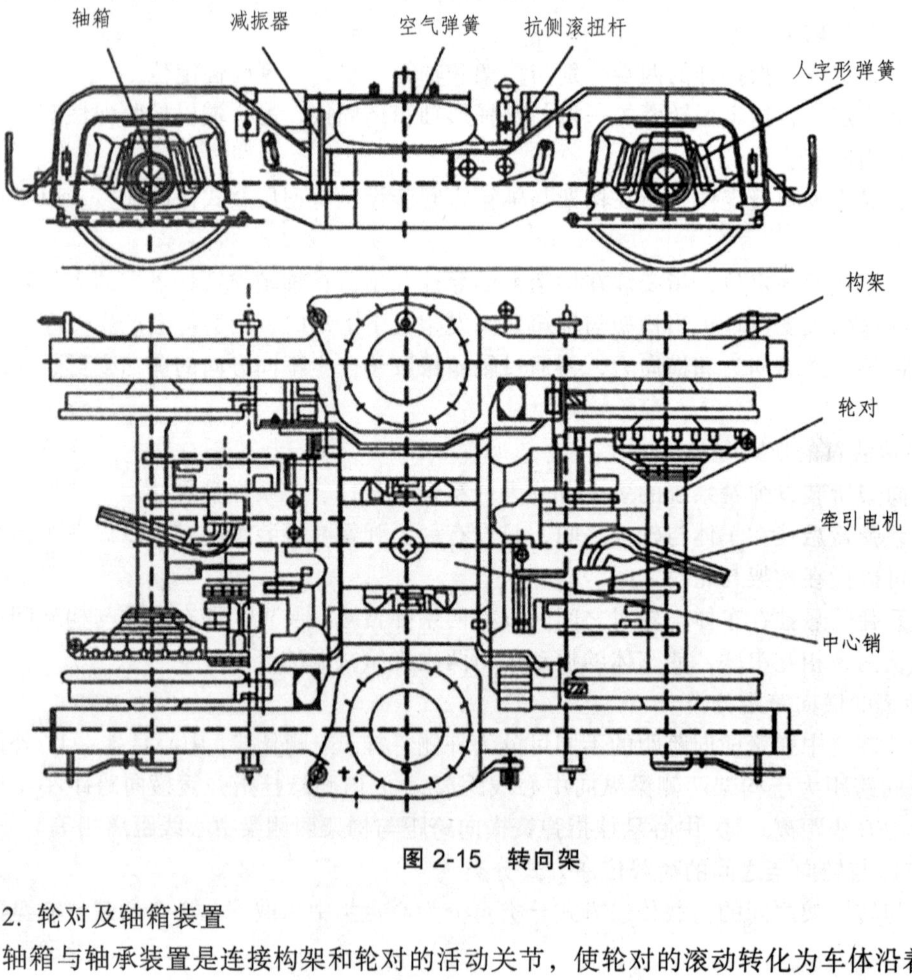

图 2-15　转向架

2. 轮对及轴箱装置

轴箱与轴承装置是连接构架和轮对的活动关节，使轮对的滚动转化为车体沿着轨道的直线运动。轮对沿钢轨滚动的同时，除承受车辆的重量外，还传递轮轨之间的其他作用力，包括牵引力和制动力。

3. 弹性悬挂装置

为了保证轮对与构架、转向架与车体之间的连接，同时减少线路不平顺和轮对运动对车体的影响（如垂直振动，横向振动等），在轮对与构架、转向架与车体之间装设有弹性悬挂装置，前者称为轴箱悬挂装置，后者称中央悬挂装置，也可称一系悬挂装置和二系悬挂装置。弹性悬挂装置包括弹簧、减振器及定位装置等。

4. 制动装置

为对运行中的列车进行调速或使其在规定的距离内停车，必须安装制动装置。基础制动装置吊挂于构架上，它的作用是使制动缸的空气压力转化为闸瓦压向车轮的力，从而产生制动作用。

5. 牵引电机与齿轮变速传动装置

这是动力转向架所特有的一套装置，非动力转向架没有此装置，动力转向架通过它使牵引电机的扭矩转化为轮对或车轮上的转矩，利用轮轨之间的黏着作用，驱动车辆沿着轨道运行。

四、车钩缓冲装置

车辆连接装置包括：车钩缓冲装置和贯通道装置，通过它们使列车中车辆相互连接，实现相邻车辆之间的纵向力传递和通道的连接。

（一）车钩缓冲装置的作用

车钩缓冲装置是用来连接列车中各车辆使之彼此保持一定的距离，并且传递和缓和列车在运行中或在调车时所产生的纵向力或冲击力。

（二）车钩缓冲装置的分类

车钩缓冲装置大体可分为非刚性车钩（见图 2-16）和刚性车钩（见图 2-17）。

（1）非刚性车钩允许两个相连接的车钩钩体在垂直方向上有相对位移。当两个车钩的纵轴线存在高度差时，两个车钩呈阶梯形状，并且各自保持水平位置。由于钩体的尾端相当于销接，这就保证了车钩在水平面内的位移。因此，这种类型的车钩是一种非密接式连接，车钩间隙都会远大于 3 mm。

（2）刚性车钩不允许两相连接车钩在垂直方向上有相对位移，且要求前后间隙限制在很小的范围之内。如果连挂之前两车钩的纵向轴线高度已有偏差，在连挂后，两车钩的轴线处在同一条直线上并呈倾斜状态。两钩体尾端具有完全的销接，能保证两连挂车辆之间具有相对的水平角位移和垂向角位移。所以，这种类型的车钩为密接式连接，车钩间隙在 3 mm 以下。

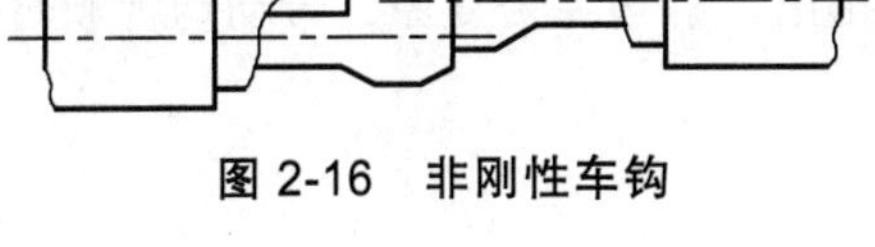

图 2-16　非刚性车钩

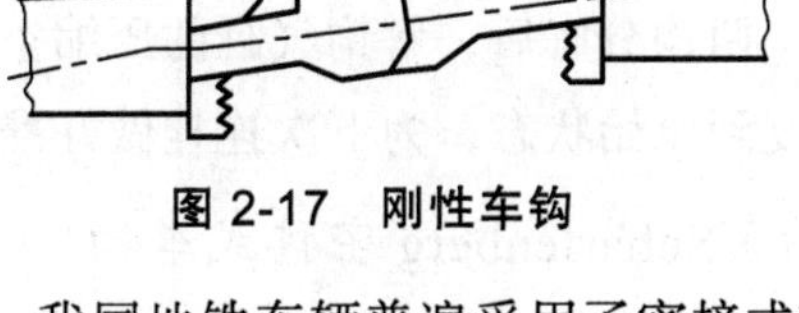

图 2-17　刚性车钩

刚性车钩主要用于城轨车辆以及高速动车组上，我国地铁车辆普遍采用了密接式车钩。

（三）国产密接式车钩

国产密接式车钩主要由车钩钩头、橡胶式缓冲器、风管连接器和电器连接器等组成，如图 2-18 所示。缓冲器位于钩头的后部。车辆连挂时依靠两车钩相邻钩头上的凸锥和凹锥孔的相互插入，实现两车钩紧密连接，同时自动将两车之间电路和空气通路接通。两车分解时，亦可自动解钩，自动切断两车之间的电路和空气通路。

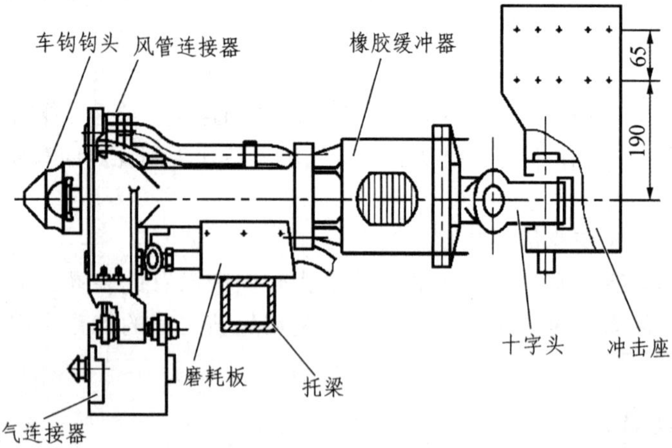

图 2-18 国产密接式车钩

在车钩下面有车钩托梁，在缓冲器尾部通过十字头连接器与车体上的冲击座相连，可以实现水平和垂直方向的摆动。

1. 钩头结构

车钩前端为钩头，有一个凸锥和凹锥孔，内部还有钩舌、解钩杆、解钩杆弹簧和解钩风缸。

2. 作用原理

该车钩有待挂、连接和解钩 3 种状态。

（1）待挂状态：连接前的准备状态，此时钩舌定位杆被固定在待挂位置，解钩风缸活塞杆处于回缩状态，半圆形钩舌的连接面与水平面成 40°角。

（2）连挂状态：两钩连挂时，凸锥插进对方车钩相应凹锥孔中。这时凸锥的内侧面在前进中压迫对方的钩舌转动，使解钩气缸的弹簧受压，钩舌沿逆时针方向旋转 40°。当两钩连接面相接触后，凸锥内侧面不再压迫对方的钩舌，此时，由于弹簧的作用，使钩舌恢复到原来的状态，即处于闭锁位置。

（3）解钩状态：司机操纵解钩阀，压缩空气由总风管进入解钩气缸，经解钩风管连接器送入相连挂的解钩气缸，活塞杆向前推并带动解钩杆，使钩舌转动至开锁位置，此时两钩即可解开。两钩分解后，解钩气缸的压缩空气迅速排出，解钩弹簧复原，带动钩舌顺时针转动 40° 恢复到原始状态，为下次连挂做好准备。

（四）Scharfenberg 密接式车钩

Scharfenberg 密接式车钩主要由车钩钩头、橡胶缓冲器、风管连接器、电器连接器和风动解钩系统等组成，如图 2-19 所示。连挂时依靠两钩头前端锥形喇叭口引导彼此精确对中，实现车钩紧密连接，同时自动将两车电气线路和空气通路接通。在两车分解时，由司机控制解钩电磁阀自动解钩，自动切断两车之间的电气线路和空气通路。

车钩下面有车钩支撑弹簧支撑，在缓冲器尾部通过转动中心轴与车体上冲击座相连，并可通过橡胶弹簧弹性变形及缓冲器与转动中心轴的相对转动实现垂直和水平方向的摆动。

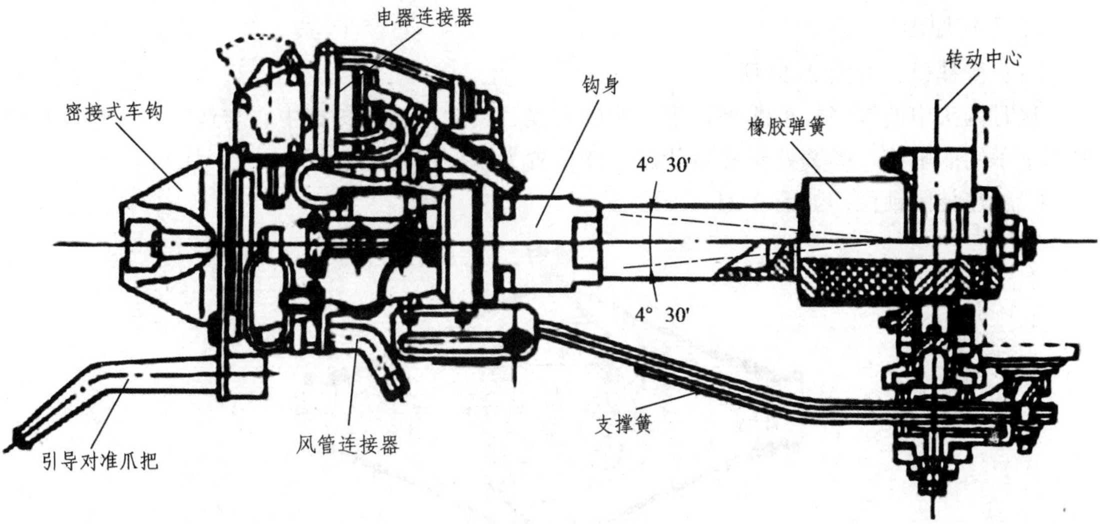

图 2-19　Scharfenberg 密接式车钩

1. 钩头结构

钩头壳体为焊接件，由两部分组成，如图 2-20 所示。前面为一带有锥体和喇叭口的突出件，后面为连接法兰，将钩头与牵引缓冲装置连成一体。在钩头壳体中配有车钩锁闭零件和解钩风缸。

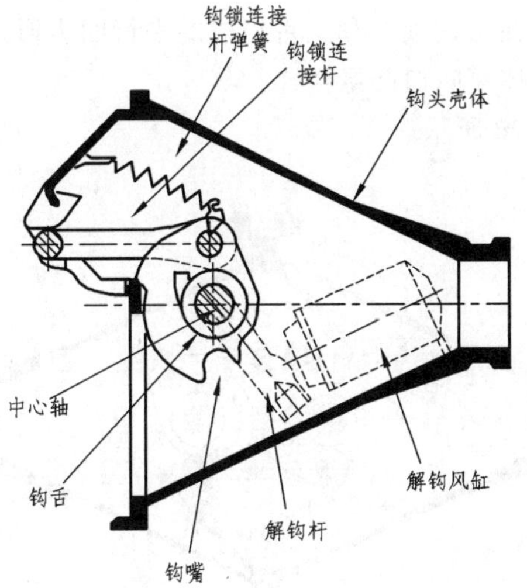

图 2-20　Scharfenberg 密接式车钩钩头

车钩的闭锁机构由钩舌和钩锁杆组成，两者通过销子彼此可摆动地相连接。

弹簧用来保持车钩处在闭锁位。弹簧一端钩在壳体的锥体上，另一端钩在钩锁杆上。

当两钩连接时，前面的锥体和喇叭口用来作为引导对准之用，伸出在前面的爪把用来扩展车钩的连接范围。前端圆孔用来安置空气管路连接器，手动解钩装置设在钩头侧面，它由横杆通过两解钩杆与钩舌相连接。在该横杆的端部连有一钢丝绳并与手柄连接，手柄挂在钩头壳体的一侧。

2. 工作原理

（1）待挂位，如图 2-20 所示。

这时钩头中的钩锁杆轴线平行于车钩的轴线，钩锁杆的连接销中心与钩舌中心销连接线垂直于车钩的轴线。弹簧处于松弛状态，该位置为车钩连挂准备位。

（2）连挂闭锁位，如图 2-21 所示。

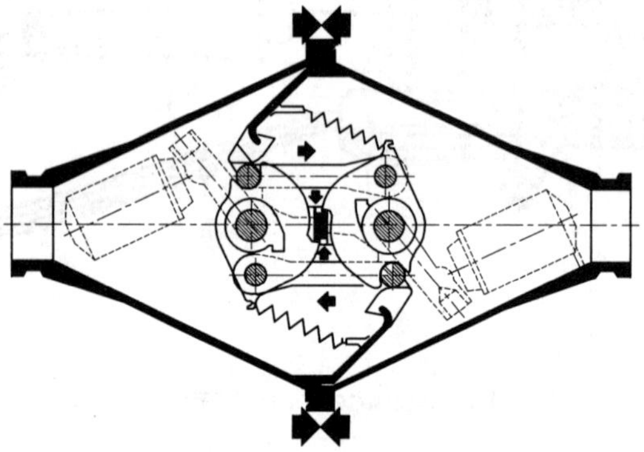

图 2-21　连挂状态

两钩相互接近并碰撞时，两钩向前伸出的钩锁杆由于受到对方钩舌的阻碍，各自推动钩舌绕顺时针方向转动，直至在弹簧拉力作用下钩锁杆滑入对方钩舌的嘴中，并推动钩舌绕逆时针方向返回到原来位置为止。这时两钩刚性地无间隙地彼此连接，处于闭锁状态。当两钩受牵拉时，拉力均匀地分配在由钩锁杆和钩舌组成的平行四边形两对边，即钩锁杆上。当两钩冲击时，冲击力由两钩壳体喇叭口凸缘传递。

（3）解钩状态，如图 2-22 所示。

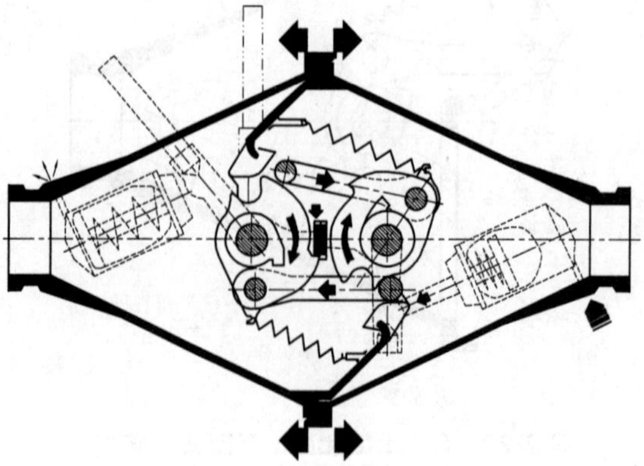

图 2-22　解钩状态

① 气动解钩：由司机操作解钩控制阀解钩。这时压力空气充入解钩风缸，推动活塞向前运动，压迫在解钩杆上所设置的滚子上，两钩头中的钩舌被同时推至解钩位置。解钩后排气，风缸中受压弹簧使活塞返回原始位置。

② 手动解钩：通过拉动钩头一侧的解钩手柄，经钢丝绳、杠杆和解钩杆使两钩的钩舌转动，直至钩锁杆脱出钩舌的嘴口，两钩脱开，处于解钩位。

（五）缓冲装置

缓冲装置主要用来传递和缓和纵向冲击力。

1. 层叠式橡胶缓冲器（见图 2-23）

由橡胶金属片、前从板、牵引杆、缓冲器后盖、滑套、缓冲器体、后从板等组成。

作用原理是当车辆受到压缩荷载时，缓冲器体和牵引杆受压，力的传递方向为：牵引杆压缩后从板→橡胶金属片→前从板和缓冲器的前端。橡胶金属片受到压缩，起到缓冲作用。在牵引荷载工况下，缓冲体和牵引杆受拉，力的传递方向为牵引杆上的滑套压缩前从板→橡胶金属片→后从板和缓冲体后盖，同样起到缓冲作用。

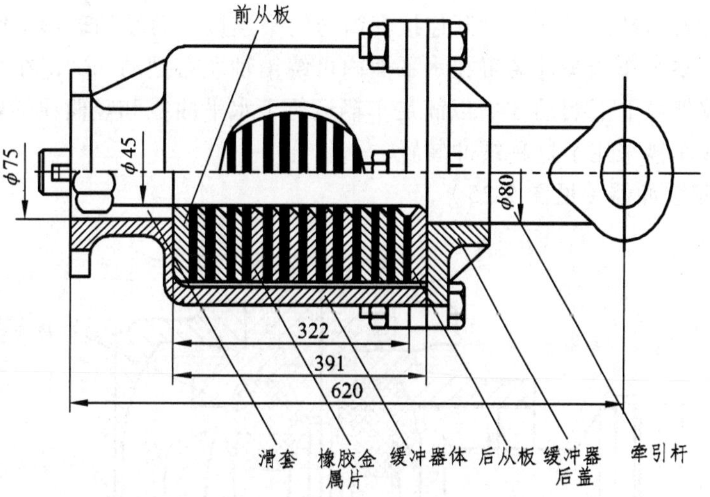

图 2-23　层叠式橡胶缓冲器

2. 环弹簧缓冲器（见图 2-24）

由弹簧盒、弹簧前后座板、外环弹簧（共 7 片）、内环弹簧（5 片内环弹簧、1 片开口环弹簧和 2 片半环弹簧组成）、端盖、球形支座、牵引杆等组成。

作用原理是当车钩受冲击时，牵引杆推动弹簧前从板向后挤压环弹簧；当车钩受牵拉时，拧紧在牵引杆后端的预紧螺母带动弹簧后从板向前挤压环弹簧。所以不论车钩受冲击或牵拉，环弹簧均受压缩作用。

由于内、外环弹簧相互接触的接触面均做成 V 形锥面，受压缩相互挤压时，外环扩胀，内环压缩，这样就产生了轴向变形，起到缓冲的作用。同时，内、外环弹簧接触面产生相对滑动，摩擦力做功消耗了部分冲击能。

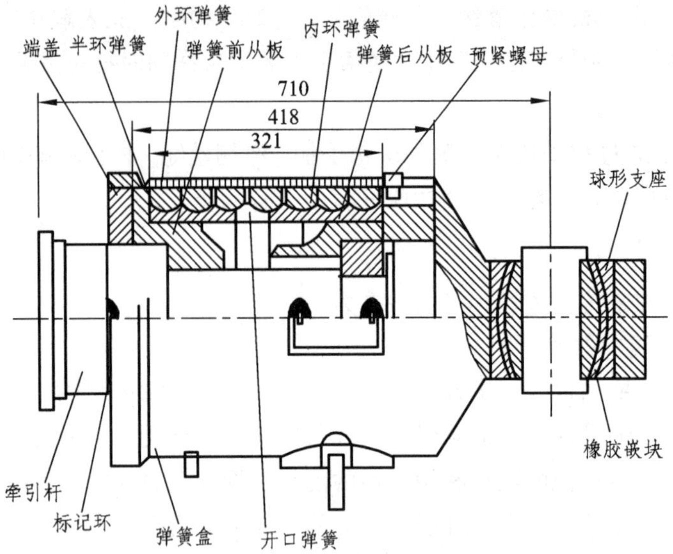

图 2-24　环弹簧缓冲器

环弹簧缓冲器前端通过一组对开连接套筒与钩头连接，后端的球形支座通过销轴与车钩支撑座相连接。整个车钩缓冲装置在水平面内可绕销轴左右摆动 40°，在垂直面内借助于球形轴套嵌有橡胶件可上下摆动 5°，以满足车辆运行于水平曲线和竖曲线的要求。德国进口的上海地铁 1 号线车辆采用了这种缓冲装置。

3. 环形橡胶缓冲器（见图 2-25）

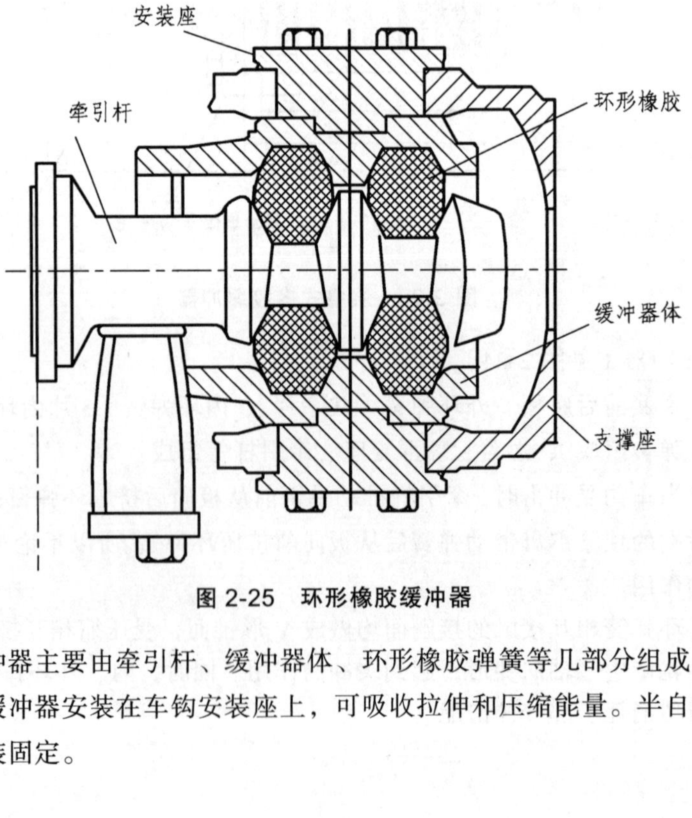

图 2-25　环形橡胶缓冲器

环形橡胶缓冲器主要由牵引杆、缓冲器体、环形橡胶弹簧等几部分组成。属于免维护的橡胶缓冲装置，缓冲器安装在车钩安装座上，可吸收拉伸和压缩能量。半自动车钩和牵引杆均用相同方法安装固定。

缓冲装置允许车钩做垂向摆动和扭转运动。缓冲装置支撑座用 4 个螺栓固定在车体底架上。

4. 弹性胶泥缓冲器（见图 2-26）

弹性胶泥缓冲器由牵引杆、弹簧盒、内半筒、端盖和弹性胶泥芯子组成，弹性胶泥芯子是接受能量的元件。

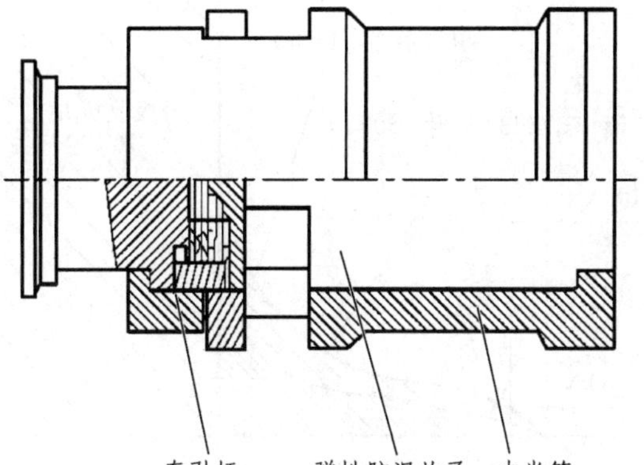

图 2-26　弹性胶泥缓冲器

车钩受拉时，纵向力传递顺序为：牵引杆→内半筒→弹性胶泥芯子→弹簧盒→车体；车钩受压时，纵向力传递顺序为：牵引杆→弹性胶泥芯子→内半筒→弹簧盒→车体。可见，无论车钩受拉或受压，缓冲器始终受压。

5. 带变形管的橡胶缓冲器（见图 2-27）

带变形管的橡胶缓冲器由拉杆、轴套、锥形环圈、法兰、垫圈、橡胶弹簧和变形管组成。轴套与钩头壳体用螺纹连接，由法兰紧固使之不致松动，轴套用来作为拉杆、锥形环圈和变形管的支承和导向。拉杆穿过两个弹簧，其端部通过蝶形螺母将弹簧压紧。

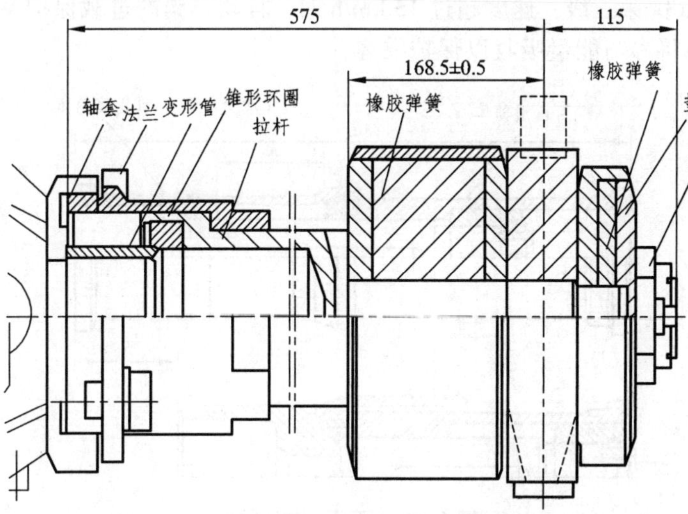

图 2-27　带变形管的橡胶缓冲器

在正常运行时，车辆之间所产生的牵引和压缩力主要由两橡胶弹簧来承担。

当车辆在事故冲击时，车辆的碰撞速度超过 5～8 km/h，这时车钩所受到的冲击压缩力超过橡胶弹簧的承载能力，靠近钩头的冲击吸收装置起作用，变形管与锥形环圈彼此相互挤压，把冲击能转变为变形管和锥形环圈的变形功和摩擦功，变形管产生永久变形，吸收冲击功可达 16.1 kJ，从而起到对乘客和车辆的事故附加防护作用，如图 2-28 所示。

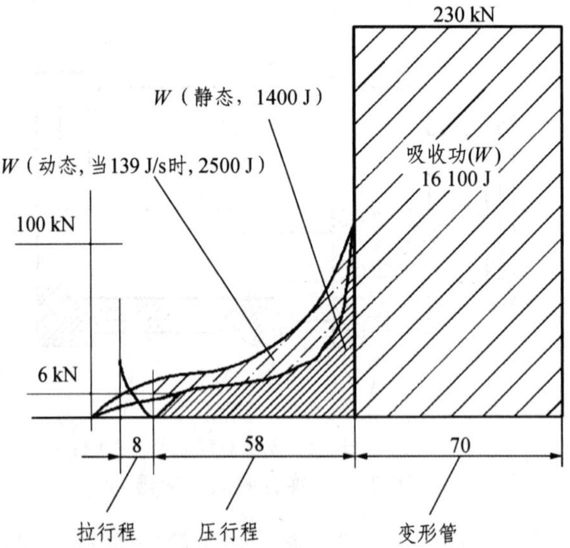

图 2-28　橡胶缓冲器冲击衰减力行程图

6. 可压溃变形管（见图 2-29）

车钩缓冲装置是车辆冲击能量吸收系统的一部分，可压溃变形管可作为车钩缓冲装置的重要部件，用来吸收车辆冲击能量。当两列车相撞时，将会产生可恢复的和不可恢复的变形。

能量吸收可分为 3 级：① 第一级：速度最大为 8 km/h 时，车钩内的缓冲、吸收装置吸收全部能量，产生的变形可以恢复；② 第二级：速度为 8～15 km/h 时，可压溃变形管产生的变形不可恢复；③ 第三级：速度超过 15 km/h 时，自动车钩的过载保护系统产生不可恢复的变形，车辆前端将参与能量吸收以保护乘客。

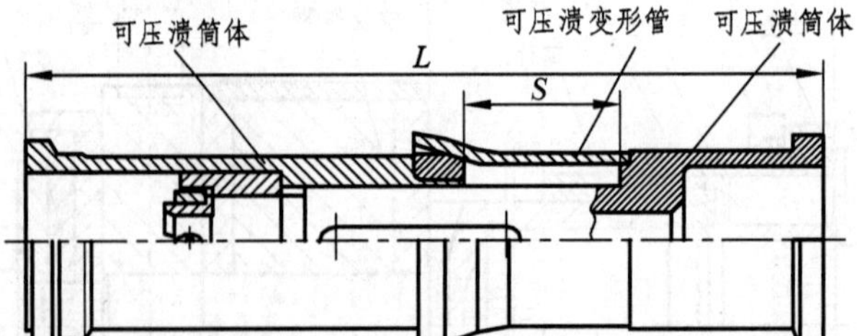

图 2-29　可压溃变形管

同时，通过可压溃变形管的能量吸收还可以保护车体钢结构免受破坏。冲击速度过大，导致可压溃变形管变形时，必须更换。

撞车事故发生后，必须对车辆进行检查，尤其是电气连接和机械连接部分。

（六）附属装置

1. 风管连接器

（1）不带自闭装置的风管连接器（制动主管连接器），如图 2-30 所示。

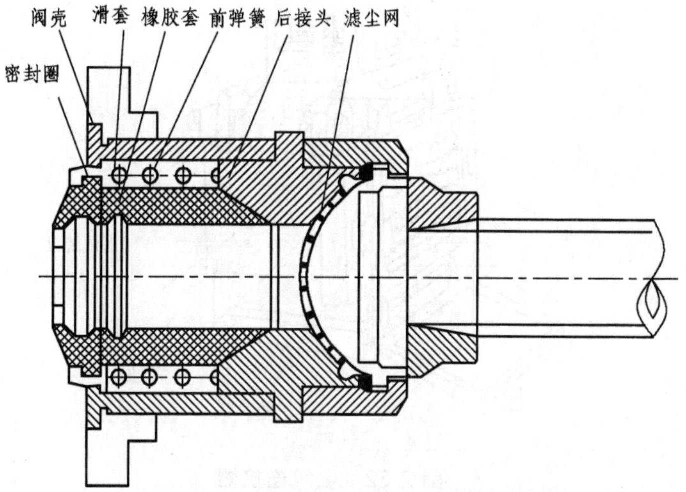

图 2-30　制动主管连接器

当车钩互相连挂时，密封圈互相接触受压，借助滑套、橡胶套和前弹簧使压力达到 70 ~ 160 N，保证气路开通时不会泄漏。在制动主管连接器后端的管路上装有一个截止阀，正常解钩时，首先将截止阀关闭，以防止制动主管排风而产生紧急制动。

（2）自动开闭式风管连接器，如图 2-31 所示。

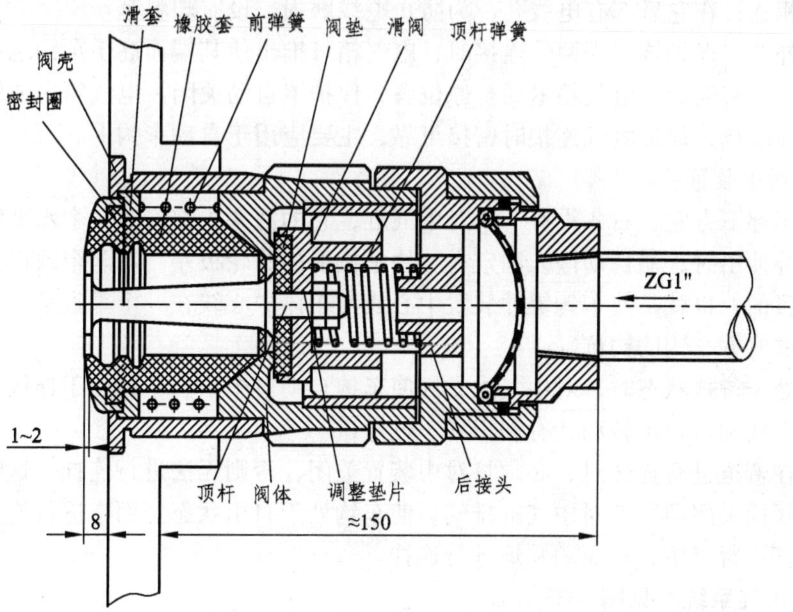

图 2-31　自动开闭式风管连接器

自动开闭式风管连接器具有自动开闭装置，当两车钩连挂时，顶杆与密封圈同时受压，密封圈防止泄漏的同时，顶杆压缩阀垫、滑阀和顶杆弹簧，阀垫和滑阀后退，使阀垫与阀体脱开，气路开通。解钩时由于密封圈和顶杆失去压力，在弹簧作用下，各部件恢复原位，风路断开。

2. 电气连接器（见图 2-32）

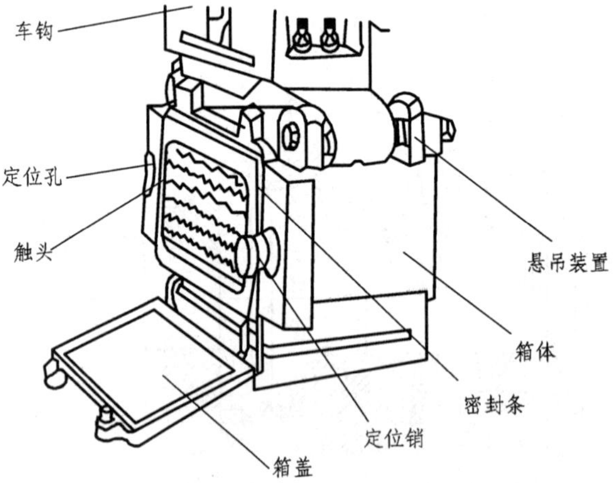

图 2-32　电气连接器

通过悬吊装置使钩体与电气连接器成弹性连接。两车钩连挂时，箱体可退缩 3 ~ 4 mm，靠弹簧压力，保证良好接触；触头上焊有银片，以减小电阻，它与箱体成弹性连接，靠弹簧压力保证触头处于可伸缩状态，相互接触良好，保证电流畅通。箱体的一侧有一个定位销，对称侧有定位孔，连挂时定位销插入对应定位孔，保证触头准确连接。密封条用于防雨水和灰尘。

解钩时，将盖盖好，防止触头损坏。箱体内还设有接线板，使触头的引线和从车上来的引入线对应相连；在它后部有电线孔，为防止电线磨损，设有塑料套。

电气箱外装有保护罩，当两钩连接时，电气箱可推出使其端面高于车钩端面，此时保护罩自动开启；当解钩后，电气箱退回至原位置，保护罩自动关闭。电气箱内的触点分别为固定触点和弹性触点，保证电气连接时密接可靠，主要应用于自动车钩上。

3. 车钩对中装置

缓冲器尾部下方左、右各设有一个对中气缸，它的活塞头部安有一个水平滚轮，当气缸充气活塞向外伸出时，能自动嵌入固定在一块呈桃形的凸轮板左、右两个缺口内，达到使车钩自动对中目的，也就是使车钩缓冲装置中心线与车体中心线在一个垂直平面内，以便一个车钩钩头对准对方车钩的钩坑。

当车钩处于待挂状态时，对中气缸充气使车钩自动对中；当车钩处于连接状态时，对中气缸排气，车钩则可自由转动，有利于列车过弯道。

当车辆在弯道进行连挂时，必须将对中装置关闭，否则无法进行连挂。这时只需将车钩下方的进气阀门关闭即可使对中气缸排气，使车钩处于自由状态。而在进行连挂时可利用钩头前的导向杆进行对中，从而顺利地进行连挂。

4. 安装吊挂系统（见图 2-33）

安装吊挂系统的作用是为整个车钩缓冲装置提供安装和支撑，保证列车通过所有平竖曲线所需的各个方向自由度，保证整套装置在不连挂状态时保持水平，车钩中心线与车辆中心线重合，以便于连挂。车钩通过该装置可以方便地调整车钩中心线的高度。

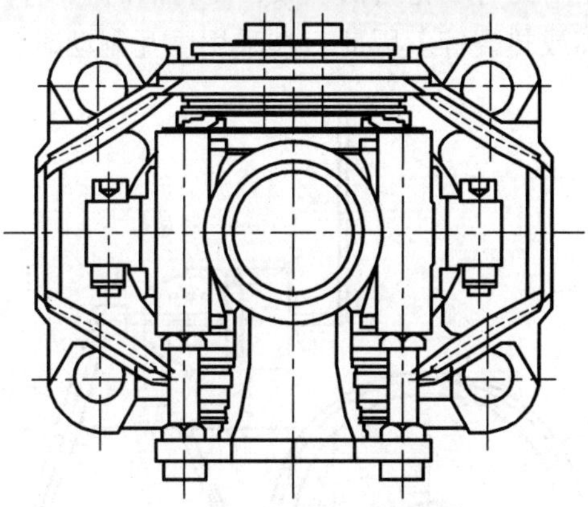

图 2-33　安装吊挂装置

五、制动装置

（一）制动的概念

制动是指人为地使列车减速或阻止其加速的过程。使列车减速或阻止其加速的力称为制动力，而产生并控制这个制动力的装置叫作制动机，也称制动装置。

制动装置包含 3 层含义：① 人为地使列车减速或停止；② 防止在长大下坡道运行时自动加速；③ 防止自动溜逸。

（二）城轨车辆制动装置的特点和要求

（1）城轨交通的站距很短，一般都在 1 ~ 1.5 km，要求其制动装置具有操纵灵活、动作迅速、停车平稳准确、制动率及制动功率相对较大等特点。

（2）城轨交通的客流量波动大，空载时列车重量仅为自重，而满载时列车重量却很大。

要求制动装置应具备在各种荷载工况下车辆制动力自动调整的性能，使车辆制动率基本不变，从而实现制动的准确性和停车的平稳性。

（3）城轨车辆在部分车辆甚至全部车辆上具有独立的牵引电动机，具有电制动性能，需要与空气制动协调配合。

（4）城轨车辆一般运行在人口稠密地区，并用于承载旅客，行车安全非常重要，要求列车具有紧急制动性能。

（三）制动方式

1. 按列车动能转移方式分类

（1）摩擦制动分为闸瓦制动、盘形制动和磁轨制动 3 种。

① 闸瓦制动，又称为踏面制动，是最常用的一种制动方式，如图 2-34 所示。制动时闸瓦压紧车轮，车轮、闸瓦间发生摩擦，车组的动能大部分通过车轮、闸瓦间的摩擦变成热能，最终逸散到大气中去。在闸瓦与车轮这一对摩擦副中，车轮的材料不能随意改变，要改善闸瓦制动的性能和增加耐磨性，目前大多采用合成闸瓦，但其导热性较差。因此也采用导热性

能良好且具有较好的摩擦性能和耐磨性的粉末冶金车轮闸瓦。

采用闸瓦制动方式，动能转化为热能的能力大，但散热能力相对较小。当制动功率较大时，热能可能来不及散失，而在闸瓦与车轮踏面积聚，使它们的温度升高，严重时甚至会导致闸瓦熔化或使车轮踏面过热剥离或热裂等。因此，在采用闸瓦制动时，对制动功率要有限制。

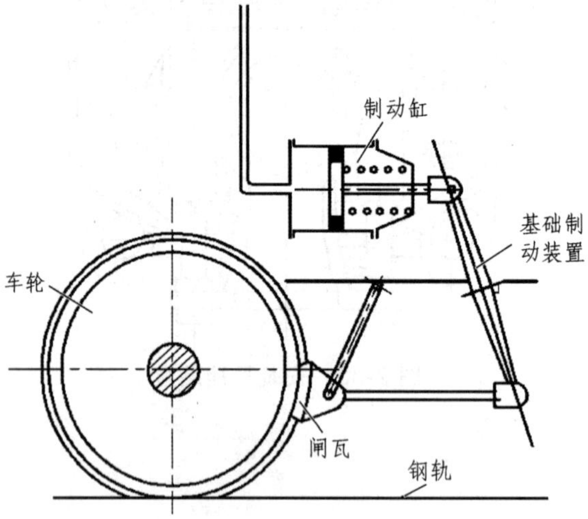

图 2-34　闸瓦制动

② 盘形制动，有轴盘式和轮盘式之分，如图 2-35 所示。一般采用轴盘式，当轮对中间由于牵引电机等设备使制动盘安装发生困难时，可采用轮盘式。制动时，制动缸通过制动夹钳使闸片夹紧制动盘，闸片与制动盘间产生摩擦，把车组的动能转变为热能，热能散于大气。

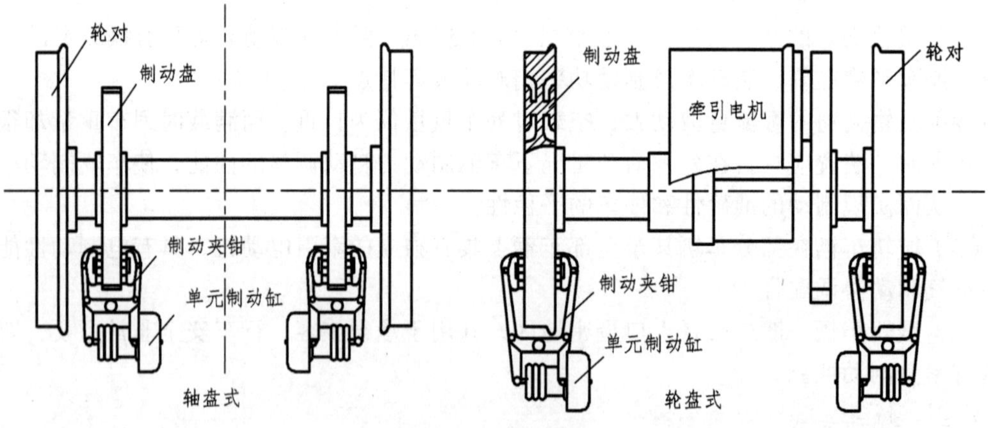

图 2-35　盘形制动

盘形制动能双向选择摩擦副，可以得到比闸瓦制动大得多的制动功率。

③ 磁轨制动，是通过将车辆转向架上的磁铁吸附在轨道上滑行产生的制动，如图 2-36 所示。

磁轨制动分为电磁型磁轨制动和永磁性磁轨制动，其最大优点是产生的制动力不受轮轨间的黏着条件限制，其主要区别在于选用磁铁的不同，前者采用的是电磁铁，后者为永久性磁铁。

A. 磁轨制动装置主要由励磁电路、构架、制动梁、升降风缸、电磁铁等构成。

B. 电磁型磁轨制动在制动时需要提供大量的电能，而永磁性磁轨制动既可实现非黏着制动，又无须为维持制动力而提供任何能量，甚至可替代手制动机作为停车时的防溜制动装置，故特别适用于安全要求较高的系统。

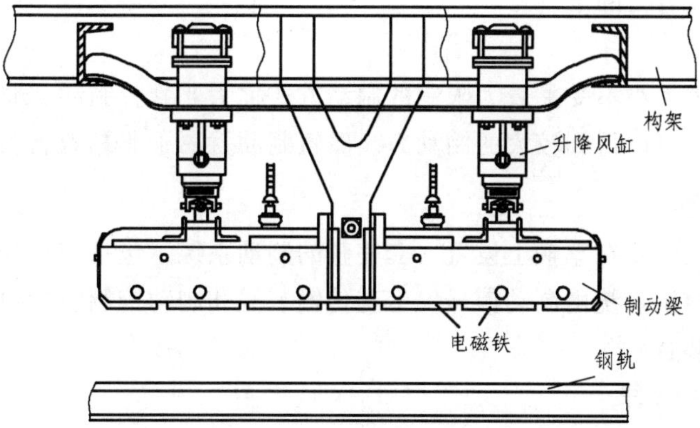

图 2-36　磁轨制动

（2）动力制动，又叫电制动，是在车辆制动时将牵引电机变成发电机，将列车动能变为电能，然后将电能从车上转移出去。动力制动有电阻制动和再生制动两种。

电制动有许多优点：能回收能源、无机械磨损、无空气污染等，这些是机械制动无法实现的。

① 电阻制动，是将发电机发出的电能加于电阻器中，使电阻器发热，将电能转变为热能，再靠风扇强迫通风而散于大气中。电阻制动一般能提供较稳定的制动力，但车辆底架下需要安装体积较大的电阻箱。

② 再生制动，是把发电机转化的电能反馈回电网提供给别的列车使用。这种方式既能节约能源，又能减少制动时对环境的污染，并且基本上无磨耗。它是一种较为理想的制动方式。

2. 按制动力形成方式分类

按制动力形成方式可分为黏着制动与非黏着制动。

（1）黏着制动。

制动时，车轮与钢轨之间有 3 种可能的状态：纯滚动状态、滑行状态和黏着状态。

纯滚动状态：靠滚动着的车轮与钢轨接触点在接触瞬间的静摩擦（不发生相对滑动）阻力作为制动力，车轮沿钢轨边滚动边减速停止。在制动过程中，车轮与钢轨之间是静摩擦，车轮与闸瓦之间是动摩擦。纯滚动状态是一种难以实现的理想状态。

滑行状态：由车轮滑行（车轮在车辆停止前即被闸瓦抱死，在钢轨上滑行）减速，此时在车轮闸瓦之间为静摩擦，车轮钢轨之间为动摩擦，该动摩擦力即为制动力，且大大小于轮轨之间的静摩擦力。这样的摩擦还可能造成车轮的擦伤，是必须杜绝的事故状态。实际上，电动车组运行时，因曲线、钢轨接缝及道岔等原因，使制动时车轮在钢轨上处于连滚带滑的状态，即轮轨接触处既非静止，亦非滑动，而是以滚动为主，略带滑动，这种状态称为黏着状态。这主要是因为车轮和钢轨都是弹性体，因此它们之间的接触不是线接触，而是一个椭圆形的面接触。

要依靠黏着滚动的车轮与钢轨黏着点来实现车辆的制动，叫作黏着制动。

在上述制动方式中，闸瓦制动、踏面制动、电阻制动和再生制动均属于黏着制动，它们的制动力大小都受黏着力的限制。

（2）非黏着制动。

制动时，制动力大小不受黏着力限制的制动方式称为非黏着制动。非黏着制动的制动力不从轮轨之间获取，可以得到较大的制动力。磁轨制动就属于非黏着制动。

（四）制动系统

为了能施行制动，要在车辆上设置一套完整的制动系统，包括制动控制系统和制动执行系统两部分。制动控制系统由制动信号发生与传输装置和制动控制装置组成。制动执行系统通常称为基础制动装置。

1. 对制动系统的要求

列车的制动系统能保持各车辆的减速度一致，以减少车辆制动的纵向冲动；具有根据载客量变化的制动力自动调整功能；还有紧急制动能力，除在遇到紧急情况可由司机施加紧急制动以外，在车辆运行中发生车辆分离等危及列车运行安全事故时列车可自动进行紧急制动。

城市轨道交通的站距短，电动车组的调速及停车非常频繁，乘客量波动较大，要求其起动快、制动距离短。为此，城市轨道交通车辆的制动系统应具备以下性能：

（1）具有足够的制动能力，保证车组在规定的制动距离内停车。

（2）操作灵活，制动可靠，减速快，停车平稳、准确。

（3）整列车辆的制动能力应尽可能一致，使它们的制动、缓解作用一致。

（4）在制动过程中，应尽量发挥动力制动能力，以减少对城市环境的污染和降低运行成本，同时应具有动力制动与摩擦制动的联合制动能力。

（5）应保证车组在长大下坡道上运行时，制动力不衰减。

（6）应根据乘客量的变化，具有空重车调整能力，以减少制动时的纵向冲击。

（7）具有紧急制动性能，遇有紧急情况时，能使车组在规定距离内安全停车。

（8）车组在运行中发生诸如列车分离、制动系统故障等危急情况时，应能自动起紧急制动作用。

2. 制动系统的组成

列车制动系统由供气设备、制动控制单元（BCU）、基础制动装置、微机控制单元（EBCU）和防滑装置组成。

（1）供气设备。

列车大多以 3 辆车为一个单元，所以其供气也是以单元来设计的，每一单元设置一套空气压缩机组，其中包括驱动电机、压缩机、干燥器、压力控制开关等。供气设备还向车辆的空气悬挂设备、车门控制装置以及气动喇叭、刮雨器、受电弓气动控制设备、车钩操作气动控制设备等进行供气。

（2）制动控制单元(BCU)。

制动控制单元 BCU 是空气制动的核心，它接受制动系统计算机（EBCU）的指令，然后再指示制动执行部件动作。它主要由模拟转换阀 a、紧急电磁阀 e、称重阀 c、中继阀 d、载荷压力传感器 f（将载荷压力 T 转换成相应的电信号传输给 ECU）、压力开关 h 等元件组成，如图 2-37 所示。

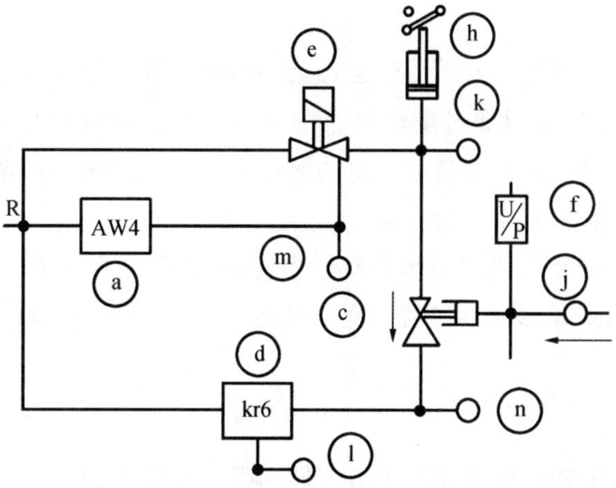

图 2-37　制动控制单元气路简图

这些部件都安装在一块铝合金的气路板上，实现了集成化。这样可避免用管道连接而造成容易泄漏和所占空间大等问题。而且在气路板上还装置了一些测试接口，可测得各个控制压力和闸缸压力，方便了检修保养。同样，整个气路板的安装、调试和检修都很方便。

BCU 的作用是将 ECU 发出的制动指令电信号通过模拟转换阀 a 转换成与之成比例的预控制压力 C_v，这个预控制压力是呈线性变化的，同时，也受到称重阀 c 和防冲动检测装置的检测和限制，再通过中继阀 d，沟通制动储风缸 B04 与制动缸的通路，并控制进入制动缸的压力，最后使制动缸 C1 和 C3 获得符合制动指令的气制动压力。

（3）基础制动装置。

在电动车组上常用的基础制动装置有闸瓦基础制动装置与盘形制动装置两种形式。

① 闸瓦基础制动装置，参见图 2-34 所示。

制动时，制动控制装置根据制动指令使制动缸内产生相应的制动缸压力，该压力通过制动缸使制动缸活塞杆产生推力，经基础制动装置中的一系列杆件的传递、分配，使每块闸瓦都贴靠车轮踏面，并产生闸瓦压力。车轮与闸瓦之间相对滑动，产生摩擦力，最后转化为轮轨之间的制动力。缓解时，制动控制装置将制动缸压力空气排出，制动缸活塞在制动缸缓解弹簧的作用下退回，通过各杆件带动闸瓦离开车轮踏面。

② 盘形制动。

当需要较大的制动功率时，可采用盘形制动装置。盘形制动装置的结构参见图 2-35 所示，由单元制动缸、夹钳装置、闸片和制动盘组成。单元制动缸中包括闸调器。夹钳装置由吊杆、闸片托、杠杆和支点拉板组成。夹钳的悬挂方式为制动缸浮动三点悬挂，即两闸片托的吊杆为两悬挂点，另一悬挂点是支点拉板。

制动时，制动缸活塞杆推出，制动缸缸体和活塞杆带动两根杠杆，通过杠杆和支点拉板组成的夹钳，使装在闸片托上的闸片同时夹紧制动盘的两个摩擦面，产生制动作用。

盘形制动装置按制动盘安装形式的不同，可分为轴盘式和轮盘式两大类。轴盘式是把制动盘安装在轮轴上，通过某种形式与轮轴固定，使制动盘与轮对同时转动。轮盘式的制动盘安装在车轮上。

在空间位置允许的情况下，多采用轴盘式盘形制动装置。制动盘通过盘毂与轮轴固定，盘毂是压装在轮轴上的，制动盘通过螺栓紧固在盘毂上。盘毂和制动盘根据需要有多种形式，两者的连接方式应保证制动时不因制动产生的热量而松弛或分离。根据制动的需要，可在一根车轴上布置 2 个或 3 个甚至 4 个制动盘。

当受空间限制无法安装轴盘式盘形制动装置(如在动车上由于布置牵引电机而无法安装制动盘)时，可采用轮盘式盘形制动装置，制动盘与过渡钢盘采取径向连接，过渡钢盘由螺钉安装在车轮轮毂上。

（五）单元制动机

由于城市轨道交通车辆的车体底架下方与转向架之间没有很大的空间来安装基础制动装置，因此采用单元制动机。单元制动机是由制动缸、闸瓦间隙调整器等组合而成的紧凑部件。单元制动机和基础制动装置各有其特点，基础制动装置由于采用杠杆联运机械所以其同步性良好，制动力均匀。而单元制动机是单个供气动作，轻便灵活，占空间体积小，灵敏度高，使用了电气控制后，也可具有良好的同步性。单元制动机结构紧凑，省却了传统基础制动装置中的一系列传动部件，制动效率高，作用灵敏，容易做到少维修或无维修。PC7Y 单元制动机如图 2-38 所示，PC7YF 单元制动机如图 2-39 所示。

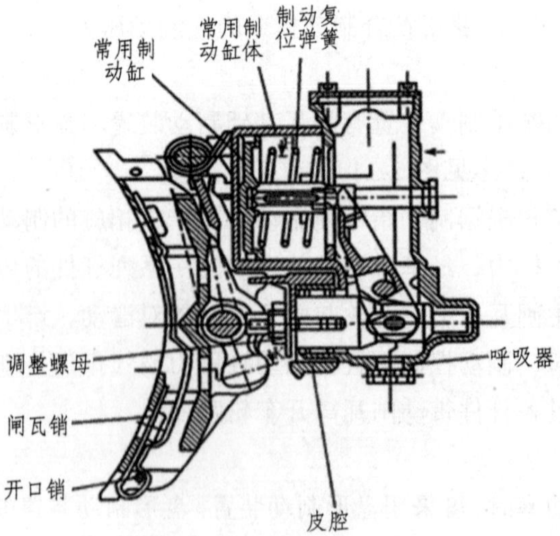

图 2-38 PC7Y 单元制动机

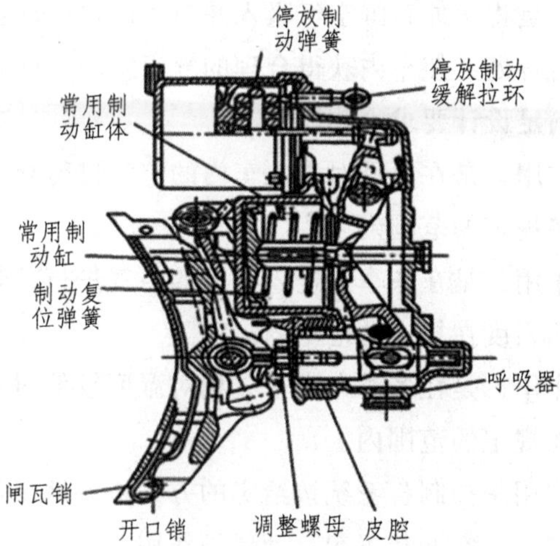

图 2-39　PC7YF 单元制动机

一般来说，每个转向架上装有两种型号的单元制动机，两者的区别在于是否带停车制动器。弹簧制动器利用释放弹簧储存的弹力来推动活塞，从而带动二级杠杆使闸瓦紧贴车轮踏面达到制动的目的。它用于车辆停放时进行停放制动，特别是当车辆停放在坡道上时，可防止车辆溜逸。而它的缓解则需要向弹簧制动缸充气，让活塞压缩弹簧，使制动缓解。弹簧制动器也可用人工拔出其顶部的缓解销来实施机械缓解，还可以用电磁阀来控制其气缸充、排气，并且在驾驶室内控制。弹簧制动器在转向架上是对角布置的，另两对角侧为普通单元制动机。

单元制动机是制动系统的执行部件，它由闸缸、活塞、杠杆、活塞弹簧、间隙调整器、吊杆、扭簧、闸瓦托、闸瓦、壳体等组成。其中间隙自动调整器用于当闸瓦与车轮在制动时磨损间隙增大时，自动调整这个间隙使闸瓦与车轮踏面始终保持规定的距离，从而使制动机保持良好的制动性能，且无须人工调整。

当压缩空气从气管进入闸缸推动活塞向缸底行进，同时活塞弹簧也受到压缩，活塞的导向管带动杠杆围绕安装在壳体上的销轴转动，而杠杆的另一端则带动间隙调整器向车轮方向推动闸瓦托及闸瓦行进，最终使闸瓦紧贴在车轮踏面上。

缓解时，通过制动控制单元（BCU）中的均衡阀将闸缸中的压力空气排到大气中，这时闸瓦及闸瓦托上所受到的推力被撤除，活塞弹簧及闸瓦托吊杆上端头扭簧的反弹作用使闸瓦与活塞复位。

六、空调通风系统

（一）空调装置的组成

车辆空调系统的作用就是使客室内的温度、相对湿度、空气流动速度及洁净度（主要指尘埃及二氧化碳含量）保持在规定的范围内，为乘客创造舒适的乘车环境。

一般车辆空调系统主要由通风系统、制冷系统、加热系统、加湿系统以及自动控制系统五大系统组成。考虑到实际运行区域的气候条件，有些车辆可不设专门的加热及加湿系统。

（1）通风系统的作用，是将车外新鲜空气吸入并与车内再循环空气混合，在滤清灰尘和杂质后，输送和分配到车内各处，使车内获得合理的气流组织。同时将车内污浊的空气排出车外，使车内的空气参数满足设计要求。

（2）空气制冷系统的作用，是在夏季对进入车内的空气进行降温、减湿处理，使车内空气的温度与相对湿度维持在规定的范围内。

（3）空气加热系统的作用，是在冬季对进入车内的空气进行预热和对车内的空气进行加热，以保证冬季车内空气的温度在规定的范围内。

（4）空气加湿系统的作用，是在冬季车内空气相对湿度较低时对空气进行加湿，以保证冬季车内空气的相对湿度在规定的范围内。

（5）自动控制系统的作用是控制各系统按给定的方案协调地工作，以使室内的空气参数控制在规定的范围内，并同时对空调装置起自动保护作用。

（二）通风系统

通风系统有机械强迫通风和自然通风两种方式。机械强迫通风系统是车辆空调装置中唯一不分季节而长期运转的系统，因此它的质量状态直接影响到旅客的舒适性和空调装置的经济性。一般城轨车辆采用机械强迫通风方式，依靠通风机所造成的空气压力差，通过车内送风道输送经过处理后的空气，从而达到通风换气的目的。经冷却处理的空气沿车长方向输送，回风经侧板回送，废气经车顶排出车外。

1. 通风机组

通风机组是通风系统的动力装置，其作用是吸入车外新风和室内回风，并将处理后的空气加压，通过主风道等送入客室。它通常由一台双向伸轴的双速电机和两台离心式通风机组成。

2. 送风道、回风道和排风道

车顶的 2 台空调机组，通过与车体相连的 2 个吸振消音的连接风道，将处理后的空气送到车顶的主风道内。送风道的作用是将经过处理的空气输送到室内。车辆风道沿车辆方向分为 3 个，中间大的为主风道，两侧为副风道，主副风道由隔板分开，隔板上设有一系列调整风量的气孔。主风道的空气经隔板气孔进入副风道，使得两侧风道内的气流稳定地送入客室中。

回风道是用来抽取室内再循环空气的。进入回风风道的空气，一部分通过车顶的 8 个静压排气孔排至车外，另一部分进入空调机组与吸入的新风混合后，经过冷却、过滤由离心风机将其送入主风道，在客室内形成空气循环，达到调节空气温度、湿度的目的。

排风道用以排除车内污浊空气，它是排风口与车顶静压排风器间的通道。

3. 新风口、送风口、回风口、排气口

（1）新风口。

新风口即车外新鲜空气的吸入口。新风口一般装有新风格栅以防止杂物及雨雪进入车内，另外还设有新风滤网和新风调节装置。新风调节装置由一个 24 V 直流电机驱动新风调节门，调节进入客室的新鲜空气量。

（2）送风口。

送风口是用来向客室内分配空气的。送风口大多装有送风器及风量调节机构，它不但使客室内送风均匀、温度均匀，达到气流组织分布合理的效果，还可以根据需要来调节送风量的大小。送风口处一般也装有送风滤网。

（3）回风口。

回风口是室内再循环空气的吸入口。正常情况下，客室内一部分空气应作为回风。回风与新风混合前是在客室中被充分循环过的，与新风混合过滤后，通过蒸发器入口进入。回风口应设置调节挡板，用于调节新风、回风的混合量（比例）。

（4）排风口。

排风口用来将客室内废气和多余的空气排出车外，即从车内的长椅下，经内墙板后侧导向车顶，由车顶静压排风器排出车外。

（5）应急通风系统。

每辆车配有1台紧急逆变器，在交流辅助电源设备故障情况下，应急通风系统应立即自动投入工作，向客室、司机室输送新风，维持45 min紧急通风。应急供电由蓄电池供给，并经直流/交流逆变器。当交流辅助电源供电正常时，空调系统自动转入正常工作状态。

（三）制冷系统

一般每车设有2个集中式的空调单元，分别安装在车顶的两端。为了使车辆的外形轮廓不超出车辆静态限界，特在车顶两端设计了2个专用于安装空调单元的凹坑，在安装空调单元的机座上加装橡胶垫以减小振动影响，如图2-40所示。

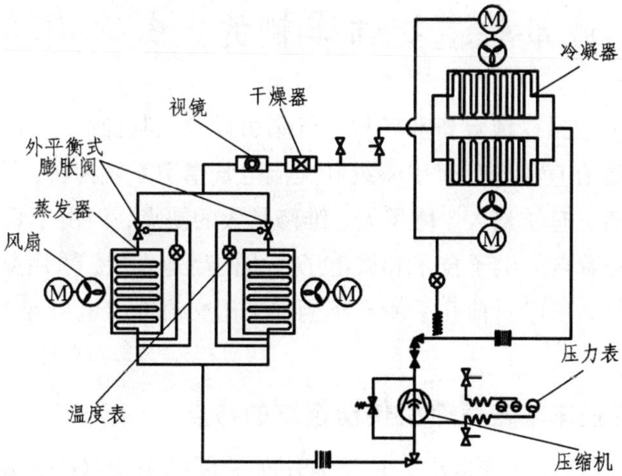

图2-40　制冷循环流程图

1. 制冷系统的工作过程

空气由压缩机压缩成高温高压的冷媒蒸汽，进入风冷冷凝器，经外界空气的强制冷却，冷凝成常温高压的液体，进入外平衡式膨胀阀节流降压，变成低温低压的气液混合冷媒，然后进入蒸发器，吸收流过蒸发器的空气热量，蒸发成低温低压的蒸汽，然后被压缩机吸入，完成一个封闭的制冷循环。压缩机不断工作，达到连续制冷的效果。

车内的空气通过蒸发器时，空气中的水分冷凝成水滴，汇集至机组内接水盘，由排水管将水引到车外而起除湿作用。

2. 制　冷

车内的循环空气及由新风口进入的新鲜空气，由机组的通风机吸入，在蒸发器前混合，通过蒸发器得到冷却，并由机组出风口送入车顶通风道各格栅，向车内吹出冷风。制冷系统连续工作使车内温度逐渐降低。温度调节器可在一定的范围内自动调节车内空气温度。

（四）加热系统

考虑到城轨车辆实际运行区域的气候条件，有些设置了专门的加热系统。由新风口引入的新鲜空气及车内循环空气，被机组的通风机吸入并在电加热器前混合，通过电加热器加热，温度升高，再由通风机送入车内风道各格栅，向车内送热风，使车内温度徐徐上升。温度调节器可自动调节车内空气温度，维持车内一定的舒适温度。

（五）空调装置的调节及控制

空调机组的工作由微机进行控制。通过微机调节器可控制室温。空调系统中新风口、风道和客室座位下均设有温度传感器，由温度传感器测得的温度值，传递到调节器中进行处理。

每节车有一台微机调节器，它控制两个空调单元，可由司机室集中控制或每节车单独控制。

第三节　城市轨道交通车辆的电气牵引传动系统

车辆电气牵引传动包括受流设备和各种电气牵引设备及其控制电路。

车辆电气牵引系统有直流电气牵引系统和交流电气牵引系统两种。车辆电气牵引系统采用直流牵引电机，虽然它有质量大、体积大、维修量大的缺点，但由于具有调速容易的优点，曾得到广泛的应用。随着电力电子技术和微电子技术的高速发展，采用交流调频调压(VVVF)技术，效率高、性能好，所以目前几乎所有车辆都采用交流牵引电机和 VVVF 控制的交流电气牵引系统。

一、城市轨道交通车辆电气牵引传动系统的特点

在调控系统的变流器及逆变器中，广泛采用可关断晶闸管 GTO 及绝缘栅双极晶体管 IGBT。

新型城市轨道交通车辆均采用静止逆变器辅助单元，因牵引电动机的通风机电动机、空压机电动机、制动电阻通风机电动机、油冷却器电动机等都采用三相异步电动机驱动，需要交流电，因此逆变器的容量需增大。

微电子技术在城市轨道交通车辆的牵引、制动、辅助控制，信息显示和储存，防滑与防空转控制及行车安全等方面都得到了广泛的应用。

二、传动控制技术

目前电动车组的传动控制方式有变阻控制、斩波调压控制和变压变频控制。

1. 变阻控制

变阻控制是一种应用广泛的直流电动机传动控制方式，控制简单方便。但由于城市电动车辆频繁起动和制动，采用这种控制方式使 20%的电能消耗在电阻上，变为热能逸散到空气中，很不经济，特别是在隧道中将会导致升温，而产生不良后果。这种传动方式已趋于淘汰。

2. 斩波调压控制

直流电动机的斩波调压控制使用先进的大功率门极可关断晶闸管，利用晶闸管的导通和关断把直流电压转换成方波，用以调整直流电机的端电压。由于取消了换流装置，体积和质量均减少了，并可实现无级调整，使车辆平稳起动和制动，实现再生制动，达到节电的效果。直流电机电动车辆普遍采用这种传动控制方式。

3. 变压变频控制

变压变频控制是最先进的交流电动机传动控制方式，它使用逆变器将直流变为交流，以电压和频率的变化控制交流电动机，在调速性能和节能上均优于上述两种传动控制方式。它与交流电动机配合，无换向部分，运行可靠，过载能力强，结构简单，几乎无须保养和维修。

三、受流设备

受流设备是列车将外部电源引入车辆电源系统的重要设备。根据线路供电方式的不同，列车受流设备分为集电靴和受电弓两种形式。集电靴装置应用于第三轨方式供电的线路，而受电弓装置主要应用于接触网方式供电的线路。由于接触网方式可以实现长距离供电，受线路变化的影响较小，并且能适应列车高速行驶的需要，所以，较多的城市轨道交通线路采用接触网与受电弓受流方式。

受电弓从结构上可分为单臂型和双臂型两种形式，从驱动上可分为气动型及电动型。

（一）受电弓的构成

如图 2-41 所示，受电弓由底部框架、绝缘子、下部框架、上部框架、集电头、主张力弹簧和驱动气缸等部分组成。

1. 底部框架

底部框架由方形管或型钢焊接而成，用于支撑整个框架，并通过轴承与下部撑杆相连。底部框架上还安装有铜接线排与连接列车主电源电缆。

2. 绝缘子

绝缘子安装在底部框架上，用于支撑底部框架，并将车体与受电弓隔离。绝缘子要求具有良好的电气绝缘性和机械性能，一般常采用瓷或聚酯玻璃纤维压制而成。

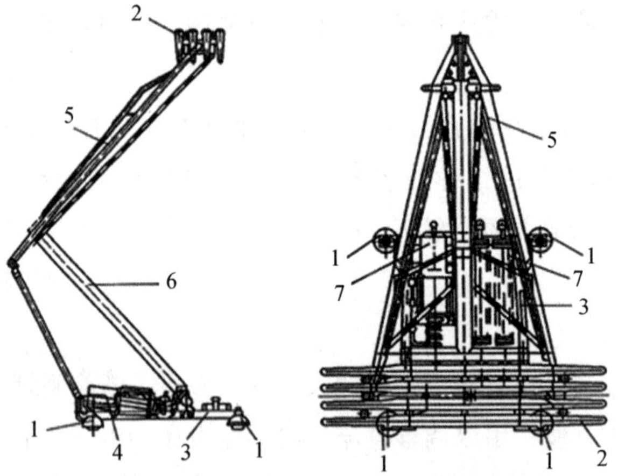

1—绝缘子；2—集电头；3—底部框架；4—驱动气缸；
5—上部框架；6—下部框架；7—主张力弹簧。

图 2-41 受电弓

3. 下部框架

下部框架由下部撑杆和下部导向杆组成。下部撑杆由无缝冷拉钢管焊接而成。在下部撑杆上安装有接线板、主张力弹簧连杆、缓冲器冲击块、上部导向杆的轴承支座及驱动气缸的安装支座。下部导向杆由钢管制成，其长度可改变。通过改变下部导向杆的长度来调节受电弓最低位置。下部导向杆上还安装有受电弓高度止挡，止挡决定了受电弓最大升起高度。

4. 上部框架

上部框架由上部撑杆和上部导向杆组成。上部撑杆由锥形角钢管焊接而成，包括铰链及斜支撑杆。斜支撑杆使上部撑杆具有侧向稳定性。上部导向杆上安装了集电头，长度可改变。

5. 集电头

集电头是受电弓与接触网接触的部分，主要由滑板、转轴、弓角、弹簧盒组成。由轻金属制成的弓角可以防止在接触网分叉处接触导线进入滑板底下，避免刮弓事故的发生。滑板由电石磨碳制成的接触部件及由轻金属制成的支撑物组成。弹簧盒中装有螺旋压缩弹簧，可为集电头在垂直方向提供一定的自由度。

6. 主张力弹簧

主张力弹簧安装在下部撑杆上，按轴向布置。通过调节螺栓可改变弹簧连杆的有效长度，使受电弓在整个工作范围内有一个恒定的接触力。

7. 驱动气缸

驱动气缸安装在受电弓底部框架上，通过活塞杆和在下部撑轴上的杆来使受电弓动作。升弓和落弓速度可通过节流阀来调节。

（二）受电弓的工作原理

升弓时，压缩空气经过缓冲阀进入驱动气缸后，气缸活塞克服气缸内复位弹簧压力向左移动，通过下部导向杆将下部撑杆以顺时针方向向上启动，然后下部撑杆在升弓弹簧的作用下，作顺时针转动。同时，在上部导向杆的作用下，上部撑杆升起。受电弓升起后，集电头与接触网导线接触，接触网上的电流通过集电头、上部撑杆、下部撑杆被引到底部框架，然后通过安装在底部框架上的列车电源电缆引入车辆内。在受电状态下，电流流经整个受电弓框架，为了防止电流流入轴承，在受电弓所有的铰链处都装有电桥连线，避免轴承遭受损坏。

降弓时，压缩空气从驱动气缸经缓冲阀排除，气缸内复位弹簧压力释放将活塞推向右方，带动下部导向杆向右移动，强制下部撑杆作逆时针转动而迫使上部撑杆落下。

列车运行时，滑板沿架空线滑动。受电弓的受电性能在很大程度上取决于接触压力，若压力太小，则接触电阻增大且易跳动，导致接触不良产生电弧；但压力太大，则摩擦加大，增加滑板和导线磨损，因此要求受电弓的机械结构能保证滑板在工作高度范围内具有相同的接触压力。受电弓各关节的摩擦力对接触压力也有影响，当受电弓降低时摩擦力使压力增加，当受电弓升高时摩擦力又使压力减小。因此，为使上升压力同下降压力之差尽可能小，必须采取措施减小摩擦力。此外，传动装置还应使升降弓过程中初始运动迅速，运动终了比较缓慢，即在降弓时可使受电弓很快断弧，升弓时可防止受电弓对接触网和受电弓底架有过大的机械冲击。

四、牵引电动机

（一）牵引电动机的特点

电动车组的动力来自牵引电动机。牵引电动机的基本结构和普通电动机相似，但由于其工作条件特殊，因此它具有以下一些特点。

（1）牵引电动机悬挂在车辆转向架构架或车轴上，并借传动装置驱动车辆前进，牵引电动机在结构上必须考虑传动和悬挂两方面的问题。

（2）牵引电动机的安装尺寸受到很大的限制，径向尺寸受到轮径限制，轴向尺寸受到轨距限制，故其结构必须紧凑。为此，牵引电动机都采用较高等级的绝缘材料和性能较好的导磁材料。

（3）车辆运行时，钢轨对车辆的一切动力影响都会传给牵引电动机，使牵引电动机承受很大的冲击和振动。因此，要求牵引电动机的零部件必须具备较高的机械强度。

（4）牵引电动机的使用环境恶劣，它挂在车体下面，很容易受潮、受污，还经常受到温度、湿度的影响。因此，牵引电动机的绝缘材料和绝缘结构应具有较好的防尘、防潮能力并要求有良好的通风条件。

（二）牵引电动机的分类

目前城市轨道交通车辆采用的牵引电动机有两大类，即旋转电动机和直线电动机。旋转电动机又可分为直流电动机和交流电动机。

1. 直流电动机

直流电动机主要由静止的定子和旋转的电枢（转子）两大部分组成。定子由主磁极、换向极、电刷装置、机座、端盖和轴承等部件组成。定子产生磁场，提供磁路和作为电机的机械支撑。电枢由电枢铁心、电枢绕组、换向器和转轴等部件组成，用来产生感应电势和电磁转矩。直流电动机有一套电刷装置，电刷和换向器接触，使电枢电路和外电路相连。

直流电动机励磁方式是指对主磁极励磁绕组的供电方式。按励磁绕组与电枢绕组连接方式的不同，可分为他励、串励、并励和复励等。一般采用串励电动机，它的励磁绕组与电枢绕组串联。

动车组在运行中，经常需要根据线路或其他情况选择合适的运行速度，这就要求牵引电动机能够在宽广的范围内均匀而经济地调速，且要求调速设备简单，操作方便。改变直流电动机的转速有：改变牵引电动机的端电压；改变或削弱牵引电动机的励磁磁通；改变主回路中的电阻。

长期以来直流串励电动机一直作为城市轨道交通车辆的主要牵引动力，因为它具有启动性能好、调速范围大、过载能力强、功率利用充分、运行较可靠且控制简单等优点。但由于直流电动机必须通过换向器才能工作，这就造成了直流电动机在高压大功率时换向困难、工作可靠性差、结构复杂、制造成本高和维修量大的弊病。因此，直流电动机的发展受到了很大限制。

采用串励直流电动机驱动的城市轨道交通车辆，每节车的 4 台牵引直流电动机中，将 2 台固定串联成一个机组，在牵引工况下，两个机组接成串联或并联，由串联到并联采取一次性桥路转换。制动时两机组交叉励磁，使之具有稳定性。调速采用变阻控制进行主回路中电阻的切换，以实现机车调速；或者利用晶闸管斩波器调阻调速，实现无级平滑调节，列车运行平稳性较好。

2. 交流电动机

20 世纪 80 年代以来，电力电子技术和计算机技术迅猛发展，特别是采用了大功率自关断电力电子器件和微机模块化控制后，使交流电机调频调压(VVVF)控制得以实现，这就为三相异步电动机在轨道交通车辆上的发展拓展了广阔的运用前景。三相异步牵引电动机，由于其明显的优点，有逐渐替代直流牵引电动机的趋势。

城市轨道交通车辆的交流牵引电动机，采用三相异步电动机。异步电动机构造简单，运行可靠，效率较高，价格低廉；其机械特性较硬，具有较好的防空转性能，使黏着利用提高；且微电子技术的发展使异步电动机的调压变频调速得以顺利实现。采用无整流子的交流牵引电动机的电力传动系统，使电动车组的性能发生了深刻的变化。

三相笼式异步电动机的结构主要由定子和转子两大部分组成。定、转子间是气隙。用于电力传动系统中的异步电动机，其机座结构有较大的改变，例如机座上开有通风口，并有适用悬挂的吊耳等。异步电动机运行时，定子绕组接到交流电源上，则在定子绕组中产生一个旋转磁场。转子导体与磁场相互切割，在转子导体上产生感应电势，由于转子导体由短路环构成一个闭合回路，故此时产生转子电流，在磁场中的载流导体受力，产生一个电磁转矩，使牵引电动机转动。

异步电动机的调速只能从定子方面采取措施。这些措施有：改变定子上的电压；改变定子绕组磁极对数；改变电源频率。

异步电动机的制动有能耗制动、再生制动、反接制动 3 种方法。

城市轨道交通车辆的供电电源一般采用网压为 1 500 V 或 750 V 的直流电，通过高压装置及逆变器单元，向三相异步电动机提供调压变频电能。逆变器在逆变的过程中，根据调节指令还可以改变输出电能的频率及其相电压有效值，为三相异步电动机提供调压变频控制，以满足牵引电动机调速的需要。

五、牵引控制系统及主控制器

牵引控制系统用于控制列车电机工作，为列车提供所需动力及制动力。目前电动车组的牵引控制方式有变阻控制、斩波调压控制和变压变频控制。

1. 牵引控制系统

牵引控制系统用于控制列车电机工作，为列车提供所需动力及制动力。牵引系统由高速开关、主电路、变流设备及其控制单元、制动电阻等部件组成。

（1）高速开关用来接通和分断电动列车的高压电路，是电动车辆的主要保护装置。

（2）变流设备按牵引电机种类的不同，可分为直流-直流变流设备和直流-交流变流设备两种。

（3）主电路由主接触器等构成。

（4）牵引控制单元由一个微型计算机实时测控，处理由司机发出的指令，通过参考值设置、牵引（制动）控制电路的数据和应答信号，并根据相应程序对牵引电路进行控制。同时控制单元还具有故障检测及故障存储功能。

2. 主控制器

司机通过操纵主控制器手柄，使列车按司机意图控制运行。司机控制器控制主电路，它实际上是一组转换开关，通过搬动两根不同的轴，控制凸轮及与之组合开关相应的触点分合，然后通过控制电路控制列车的运行方向，实现列车牵引、制动和惰行工况的转换。

主控制器主要有主控制手柄、方式/方向手柄、微动开关、凸轮、转动轴、电位器、电阻等部件，如图 2-42 所示。

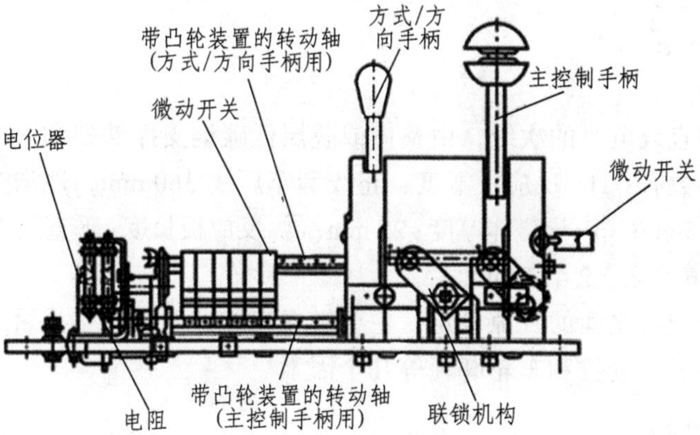

图 2-42　主控制器

为了保证列车的安全，在主控制手柄上安装有警惕按钮，司机按下该按钮后方能向列车发出牵引指令；在列车运行过程中，如果司机放开警惕按钮后不能及时再次按下，列车将实施紧急制动。主控制器还与司机钥匙开关相互联锁，保证在钥匙未打开前，主控制器处于锁定状态；而主控制器处于工作状态时，钥匙不能被拔出。主控制手柄与方式/方向手柄之间也相互联锁，在主控制手柄处于牵引或制动位置时，方式/方向手柄无法改变状态；方式/方向手柄不工作时，主控制手柄被锁定，无法放在牵引或制动位上。

第四节　直线电机车辆

直线电动机车辆与旋转电机车辆有很多相同之处，它们都包含有车体、转向架、电力传动系统、空气制动系统、列车控制和通信系统、列车信息系统、通风和空调系统、辅助系统等子系统。其主要差别在牵引电机、转向架及电力传动的控制。

直线电机目前主要用于磁悬浮列车、地铁及轻轨车辆。德国、日本、英国、美国、加拿大、意大利、俄罗斯、韩国、瑞典、瑞士的一些线路以及我国广州 4 号线和 5 号线、北京机场线等采用了交流异步直线电动机（LIM）驱动。

一、直线电动机车辆的技术参数

（1）直线电动机车辆基本技术参数以广州 4、5 号线为例：车辆为全动车，分为 A 车、B 车。A 车为带司机室的动车（也称头车），B 车为中间动车，车辆按 4 辆编组考虑，编组方式为：A-B-B-A。

（2）直线电动机主要技术参数：

持续功率：120 kW；

小时功率：150 kW；

铁心长度：2 476 mm；

铁心高度：124 mm；

铁心厚度：300 mm；

极数：8；

极距：280.8 mm；

质量：1 480 kg。

（3）反应板是直线电机的次级，由整体或叠层低碳钢支撑铁架和一个挤压铝材的盖板组成。其主要技术参数有：① 反应板宽度：正线和车厂线 360 mm，地沟 300 mm；② 导电体厚度：铝 7 mm，铜 5 mm；③ 导磁体厚度：25 mm；④ 反应板长度：平直线 7 494 mm、4 994 mm；⑤ 小半径曲线及道岔区：2 494 mm。

直线电机与反应板之间的气隙设定，主要考虑安装误差、调整裕量、由车辆荷载造成的变位、由垂向力造成的变位和车轮磨耗等几个因素。

二、直线电动机

1. 直线电动机的结构

直线电动机与旋转电动机没有本质的区别，它的结构相当于旋转电动机的转子和定子沿半径方向剖开展平，如图 2-43 所示。定子部分由硅钢片叠压成扁平形状的铁心上放入两层叠绕的三相线圈构成。

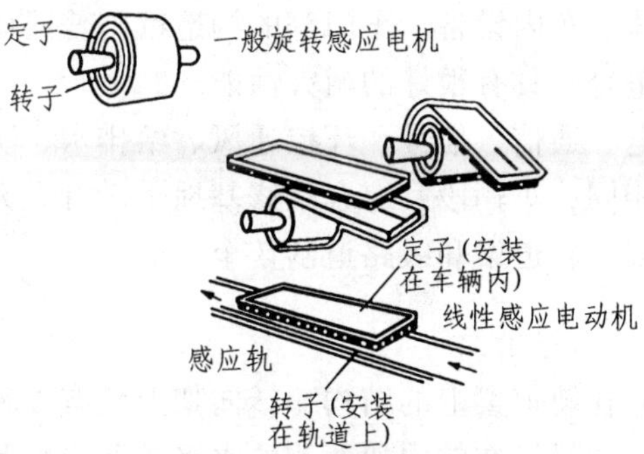

图 2-43　直线电动机

2. 直线电动机的工作原理

直线电动机的工作原理与一般的异步电动机相似。当定子通过交流电时，即产生移动磁场，在反应轨中产生感应电流，磁场与反应轨中的电流互相作用产生推力，因转子固定在轨道上，所以定子就产生运动，驱动车辆运行或使车辆制动。

直线电动机改变了传统电动机旋转运动方式为直线运动方式，突破了长期以来依靠轮轨传递牵引力的传统技术，是一种不依赖于轮轨驱动黏着力的驱动系统。

3. 直线电动机的安装及牵引力的传递

直线电动机悬挂于转向架横梁悬挂系统，以减少对电动机的冲击与振动。根据需要，每台转向架悬挂一台或多台电动机。牵引和制动力通过直线电动机和转向架承梁互相作用传递，车轮只起到支撑与导向作用。

4. 直线电动机的冷却

直线电动机一般采用自然冷却方式，即利用车辆的走行风冷却定子绕组及铁心。

三、直线电动机车辆的转向架

采用直线电动机的车辆，由于依靠直线电动机产生的推力无须通过齿轮装置传递，所以直线电动机车辆不要齿轮传动装置，特别是可采用小轮径向转向架，使得转向架的结构十分简单。

由于直线电动机车辆不要齿轮传动装置，这样转向架构架和轮对之间便无任何约束存在，轮对相对于转向架构架旋转的自由度增加了，便于轮对在通过曲线时保持径向的位置，使得车轮可无滑动地通过曲线。

第五节　跨座式单轨铁路车辆

一、技术特点

跨座式单轨列车采用专用的跨座式单轨电动车组，由 4 节、6 节或 8 节车辆编组；列车两端的车辆带有司机室；每节车辆由车体和两台转向架共同组成。为便于与其他车辆连挂，首尾部位设自动密接式车钩，中间车辆使用杆式车钩连接。单轨车通过 ATO 能进行自动运行，也可人工操作运行。

跨座式单轨车辆的车体、车内设备、车门等的构造都与普通城市轻轨车辆相类似。车体采用轻合金焊接结构，质量轻，具有很好的耐火性能。

跨座式单轨铁路的供电、通信、信号、环控通风、给排水、防灾警、自动检售票等机电设备与常规轨道交通基本相同，车辆段及综合维修基地也没有太大差别，因而其技术上的特点主要体现在车辆的转向架、轨道梁和线路道岔 3 个方面。

二、转向架特点

车辆的转向架采用骑跨在轨道梁上的结构，转向架上装有 3 种轮胎：走行轮、导向轮和稳定轮。采用走行轮传动，通过设在转向架两侧的水平轮胎导向和稳定车体，走行轮对同时兼有传动和导向的功能。这一点不同于常规铁路采用的钢轮-钢轨系统。此外，橡胶轮胎与轨道梁接触的变形和受力机理都不同于钢制轮轨，因而转向架的技术比较独特。

钢制轮轨的导向是由钢轨约束轮对的横向和竖向位移，再通过一系悬挂、二系悬挂将这种约束依次传递给转向架和车体。而单轨系统则是导向轮和稳定轮主要承受轨道梁的横向约束，走行轮主要承受竖向约束。横向约束通过导向轮和稳定轮传递给转向架；竖向约束由走行轮传递给转向架，再传递给车体。在列车运行过程中，走行轮始终与轨道梁顶面接触，轮胎的弹性主要缓冲车辆竖向振动；导向轮和稳定轮则起到缓冲车辆横向振动的作用。假如转向架在平衡位置没有位移，导向轮和稳定轮将以有效半径向前滚动；当转向架发生横向位移时，导向轮和稳定轮随之产生偏移，这时单侧或双侧的水平轮胎会受到轨道梁侧面的径向压力，这种压力将迫使转向架回到平衡位置。跨座式单轨车辆的走行特点，将使轨道梁承受较大的扭转荷载。

跨座式单轨车辆的转向架为二轴转向架，车轴为单悬臂固定在转向架上，每根轴上装有两个走行轮，直径为 1 006 mm，是充入氮气的橡胶轮胎。转向架两侧上方各设两个导向轮，下方各设一个稳定轮，它们都是充入空气的橡胶轮胎，直径为 730 mm。为防止轮胎放炮，3 种车轮都装有钢制备用轮，并设有轮胎检测装置。转向架构架是钢板焊接结构，不设置摇枕，车体直接支承在空气弹簧上，既保证舒适性又能达到轻量化的目的。

车体的支撑为无摇枕结构，采用空气弹簧支承方式，以求轻量化和舒适性，转向架结构如图 2-44 所示。

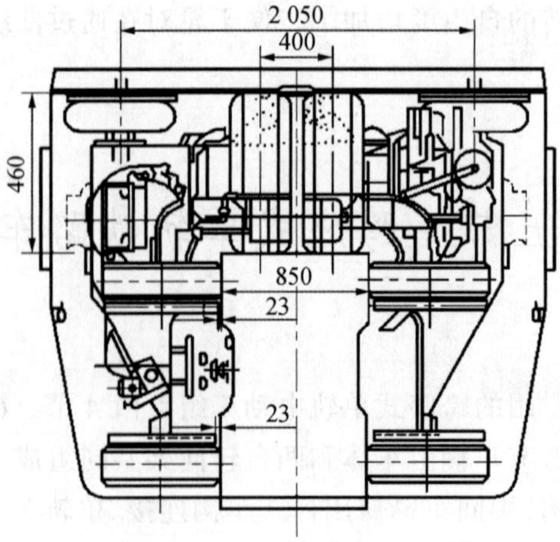

图 2-44　跨座式单轨车辆转向架（单位：mm）

复习思考题

1. 城市轨道交通车辆的分类主要有哪些?
2. 城市轨道交通车辆主要由哪几部分组成?
3. 我国地铁列车主要有哪几种编组形式?
4. 名词解释：自重、载重、轴重、最高运行速度、起动平均加速度、起动平均减速度、车辆长度、最大高度、车辆定距、固定轴距、车钩中心线距离钢轨面高度、地板面高度。
5. 城市轨道交通车辆车体主要有哪些分类?
6. 城市轨道交通车辆车体主要有哪些基本特征?
7. 城市轨道交通车辆车体按结构功能分为哪几大部分?
8. 城市轨道交通车辆车门共分哪几种? 各自的结构特点是什么?
9. 简述城市轨道交通车辆车门气动控制系统组成。
10. 简述城市轨道交通车辆车门气动控制系统原理。
11. 转向架的基本作用有哪些?
12. 转向架的分类有哪些?
13. 转向架定位方式有哪几种?
14. 车体与转向架之间的荷载传递方式有哪几种分类?
15. 转向架由哪几部分组成?
16. 简述车钩的3种连挂状态。
17. 城市轨道交通车辆制动装置的特点和要求有哪些?
18. 简述制动方式有哪些分类。
19. 简述闸瓦基础制动装置的工作原理。
20. 简述盘形制动的工作原理。
21. 简述单元制动机的组成及工作原理。
22. 一般车辆空调系统主要由哪几部分组成?
23. 简述空调通风系统的组成及其各部分作用。
24. 简述空调制冷系统的工作过程。
25. 简述受电弓的组成及各部分作用。
26. 简述受电弓的工作原理。
27. 司机主控制器的组成主要有哪些?
28. 简述直线电机的工作原理。
29. 简述跨座式单轨铁路车辆转向架的特点。

第三章　城市轨道交通牵引供电系统

第一节　概　述

一、城市轨道交通供电系统的组成

城市轨道交通供电系统包括外部电源、变电所（主变电所、牵引变电所、降压变电所）、牵引网、电力监控系统（SCADA）、杂散电流监控系统等几个部分。

用电能作为运输动力能源的牵引方式叫电力牵引。城市轨道交通的牵引动力是电动车组，这是一种非自给性车组（本身不带能源），因此，必须在城市轨道交通线路沿线设置一套完善的、不间断地向电动车组供电的设备，通常将这种设备构成的完整的、可靠的工作系统称为电力牵引供电系统。电力牵引供电系统由国家电力系统或发电厂用专门的高压输电线路供电，通常将这种专用的高压输电线和电力牵引供电系统称为牵引供电系统，如图3-1所示。

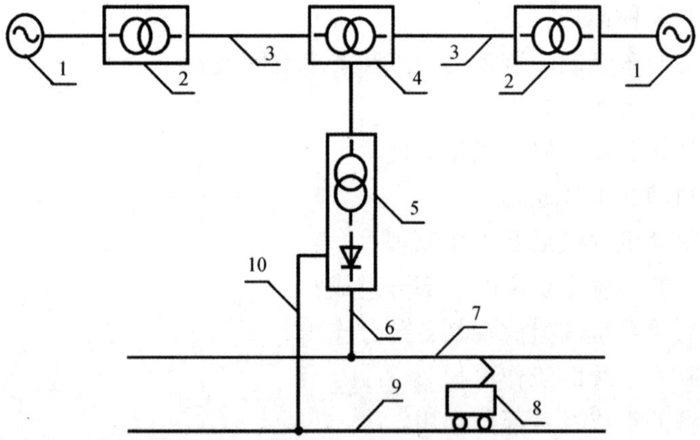

1—发电厂；2—升压变电所；3—高压输电线；4—区域变电所；5—直流牵引变电所；
6—馈电线；7—接触网；8—电动车组；9—钢轨；10—回流线。

图 3-1　牵引供电系统原理图

牵引供电系统由高压输电线路、主降压变电所、直流牵引变电所、馈电线、接触网、电动车组、轨道、回流线等几部分组成。各部分的作用如下：

1. 高压输电线路

电力部门将220（或110）kV的高压交流电能送入区域变电所。

2. 区域变电所

有时，也用作主降压变电所。将220（或110）kV的高压交流电能转变成66（或35、10）

kV 的交流电能送入直流牵引变电所（或混合牵引变电所）。

3. 直流牵引变电所

将 66（或 35）kV 的交流电能转变成 1 500（或 750）V 的直流电能输出。

4. 馈电线

馈电线是连接牵引变电所和接触网的导线，它把牵引变电所变换完备的牵引用电能输送给接触网。

5. 接触网

接触网是一种悬挂在轨道上方并和轨面保持一定距离的链型或单导线的特殊形式输电线路。电动车组的受电弓和接触网滑动接触取得电能。

6. 电动车组

将电能转变成机械能输出，完成运输任务。

7. 钢　轨

钢轨既是电动车组的走行轨，又是行车信号电路的一部分，还起导通牵引回归电流的作用，是牵引供电回路的组成部分。因此，轨道交通的钢轨应具有通畅的导电性能。

8. 回流线

将轨道中的牵引负荷电流回送到牵引变电所。

二、牵引供电方式

牵引供电方式主要是针对交流供电制而言的。由于单相大电流在线路周围空间产生较强电磁场，使邻近通信、广播设备等产生杂音干扰和感应电压，为减小其对沿线通信设备的干扰，保障设备、人身安全及正常工作，在牵引供电系统中采取了许多防干扰措施，形成了不同的牵引供电方式。目前我国的牵引供电方式主要有下列 4 种：

1. 直接供电方式

直接供电方式是指牵引变电所与接触网间不设置任何防干扰设备。这种供电方式的馈电回路结构简单，造价低，但对通信线路干扰较大。因此，根据我国目前通信设备状况，此种供电方式仅适用于通信线路较少的区段，或将通信线路改迁至远离牵引供电的地区。其工作原理如图 3-2 所示。

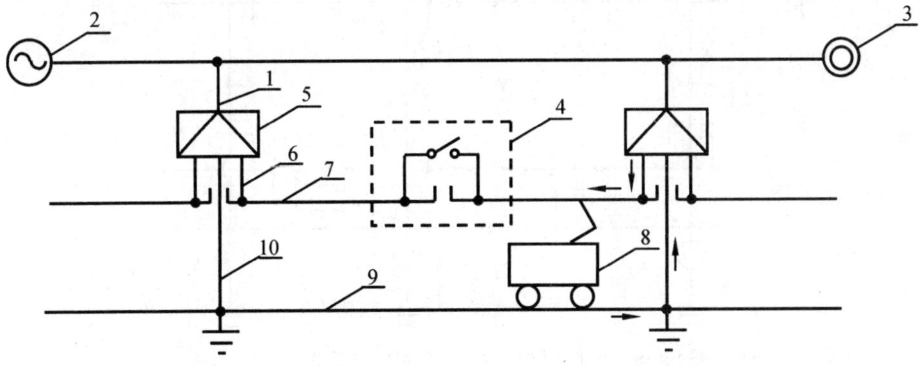

1—高压输电线；2—发电厂；3—区域变电所；4—分区所；5—牵引变电所；6—馈电线；7—接触线；8—电动车组；9—钢轨；10—回流线。

图 3-2　直接供电方式原理图

2. BT 供电方式

BT 供电方式是吸流变压器-回流线装置的简称。

BT 供电方式是指牵引网中安装了变比为 1∶1 的电力变压器（吸流变压器）和回流线后，向电动车组供电的一种方式，其工作原理如图 3-3 所示。

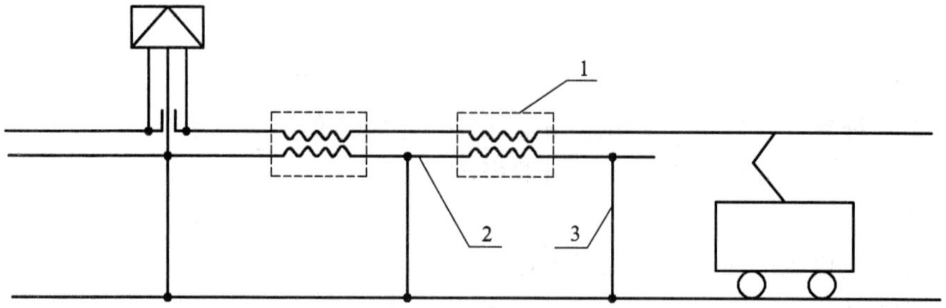

1—吸流变压器；2—回流线；3—吸上线。

图 3-3　BT 供电方式原理图

吸流变压器的原边串接在接触网中，次边串接在回流线中。回流线与接触网架设在同一支柱上，为了给牵引电流提供一个返回回流线的通路，一般在相邻两吸流变压器的中间用吸上线将回流线与钢轨连接起来。这样牵引电流的途径就由接触网经吸流变压器原边到电动车组，由于吸流变压器的互感作用，到达钢轨后的电流，就可通过吸上线到回流线返回牵引变电所。

可见，BT 供电方式使接触网与回流线中的电流方向相反，大小接近相等，两者在通信线路产生的磁感应影响可基本相互抵消，故可有效地减小对邻近通信线路的干扰影响。

3. AT 供电方式

AT 供电方式是自耦变压器供电方式的简称。

AT 供电方式是指在牵引网中安装了自耦变压器和正馈线后，向电动车组供电的一种方式。AT 供电方式工作原理如图 3-4 所示。

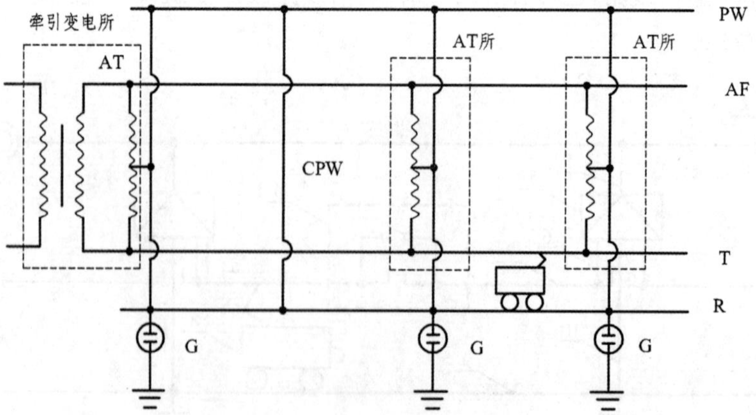

AT—单相自耦变压器；PW—保护线；AF—正馈线；T—接触网；R—钢轨；CPW—横向连接线；G—放电器。

图 3-4　AT 供电方式原理图

自耦变压器绕组的两端，分别与接触网和正馈线相连接，其中性点与钢轨连接，接触导线与正馈线架设在同一支柱上。

AT 供电方式对通信线路的防护原理与 BT 供电方式相似，即自耦变压器相当于吸流变压器的作用，AT 中点与钢轨的连接线——中性线相当于吸上线，正馈线相当于回流线，但正馈线是一高压线，回流线是一低压线，所以正馈线要通过绝缘子串悬挂在支柱的横担上。

AT 供电方式除了具有防干扰性能好外，还有供电质量高、供电电流为电动车组负荷的一半、牵引变电所数量少、减少输变电工程等特点，能适应高速、大功率电动车组的运行，是新兴起的具有很强生命力的一种供电方式。

AT 供电方式相比于直接供电方式、BT 供电方式，也存在着接触网结构复杂、维修不便、牵引变电所设备及接线复杂、继电保护复杂、施工困难等问题。

4. 直供加回流线供电方式

它与直供、BT 供电方式不同的是在接触网支柱田野侧架设一条回流线，不设吸流变压器，如图 3-5 所示。每隔一定距离，通过吸上线将回流线与轨道扼流变压器中性点相连。扼流变压器起到平衡两条钢轨间电压、降低对信号轨道电路影响的作用。

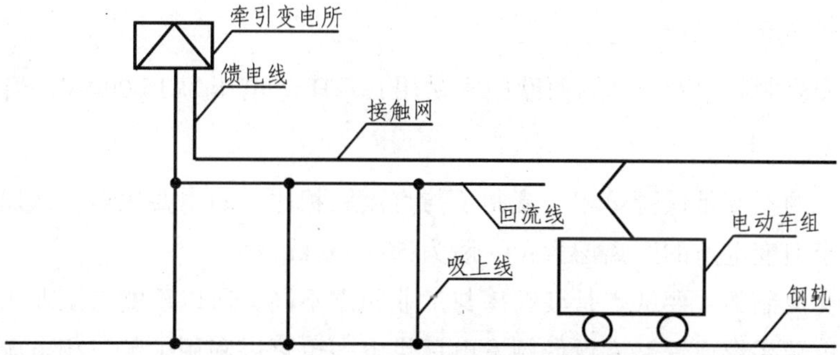

图 3-5　直供加回流供电方式原理图

直供加回流供电方式，其回流线不仅仅提供牵引电流通道，而且也起到了防干扰的作用，即回流线中的电流与接触网中的牵引电流大小相等、方向相反，空间电磁场相互抵消。不用吸流变压器不仅减小了牵引网阻抗，更减少了投资和维修工作量。

三、电流制

根据牵引网的电流种类，目前分为 4 种电流制：

1. 直流制

这是电气化铁道最早采用的电流制。国外许多国家在一开始建设电气化铁道时，大多采用这种电流制。但近年来，由于工频单相交流制的发展，直流制所占比例已减少到 50% 以下。

直流制是指在接触网上采用直流供电，使用直流串激牵引电动机来驱动列车。它具有牵引性能良好、机车设备简单以及对通信干扰小等优点。但直流制接触网上的电压受牵引电动机端电压的限制，一般由两台电动机串联运转来决定接触网上的电压，故其电压一般不超过 3 000 V。

由于直流接触网上的电压不高，要保证足够的功率输送给电力机车，牵引电流就很大，通常达到 2 000 A 左右。此时直流接触网导线截面就要选择很大，即使采用双接触导线和铜承力索都难以满足截面要求，在这种情况下，应增设加强线。

为了保证牵引网的电压水平，牵引变电所间的距离相应也要缩短，这样变电所的数目就要增加。当接触网电压为 3 000 V 时，变电所的距离被限制在 20 ~ 30 km 内。

直流牵引变电所从电力系统获得电能后，除了降压以外，还必须整流。因此，不但增加了牵引变电所的设备，而且结构也比较复杂。

从上述可知，直流制虽然有其优点，但消耗金属多，供电设备复杂，投资大，同时直流电有腐蚀金属的缺点，所以在我国铁道干线上都未采用。但在矿山、城市交通及地下铁道上，考虑到安全及负荷较小，都应采用直流制。矿山运输的电压为 15 000 V，城市电车的电压为 750 V、1 500 V，地下铁道的电压为 720 ~ 820 V。

2. 低频单相交流制

低频单相交流制出现在 20 世纪初。目前，在世界上约占全部电气化铁道长度的 25%，特别是西欧一些国家采用较多。

低频单相交流制频率及电压，西欧国家采用 $16\frac{2}{3}$ Hz，电压为 15 000 V，美国采用 25 Hz，电压为 11 000 V。

牵引网电压的提高是低频单相交流制（与直流制相比）的主要优点，从而使接触网导线的截面减小、牵引变电所的距离增大（一般为 50 ~ 70 km）。

低频单相交流制的主要缺点是其频率与工业频率不同，所以不能与工业供电系统统一。它一般由低频电源系统或铁路专设低频发电厂供电，也可以利用工频三相电源供电给集中的变频变电所。通过这些变电所，将三相改为单相，工频变为低频，并用单相高压线输电给各个牵引变电所。或者设置分散的变频变电所，将三相变单相，同时降低频率。总之，无论采用何种供电方式，变频装置是必需的，因其设备复杂、效率低，经济效果并不比直流好。我国是统一的工频三相电力系统，因而这种单相低频交流制是不适用的。

3. 工频单相交流制

1932 年在匈牙利首先利用这种电流制建成了第一条电气化铁道，随后由于该电流制技术和经济上的优越性，在法国、日本、苏联和印度等国家得到了广泛的采用。

近十几年来在世界电气化铁道中，该电流制的比重有了较大的增长，由原来的 4%上升到 25%。

工频单相交流制的电压有 16 kV（匈）、25 kV（法、中、俄）等几种，频率多为 50 Hz，日本、美国为 60 Hz。

工频单相交流制的优点主要表现在以下几个方面：

（1）牵引供电系统比其他电流制结构简单。牵引变电所从电力系统获得电能后，经过电压变换，就直接接到牵引网上，因而牵引变电所设备简单。由于牵引网电压的提高，在输送相同功率的情况下，牵引网中的电流相应地减小，所以牵引变电所之间的距离可以增大，从而使牵引变电所数目减少。同时牵引网结构也较直流制简单。

（2）交流电力机车黏着性能和牵引性能良好。通过机车上变压器的调压，牵引电动机可以在全并联状态下工作，牵引电动机并联运转可以防止轮对空转的恶性发展，从而提高运用黏着系数。牵引网的电压提高后，就可以采用大功率高速电力机车，牵引能力与爬坡速度可以大大提高。

（3）交流的地中电流，对地下金属的腐蚀作用不大，可不专设防护装置。

然而单相工频交流制也存在下列主要问题，为此需作相应的改善措施：

（1）单相牵引负荷在电力系统中引起负序电流。当电力系统容量较大时，影响并不显著，但当电力系统容量较小时，就要采取措施。常用的措施是牵引变电所实现“换向连接”，以及采用平衡变压器作牵引变压器。

（2）电力牵引负荷为一感性负荷，这使得功率因数降低，同时牵引负荷也是一个非正弦性的负荷，因而能在电力系统中产生高次谐波。功率因数低、高次谐波都不符合电力系统的要求，为此，必须外加补偿装置（并联电容中串接电抗器），以提高功率因数和滤掉三次或三、五次谐波。

（3）牵引网和牵引网中的电流对沿线通信线路的电磁干扰大，为减小它们对通信线路的干扰，通常采取在牵引网中安装吸-回装置（BT 供电方式），或采用自耦变压器供电（AT 供电方式）和加装回流线（直供加回流供电方式）等措施。

4. 三相交流制

三相交流制是在直流制之后产生的，它是应用两条接触导线和一根钢轨形成三相系统电路。电力机车采用三相异步电动机，这种电流制虽然具有牵引变电所和机车设备简单、电动机结构简单、维修方便的优点，但由于异步电动机调速困难、接触网结构复杂而且不安全，所以，目前这种电流制只在个别国家中采用。

由于三相异步电动机有着上述优点，目前许多国家都在研究变频电力机车。变频机车是一种交-直-交系统的机车，具有功率大、速度高、功率因数近似等于 1，并能将无功电流、对通信干扰减小到最小值等优点。

可以预见，采用自耦变压器供电方式的工频单相交流制，实现集中遥控调度，加上变频电力机车，就构成了一个较理想的牵引供电方式。随着城市轨道交通向城市之间发展，其运行距离越来越长，工频单相交流制将会有越来越大的应用空间。

第二节　变电所的电气主接线及运行方式

一、主变电所

主变电所设两台主变压器，66 kV 侧为双回路电缆进线，内桥式主接线；35 kV 侧采用单母线分段接线方式；每台变压器 35 kV 侧安装一组接地变压器及接地电阻装置；每台变压器 35 kV 侧预留一组滤波装置。主变电所主接线图如图 3-6 所示。

供电系统容量按远期高峰小时负荷设计；正常情况下，两台主变压器分列运行（桥联断路器、35 kV 侧母线联络开关断开），其容量能满足主变电所内任一台主变压器退出运行时，另一台主变压器能担负本所供电区域内的牵引负荷和一、二级动力及照明负荷用电的要求，还应考虑任一主变电所内一台主变压器退出运行时，通过负荷的再分配与相邻主变电所共同承担全部负荷的供电。

当 66 kV 进线故障时，该进线断路器跳闸，由自动装置或手动改变运行方式，将桥联断路器合闸，由一条 66 kV 进线给两台变压器同时供电。

当一台主变压器检修或故障退出时，35 kV 侧母线联络开关自动投入，由另一台主变压器承担本所供电区域的一、二级负荷的供电。

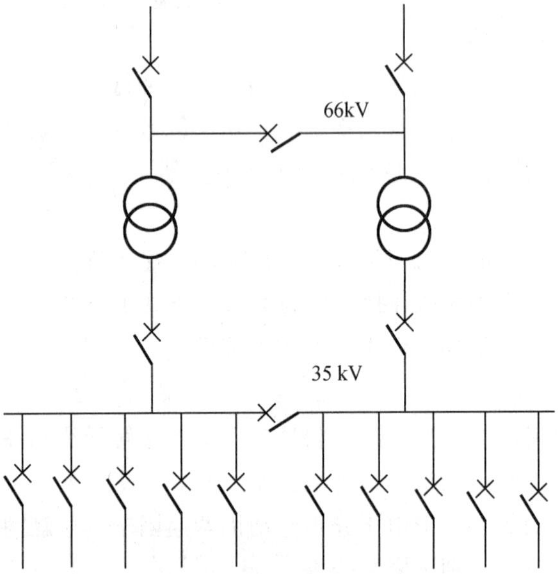

图 3-6　主变电所主接线图

当任一座主变电所事故解列时（不考虑同时 35 kV 侧母线、环网故障），相邻主变电所将越区供电（通过中压环网），能够满足牵引负荷和必要的一、二级动力及照明负荷用电的需要。

二、牵引变压混合变电所

1. 交流 35 kV 侧接线及运行

典型牵引降压混合变电所 35 kV 母线采用单母线分段接线形式，两段母线之间通过母线联络断路器互连。每段母线各设一路进线、一路出线。沈阳地铁车辆段牵引降压混合变电所、张士及黎明文化宫牵引混合变电所每段母线仅设一路进线，如图 3-7 所示。

35 kV 一段母线向两台整流变压器及一台动力变压器供电，另一段母线向另一台动力变压器供电。车辆段牵引降压混合变电所每段 35 kV 母线上分别再引出 35 kV 出线至跟随式降压变电所。

每段 35 kV 母线或进线上设一组电压互感器和避雷器，用于电压测量及过电压保护。

正常运行时，两路电源进线分别向两段 35 kV 母线供电，母线联络断路器断开。当任一路 35 kV 进线电源故障时，母线联络断路器自动投入，由另一路电源负责本所正常供电。

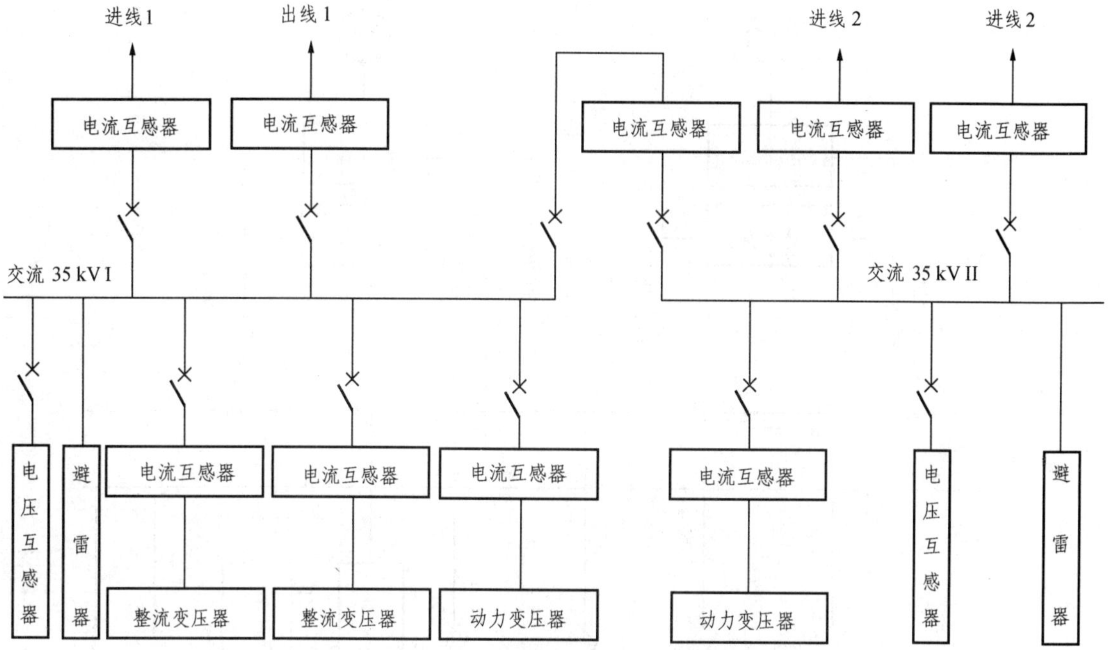

图 3-7　牵引降压混合变电所交流 35 kV 侧接线图

2. 直流 1 500 V 侧接线及运行

接线如图 3-8 所示。

整流机组与正母线之间采用电动隔离开关连接，与负母线之间采用手动隔离开关连接。

直流母线采用单母线形式。沈阳地铁正线牵引降压混合变电所中，每所设 4 条直流馈出线，末端黎明文化宫变电所的其中两条馈线按预留考虑；车辆段牵引降压混合变电所按车辆段内供电分段的划分设 7 条直流馈出线。

直流 1 500 V 正、负母线对地及整流器出口端正负母线间各设一组避雷器，用于过电压保护。

每个牵引降压混合变电所设一台移动手车式直流快速开关作为备用。

正常运行时，两套整流机组并联运行，组成等效 24 相脉波整流。接触网越区隔离开关打开，与相邻两牵引变电所构成双边供电方式，共同向供电范围内的电动车辆供电。

当一套整流机组退出运行时，另一套机组在运行条件许可（须符合以下条件：机组过负荷满足要求、谐波含量满足要求、不影响故障机组的抢修）时继续供电，否则使整个变电所退出运行，由相邻变电所通过越区开关或变电所直流母线越区对供电范围内的接触网供电。

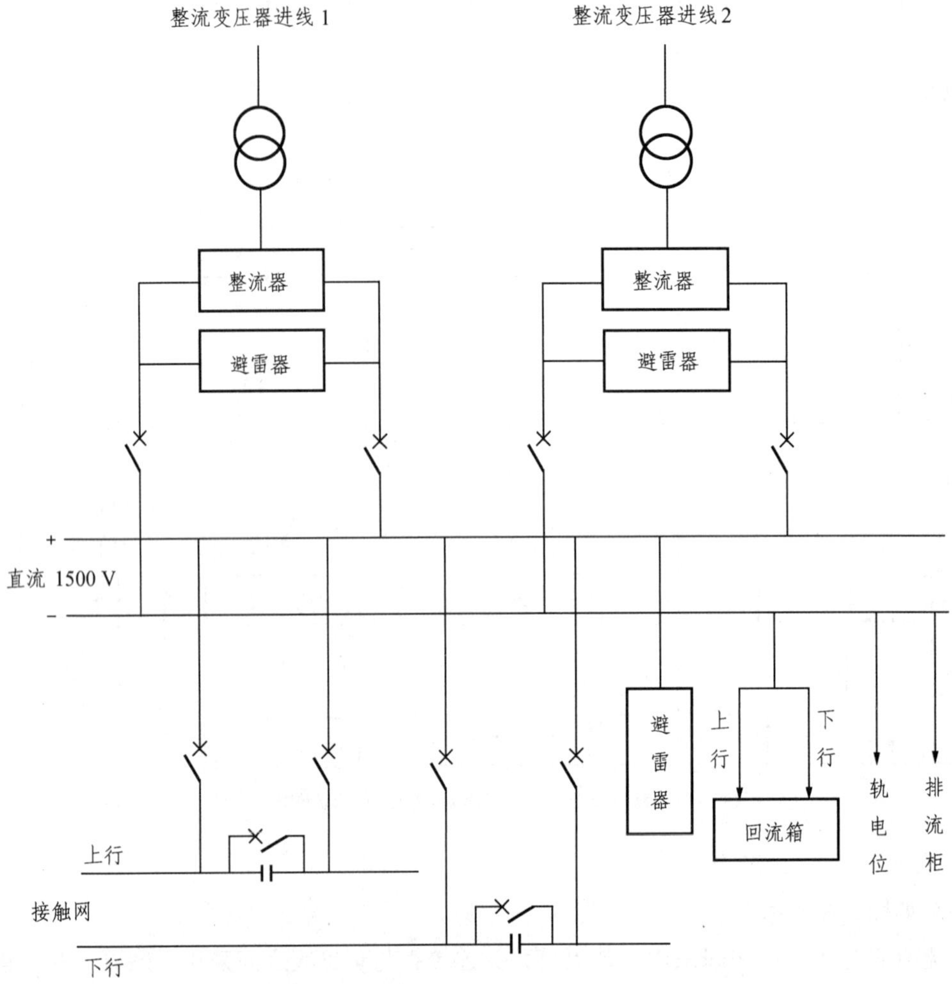

图 3-8　牵引降压混合变电所直流 1 500 V 侧接线图

3. 降压部分

动力配电变压器正常供电时分列运行，共同负担供电区域内的动力照明负荷。当一台动力配电变压器故障解列时，切除三级负荷，由另一台变压器负担供电范围内全部动力照明一、二级负荷。

三、降压变电所

1. 35 kV 侧接线及运行

降压变电所按无人值班设计。降压变电所的设置，布置在负荷中心或车站的重负荷端，主接线简单可靠。降压变电所主接线按两路 35 kV 电源供电，正常时，母线联络断路器处于断开状态，动力变压器分别接于两段母线上，分列运行，同时供电。在故障情况下，当一台变压器退出运行时，切除三级负荷，另一台变压器能承担供电范围内的一、二级负荷。

高压侧每段母线上各接一组电压互感器及避雷器，用于母线电压测量和母线联络断路器检压自投和过电压保护，如图 3-9 所示。

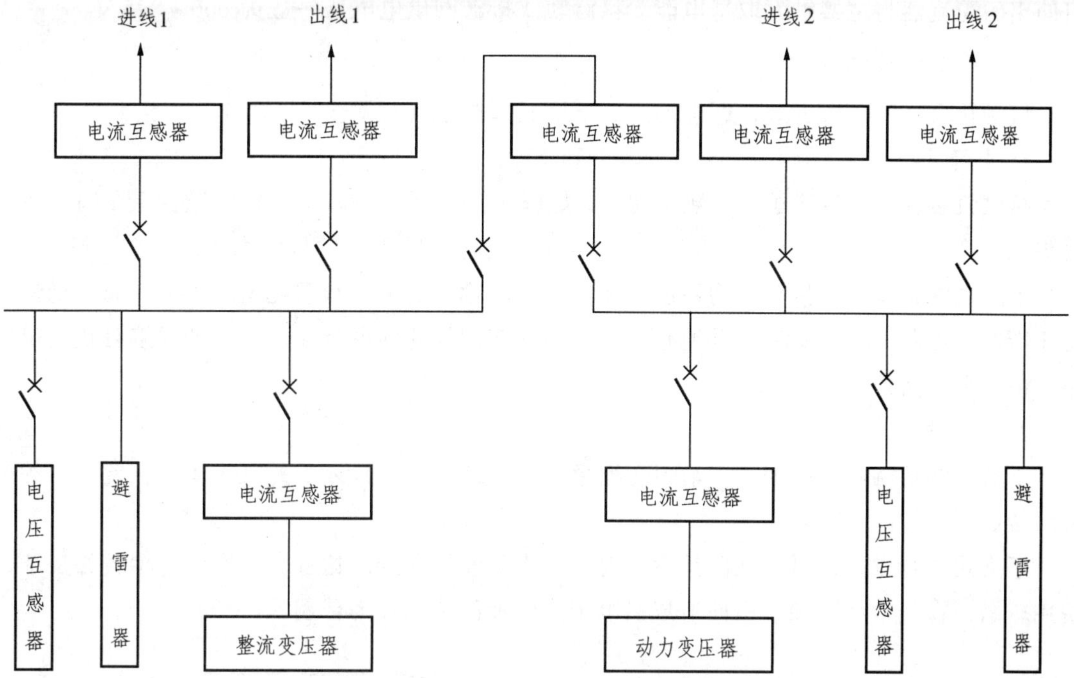

图 3-9　降压变电所直流 35 kV 侧接线图

正常运行时，两路 35 kV 电源进线分别向两段母线供电，母线联络断路器断开，每段母线单独运行。当一路进线电源检修时，进线断路器分闸，母线联络断路器合闸，由另一段母线为降压变电所供电。当一路进线电源故障时，进线断路器跳闸，母线联络断路器自动合闸投入，由另一段母线供电。

2. 交流 0.4 kV 侧接线及运行

降压变电所 0.4 kV 侧采用单母线分段中间加母线联络断路器的接线方式，并设置照明和三级负荷分母线。动力变压器接线组别采用 D, Yn11 形式。

正常时，两台动力变压器分列运行，同时供电。当一台变压器检修或故障时，自动切除三级负荷，低压母线联络开关闭合，由另一台变压器向全所供电范围内的一、二级负荷供电。

第三节　牵引网及供电方式

最简单的牵引网是由馈电线、接触网、轨道和大地、回流线构成的供电网的总称。接触网是牵引网的主体，接触网有架空式和接触轨式两种。架空式接触网可应用于铁路、城市轻轨、厂矿专用电车线路。接触轨式接触网只可用于地铁和城市内部轻轨。

一、接触轨式接触网

接触轨是附设在钢轨旁的具有高导电率的特殊软钢（或钢铝复合）制成的钢轨，电动车组伸出的受流器与之接触而取得电能。接触轨式接触网供电电压一般为 600 ~ 825 V。

（一）接触轨的布置方式

接触轨有 3 种布置方式，即上磨式、下磨式和侧面接触式。

1. 上磨式

接触轨装在专用绝缘子上，轨头朝上，如图 3-10 所示。取流时，接触靴自上压向接触轨轨头。

上磨式的特点是，接触压力不由受流器（集电靴）的重量和磨耗情况决定，而只受弹簧支座特性的控制，受流平稳，并能减少在间隙和道岔等处的电流冲击。上磨式接触轨固定方便，但不易加防护罩。

2. 下磨式

下磨式的接触轨轨头朝下，紧固在绝缘子上，如图 3-11 所示，并且由固定在枕木上的弓形肩架予以支持。

下磨式的特点是，可以加防护罩，对工作人员较为安全。这种方式安装结构较为复杂，费用较高，在经常冰冻和下雪而造成供电困难的地区使用较为普遍。

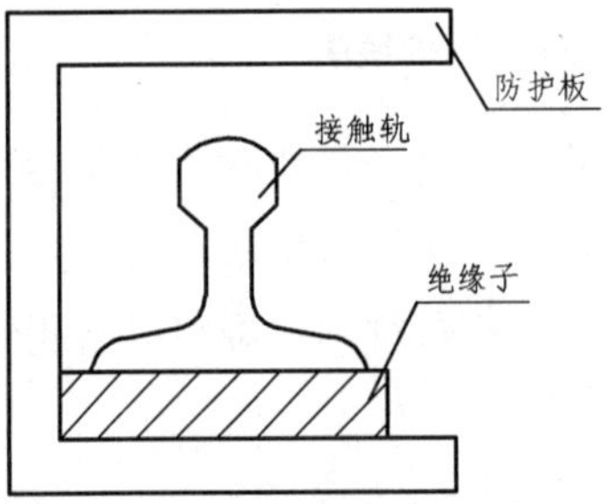

图 3-10　上磨式接触轨布置示意图

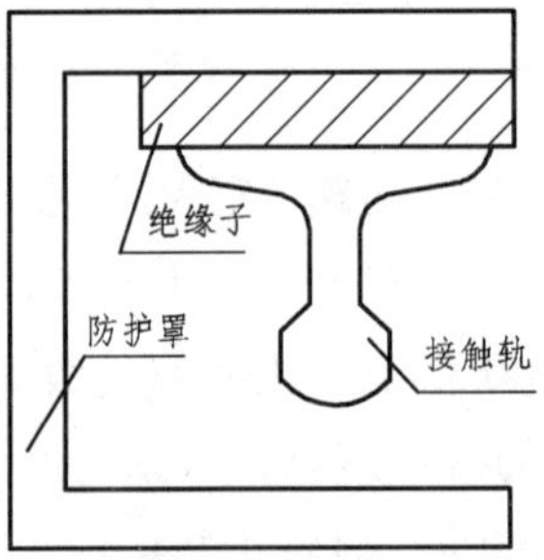

图 3-11　下磨式接触轨布置示意图

3. 侧面接触式

侧面接触式就是接触轨轨头端面朝向走行轨，集电靴从侧面受流。侧面接触式在工作上与上磨式相似。跨座式独轨车辆就采用侧面接触形式，其受流器装在转向架下部，接触轨装在轨道梁上。

（二）接触轨的连接形式

在结构上，由于考虑到接触轨的热胀冷缩和电气上的分段，各轨节的连接有 3 种形式：正常接头、温度接头和绝缘接头。

1. 正常接头

在正常接头处，两轨端紧密接合，并用鱼尾板连接。

2. 温度接头

在温度接头处，轨端留一空隙，其大小视温差不同而定。轨头上的鱼尾板用螺栓固定在一边的钢轨上，而另一端的钢轨自由地放在鱼尾板中间，当接触轨随温度发生长度变化时，它可以在鱼尾板内自由移动。为了保证电气方面的良好接触，在温度接头处用软裸铜线做的连接器加以连接。在地下铁道的接触轨中，每隔 100 m 设一个温度接头。

3. 绝缘接头

在绝缘接头处，是用掬木鱼尾板紧扣轨端，而轨端的空隙留 50 mm。

二、架空式接触网的组成

架空式接触网根据其结构不同有两种：柔性接触网和刚性接触网。

（一）柔性接触网

接触网是由接触悬挂、支持装置、定位装置、支柱与基础 4 部分组成的，如图 3-12 所示。

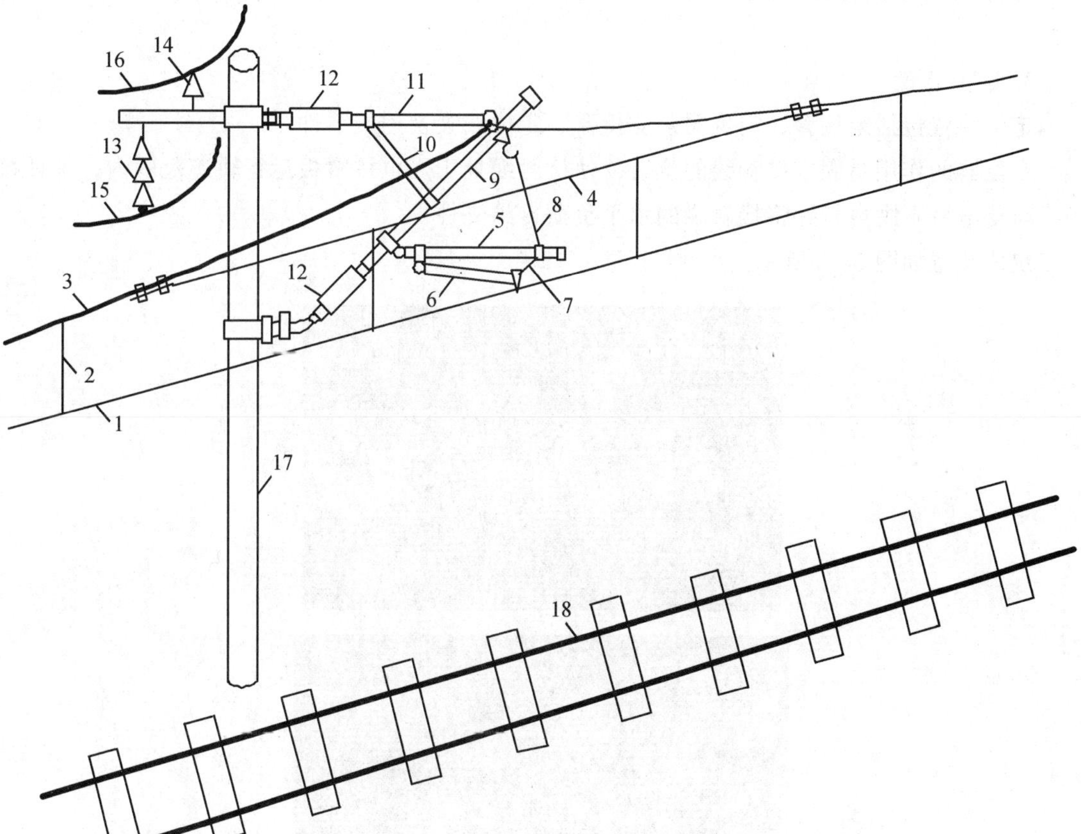

1—接触线；2—载流吊弦；3—承力索；4—弹性吊弦；5—定位管；6—定位器；7—防风拉线；8—定位管拉线；9—腕臂（斜腕臂）；10—斜撑；11—压管（平腕臂）；12—棒式绝缘子；13—悬式绝缘子串；14—针式绝缘子；15—加强线（或正馈线）；16—回流线（或保护线）；17—支柱；18—钢轨。

图 3-12 架空式柔性接触网组成

1. 接触悬挂

接触悬挂包括接触线、吊弦、承力索和补偿装置以及连接零件。接触悬挂通过支持装置架设在支柱上，其作用是将从牵引变电所获得的电能送给电力机车。

接触悬挂应达到下列要求：

（1）接触悬挂的弹性应尽量均匀。

（2）接触线对轨面的高度应尽量相等，接触线高度变化应避免出现陡坡。

（3）接触悬挂在受电弓压力及风力作用下应有良好的稳定性。

（4）接触悬挂的结构及零部件应力求轻巧简单，做到标准化，具有一定的抗腐蚀能力和耐磨性。

2. 支持装置

支持装置包括腕臂（又称斜腕臂）、水平压管（又称平腕臂）、棒式绝缘子及其他建筑物的特殊支持设备。支持装置用以支持接触悬挂，并将其负荷传给支柱或其他建筑物。

支持装置的结构应能适应各种场所，尽量轻巧耐用，有足够的机械强度，方便施工和检修。

3. 定位装置

定位装置包括定位管、定位器、支持器、定位线夹及连接零件。

定位器的作用是固定接触线的位置，使接触线处于受电弓滑板运行轨迹范围内，保证接触线与受电弓不脱离，并将接触线的水平负荷传给支柱。

定位装置如图 3-13 所示。

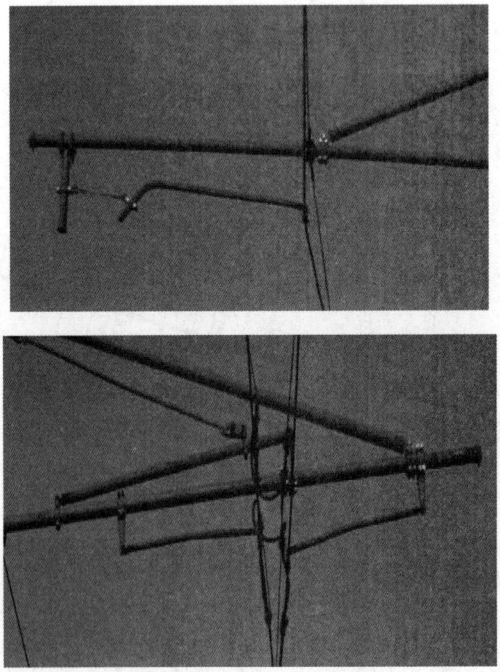

图 3-13　定位装置实物图

4. 支柱与基础

支柱与基础用以承受接触悬挂、支持和定位装置的全部负荷，并将接触悬挂固定在规定的位置和高度上。基础是对钢支柱而言的。

支柱主要有中间柱、下锚柱、道岔柱、转换柱、硬横梁柱等类型，如图 3-14 所示。

（a）正硬定位中间柱

（b）反硬定位中间柱

（c）正软定位中间柱

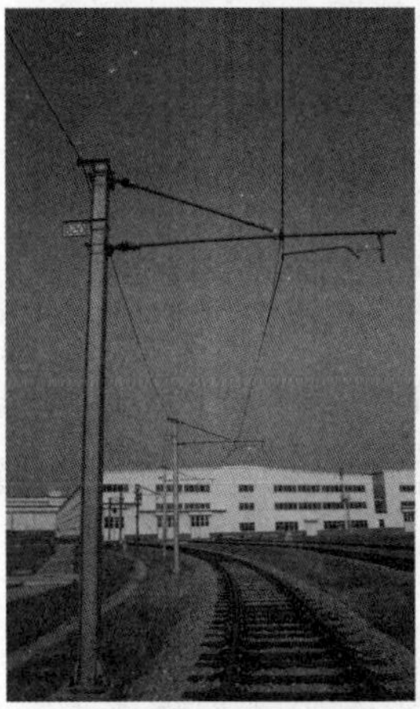

（d）反软定位中间柱

（e）下锚柱

（f）道岔柱

（g）转换柱

（h）硬横梁柱

图 3-14　支柱实物图

（二）刚性接触网

刚性悬挂又称刚性接触网，是一种区别于传统柔性接触网的供电方式。由于地铁隧道供电导线上方空间有限，链形悬挂一般采用冷拉电解铜接触线。1962 年日本东京营团地铁日比谷线开通时，考虑可能发生断线事故而要有保护措施、洞内维修作业较复杂等问题，以及隧道断面比三轨供电要大幅扩大的情况，开发了地铁用的新的刚性悬挂方式。现在通过 10 多个国家、30 多条地铁的运营，经过不断改进设计，刚性接触网系统已日臻完善，非常可靠。如营团地铁南北线使用的刚性悬挂（如图 3-15 所示）：采用铝合金 T 形汇流排和铝夹耳来夹持铜导线，设计简单，施工容易；T 形汇流排载流截面大，减少电阻 40% 以上，无须辅助馈电线，使得其结构简单紧凑，节省隧道净空，节省投资；导电铜线不受张力，应用可靠，耐磨性好；接触网系统零部件少，大大降低了维护成本。

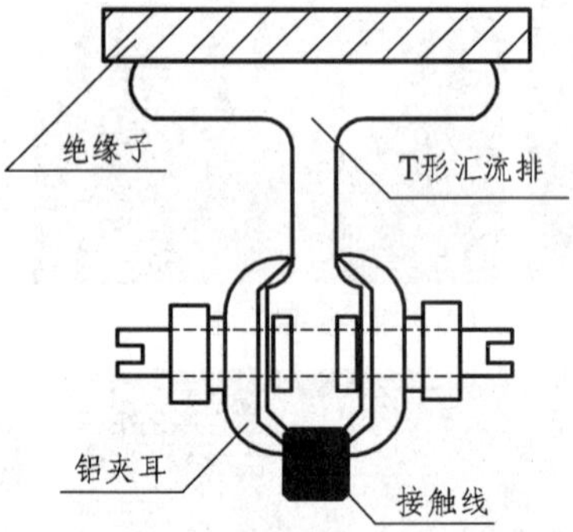

图 3-15　刚性接触网示意图

三、接触悬挂的类型

接触悬挂的种类较多，一般根据其结构的不同分成简单接触悬挂和链形接触悬挂两大类。

接触网线索的端头与支柱的连接称为下锚。下锚分为两种：一种是将线索端头同支柱直接固定连接，称为硬锚或死锚；另一种是加装补偿装置，以调整线索的张力和弛度。

（一）简单接触悬挂

简单接触悬挂（以下简称简单悬挂）系由一根接触线直接固定在支柱支持装置上的悬挂形式。它在发展中经历了未补偿简单悬挂（如图 3-16 所示）、季节调整式简单悬挂和目前采用的带补偿装置及弹性吊索式简单悬挂（如图 3-17 所示）。

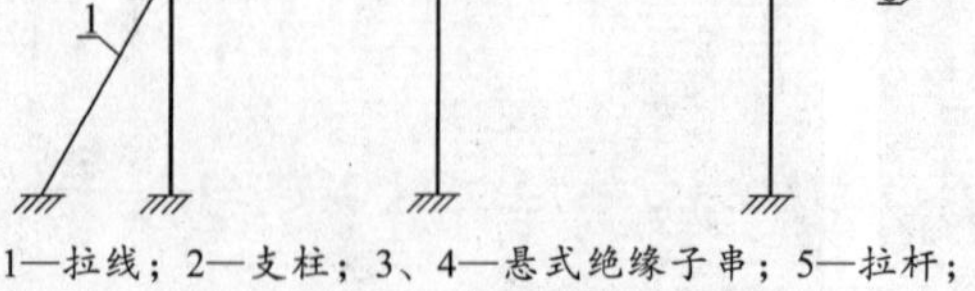

1—拉线；2—支柱；3、4—悬式绝缘子串；5—拉杆；
6—棒式绝缘子；7—腕臂；8—接触线。

图 3-16　未补偿简单悬挂示意图

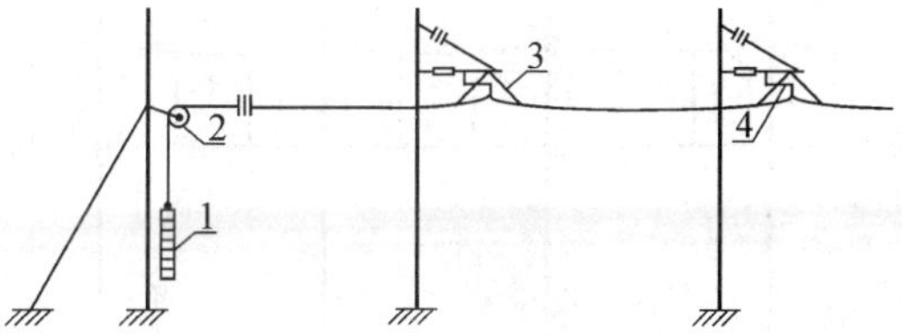

1—补偿坠砣；2—补偿滑轮；3—弹性吊弦；4—定位器。

图 3-17　带补偿装置及弹性吊索式简单悬挂示意图

未补偿简单悬挂结构简单，支柱高度要求低，建设投资低，施工和维修方便。导线的张力和弛度随温度的变化较大，弹性不均匀，不利于电力机车高速运行时取流。

根据我国的经验，这种弹性简单悬挂在行车速度 90 km/h 时，弓线接触良好，取流正常，所以在多隧道山区且行车速度不高的线路上可广泛采用。我国在部分线路上已采用了这种悬挂。

（二）链形悬挂

1. 链形悬挂根据线索的锚定方式（即线索两端下锚的方式）分类

（1）未补偿简单链形悬挂。

这种悬挂方式的承力索和接触线两端无补偿装置，均为硬锚，如图 3-18 所示。因为在温度变化时，承力索和接触线的张力、弛度变化较大，一般不采用。

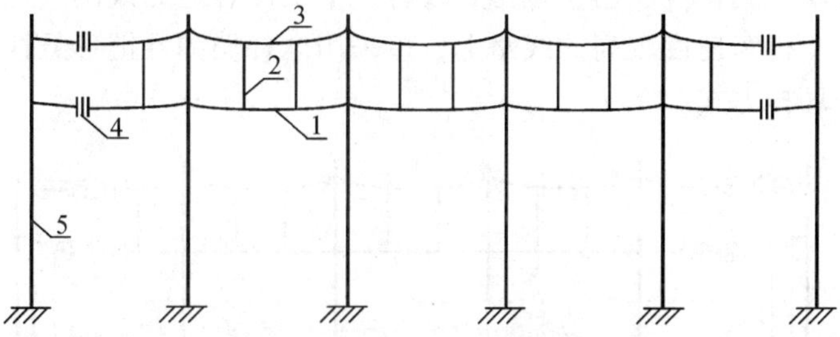

1—接触线；2—吊弦；3—承力索；4—悬式绝缘子串；5—支柱。

图 3-18　未补偿简单链形悬挂示意图

（2）半补偿链形悬挂。

在半补偿链形悬挂中，接触线的两端装设补偿装置，承力索两端为硬锚。半补偿链形悬挂分为半补偿简单链形悬挂（如图 3-19 所示）和半补偿弹性链形悬挂（如图 3-20 所示）两种形式，区别在于支柱定位点处吊弦形式的不同。

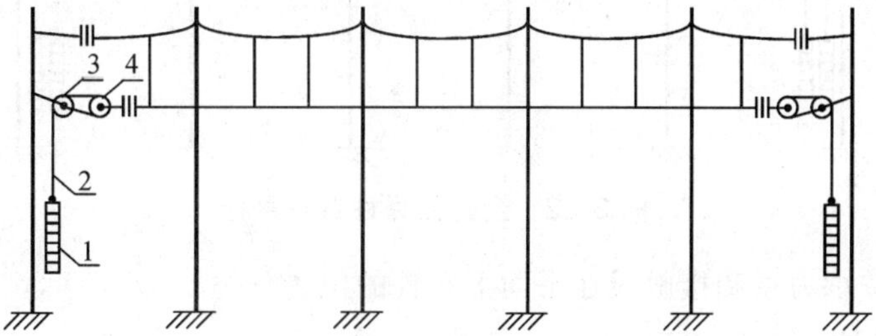

1—补偿坠砣；2—补偿绳；3—补偿定滑轮；4—补偿动滑轮。

图 3-19　半补偿简单链形悬挂示意图

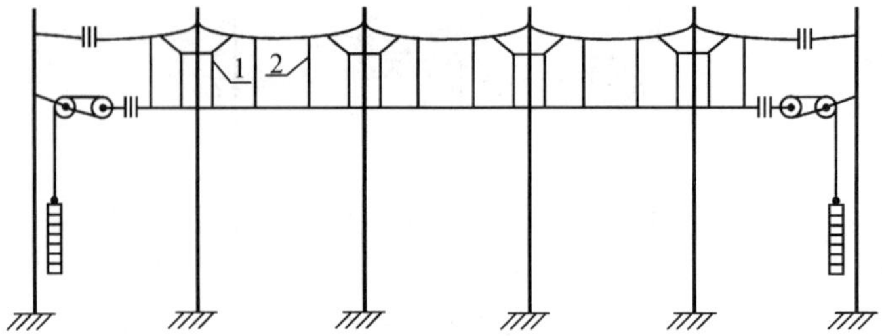

1—弹性吊弦；2—普通吊弦。

图 3-20　半补偿弹性链形悬挂

这种悬挂方式多用于行车速度不超过 100 km/h 的线路上。

（3）全补偿链形悬挂。

全补偿链形悬挂，即在承力索和接触线两端下锚处均装设补偿装置。全补偿链形悬挂在温度变化时，由于补偿装置的作用，承力索和接触线的张力基本上不发生变化，弹性比较均匀，有利于高速行车取流。因此，得到了广泛应用。

全补偿链形悬挂也分为全补偿简单链形悬挂(如图 3-21 所示)和全补偿弹性链形悬挂(如图 3-22 所示)两种形式。区别这两种悬挂形式的方法同半补偿链形悬挂一样。全补偿简单链形悬挂因支柱定位点处无弹性吊弦，仍会出现硬点，产生弹性不均匀的现象，随着支持装置、定位装置材质的更新，此种现象已明显得到改善，秦—沈客运专线电气化铁路绝大部分区段采用此种悬挂方式。行车速度较高的线路上，多采用全补偿弹性链形悬挂，哈—大电气化铁路全线采用了此种悬挂方式。

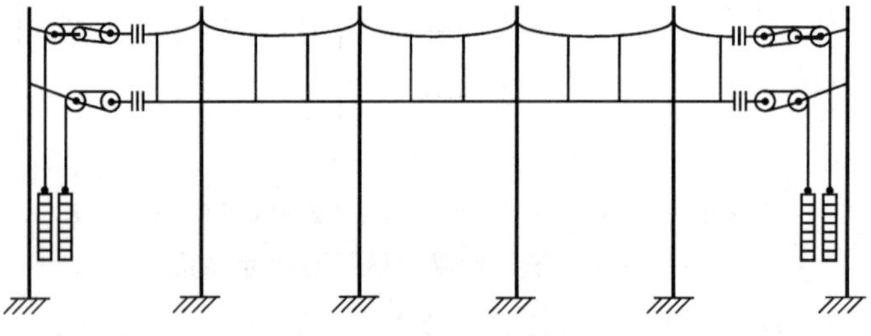

图 3-21　全补偿简单链形悬挂

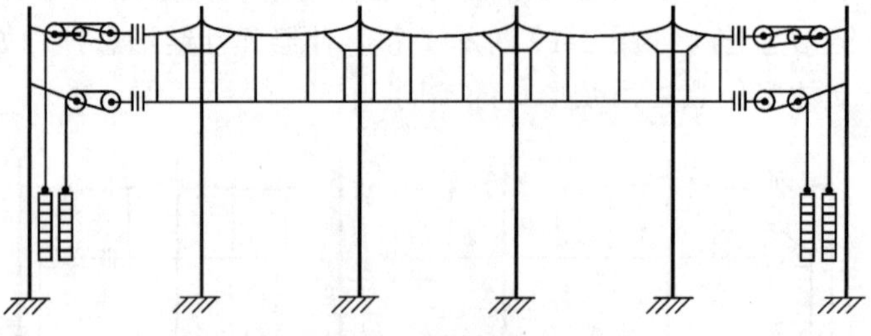

图 3-22　全补偿弹性链形悬挂

2. 链形悬挂按承力索和接触线在平面上布置的位置分类

（1）直链形悬挂。

直链形悬挂即是承力索和接触线布置在同一垂直平面内的悬挂形式。在直线区段为使受电弓滑板磨耗均匀，接触线布置成“之”字形。承力索在接触线的正上方，也呈“之”字形，它们在水平面上的投影是一条直线，如图 3-23 所示。

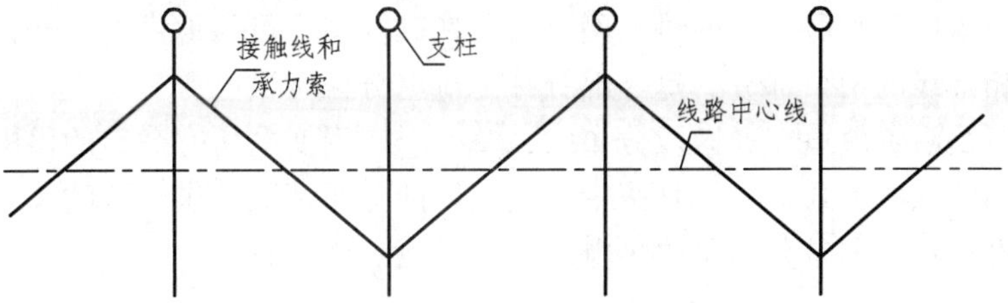

1—接触线和承力索；2—线路中心线；3—支柱。

图 3-23　直链形悬挂

直链形悬挂的风稳定性较差，在大风作用下接触线易产生横向摆动，造成接触线与受电弓脱离而发生事故（简称脱弓事故）。哈—大、秦—沈客运专线电气化铁路全线采用了此种悬挂方式，在支柱定位点处增加了防风拉线，风稳定性得到了很大改善。

（2）半斜链形悬挂。

在半斜链形悬挂中，直线区段接触线布置成“之”字形，承力索的布置是沿线路中心线上方呈直线形，如图 3-24 所示。

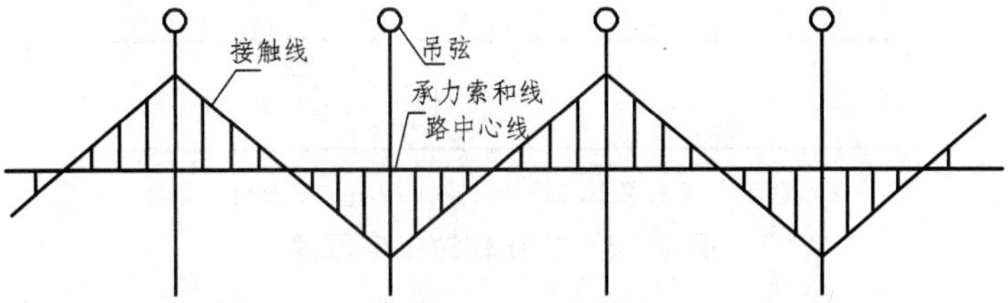

1—接触线；2—承力索及线路中心线；3—吊弦。

图 3-24　半斜链形悬挂

半斜链形悬挂和直链形悬挂比较，半斜链形悬挂风稳定性好，施工方便，所以应用广泛，我国在直线区段大多采用这种悬挂方式。

（3）斜链形悬挂。

斜链形悬挂在直线区段接触线和承力索均布置成“之”字形，但其方向相反，如图 3-25 所示。

在曲线区段，承力索对线路中心线向外侧有一个较大的偏移，吊弦的倾斜角较大。这种悬挂的优点是风稳定性较好，可采用较大的跨距，但其结构复杂，设计计算烦琐，施工和检修困难，造价较高，我国尚未采用。

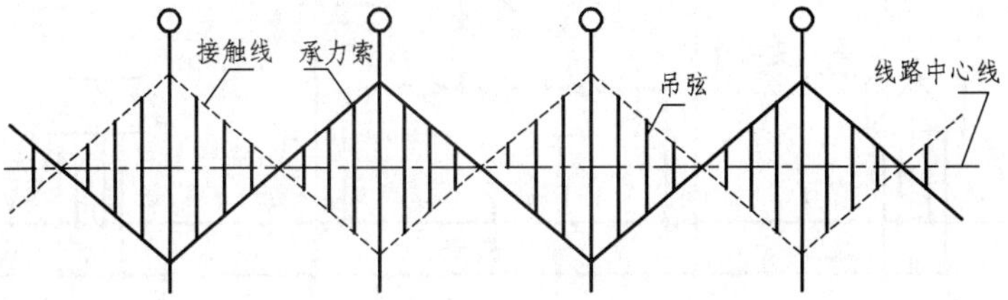

1—接触线；2—承力索；3—吊弦；4—线路中心线。

图 3-25　斜链形悬挂

四、牵引网的供电方式

在相邻两个牵引变电所之间的接触网，为了使其安全、可靠地供电，通常在其中央处断开，即分成互相绝缘的两个部分，每一部分称为供电分区（供电臂）。

牵引变电所是沿着轨道交通区段分布的，每一个牵引变电所有一定的供电范围。而牵引变电所向牵引网的供电方式，主要是按牵引变电所的分布情况、供电臂的长短、线路状况以及供电的可靠性而定。通常分为单边供电和双边供电。

（一）单边供电

采用这种供电方式时，每一个供电分区的接触网，只从一端的牵引变电所获得电能，此时的供电分区通常称供电臂。

1. 单线路单边供电

单线路单边供电的原理如图 3-26 所示。图中，在供电分区的末端，设置带有断路器的分区亭（所），以便对接触网起到分段与保护作用，同时可实行越区供电。目前，在单线单边供电下已不设分区亭，而用两个分相绝缘器和一台隔离开关来代替分区亭。

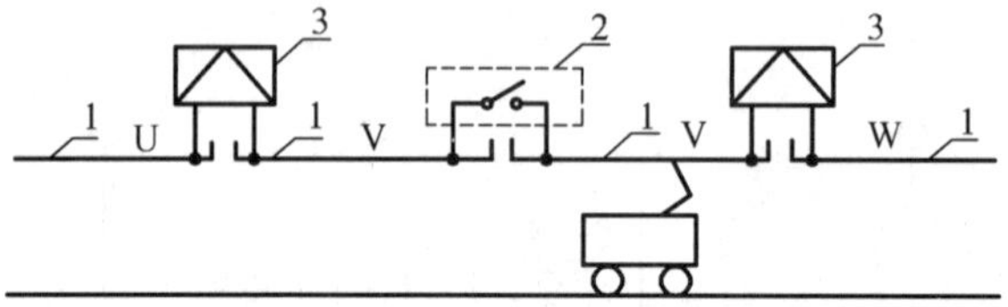

1—供电分区（供电臂）；2—分区亭（所）；3—牵引变电所。

图 3-26　单线单边供电原理

2. 复线的单边供电

复线牵引网的供电方式目前都采用同相的单边供电，它有单边分开供电和单边并联供电两种方式。单边并联供电即在同一供电分区内，上行和下行的接触网在分区的末端连接起来，由同一相供电，其接线原理如图 3-27 所示。

图中Ⅰ和Ⅱ分别表示为上行线和下行线，I_{I} 和 I_{II} 分别表示为上行接触网和下行接触网中流过的负荷电流，U、V，V、W 为牵引网供电电源相位。从图中可以看到，在供电分区的末端利用分区亭的开关装置，可以将上、下行接触网联通，使复线区段的接触网在供电分区内并联联结，故此种供电方式称并联供电，也称上、下行串联供电，可以显著提高牵引网的电压水平，降低供电系统的电能损失。

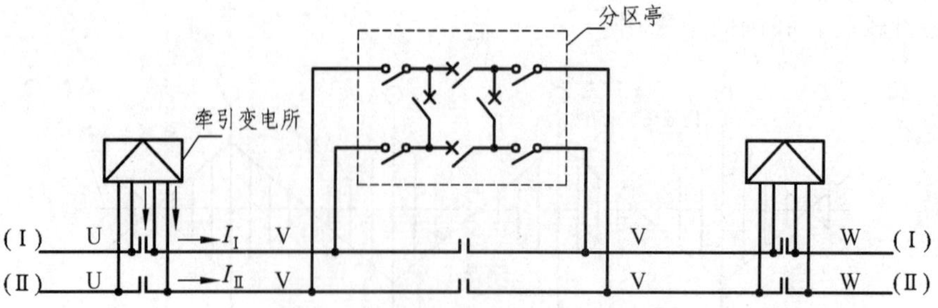

图 3-27　复线单边供电原理

3. 越区供电

当某个牵引变电所发生故障或停电检修时，让该牵引变电所退出运行，通过分区亭的开关闭合，由其两侧相邻的牵引变电所临时施行超越原供电分区进行供电，即越区供电。越区供电是一种不正常的供电。单线路单边供电的“越区供电”如图 3-28 所示。

复线单边供电的越区供电，仍然通过分区亭来实现，如图 3-27 所示。通常在分区亭内装设 4 台断路器：两台负责并联供电，两台实行越区供电。

单边供电是我国目前普遍采用的一种供电方式，其优点是牵引网发生故障时，只影响本供电臂，所以事故范围小，并且馈线保护及操作简单。但缺点是牵引网中电能损失与电压损失大，使供电电压的水平降低。

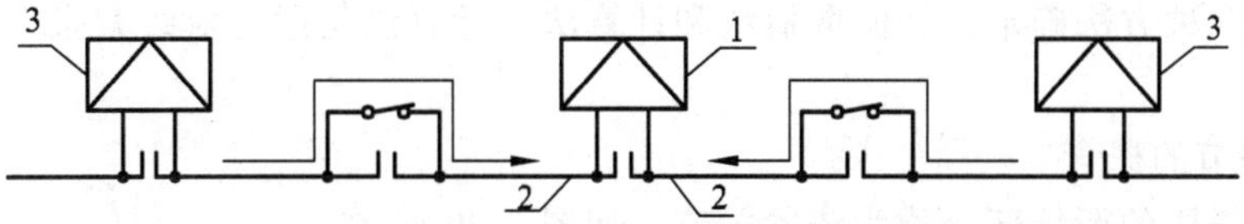

1—发生故障的牵引变电所；2—越区供电分区；3—非故障的牵引变电所。

图 3-28　越区供电原理

（二）双边供电

双边供电就是相邻两个牵引变电所同时以同相位的电源，从两端向它们之间的牵引网供电。为了达到供电可靠和缩小事故范围的要求，通常在区段中央处断开，设置分区亭与单边供电相仿，通过分区亭内的开关设备，再将整个供电区段连接起来。其接线原理与图 3-28 相似。

双边供电的主要缺点是馈线和分区亭的保护以及开关装置都较复杂。优点是可以降低牵引网中的电能损失与电压损失，使牵引网的电压水平有较大的提高；另外对邻近通信线路的电磁感应影响较小。

五、架空式接触网其他部分设备

（一）绝缘子

1. 绝缘子的结构

绝缘子用以悬吊和支持接触悬挂并使带电体与接地体之间保持电气绝缘。绝缘子主要由绝缘件、水泥浇注物、钢体连接件等构成。绝缘件一般为瓷质，即在瓷土中加入石英和长石烧制而成，表面涂有一层光滑的釉质。要求绝缘子质地紧密均匀，任何一个断面上不能有裂纹和气孔。

2. 绝缘子的分类

（1）按结构分，有悬式、棒式和针式 3 种。

（2）按绝缘子表面长度（即泄漏距离）分，有普通型和防污型两种。

（3）按绝缘件材料分，有瓷质、钢化玻璃、环氧树脂、氟塑料和硅橡胶 5 种。

3. 绝缘子的使用与检查

绝缘子连接件不允许进行机械加工和热加工处理。绝缘子在安装使用前应严格检查，当发现绝缘子瓷体与连接件间的水泥浇注物有辐射状裂纹或瓷体表面破损面积超过 300 mm^2 时，禁止使用该绝缘子。

（二）锚段及锚段关节

1. 锚段的概念

为满足供电和机械受力方面的需要，将接触网分成若干长度且相互独立的分段，这种独立的分段称为锚段。

2. 锚段的作用

（1）可以限制事故范围。

（2）便于设置补偿装置，以调整线索的弛度与张力。

（3）有利于供电分段，可实现一定范围内的停电检修作业。

3. 锚段长度的确定

一般采用两种方法确定：经验取值法和计算法。计算法是通过对线索张力差进行计算，确定锚段长度。

4. 锚段关节的概念

两个相邻锚段的衔接部分称为锚段关节，如图 3-29 所示。

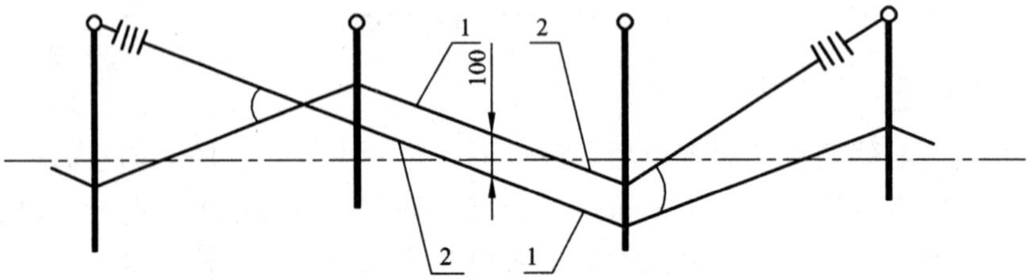

1—工作支接触线；2—非工作支接触线。

图 3-29　锚段关节

5. 锚段关节的类型

（1）按用途分，有非绝缘锚段关节和绝缘锚段关节。

（2）按衔接长度分，有二跨、三跨、四跨、五跨等锚段关节。

6. 锚段关节的作用

（1）三跨（常用非绝缘）锚段关节：只起机械分段的作用，不进行电分段。

（2）四跨（常用绝缘）锚段关节：除机械分段外，主要用于同相电分段。

（三）补偿装置

1. 补偿装置的组成

接触网补偿装置是自动调节接触线和承力索张力的补偿器及制动装置的总称。补偿器由补偿滑轮、补偿绳、杵环杆、坠砣杆、坠砣块及连接零件组成。

2. 补偿器的 *a*、*b* 值

（1）*a* 值：坠砣杆耳环孔中心至补偿（定）滑轮下沿的距离。

（2）*b* 值：坠砣串最下面一块坠砣的底面至地面（或基础面）的距离。

3. 对 *a*、*b* 值的要求

在最低温度时，*a* 值应大于零；在最高温度时，*b* 值应大于零。补偿器 *a*、*b* 值的最小值不小于 200 mm，进行接触网设计时，规定 *a*、*b* 值不小于 300 mm。

4. 补偿装置的作用

能够自动调整线索的张力并保持线索弛度满足技术要求，从而使接触悬挂的稳定性与弹性得到改善，提高接触网的运营质量。

（四）中心锚结

1. 中心锚结的安设

在两端装设补偿器的接触网锚段中，必须加设中心锚结。每个锚段中心锚结安设位置应根据线路情况和线索的张力增量计算确定。一般布置原则是使中心锚结固定点两侧线索的张力尽量相等，并尽可能靠近锚段中部。

当锚段全部在直线区段或整个锚段布置在曲线半径相同的曲线区段时，该锚段中心锚结应安设在锚段的中间位置。

当锚段布置在既有直线又有曲线且曲线半径不等的区段时，该锚段的中心锚结应安设在偏离锚段中间位置靠近曲线多、曲线半径小的一侧。在特殊情况下，锚段长度较短时（一般定为锚段长度 800 m 以下），可不设中心锚结，视为半个锚段。将锚段一端硬锚，另一端线索安装补偿器，此时的硬锚相当于中心锚结。

2. 中心锚结的作用

接触网锚段安装中心锚结后，线索在中心锚结处相当于固定方式，因此当温度变化时，锚段内线索的热胀冷缩便发生在中心锚结与两端的补偿器间，有效缩短了线索的伸缩范围。

中心锚结的作用：

（1）锚段线索张力比较均匀，保证接触悬挂处于良好的工作状态。

（2）设立中心锚结后可以缩小事故范围，即当一侧发生断线事故时不至于影响中心锚结另一侧悬挂线路，有利于抢修事故和缩短事故抢修时间。

（3）可防止线索在外力作用下向一侧串动，如风力、受电弓摩擦力、因坡道和自身重力引起的串动力。

3. 中心锚结的结构

（1）半补偿链形悬挂中心锚结。

由于接触线安设补偿器，因此应装设中心锚结，其中心锚结辅助绳中间用中心锚结线夹与接触线固定，辅助绳两端分别用正反两个钢线卡子紧固在承力索上，如图 3-30 所示。当一侧接触线断线后，另一侧接触线在中心锚结辅助绳的拉力下，不发生松动现象，起到了缩小事故范围的作用。

（2）全补偿链形悬挂中心锚结。

采用全补偿链形悬挂时，接触线、承力索均设有补偿器，因此，都应设置中心锚结。

接触线中心锚结结构与半补偿相同。承力索中心锚结辅助绳的长度考虑布置在 3（或 4）个接触网跨距中。中心锚结在中间跨距，相邻两悬挂点和跨中用钢线卡子将辅助绳和承力索固定在一起。辅助绳两端各通过一串悬式绝缘子硬锚在最外侧支柱上，两支柱均为锚柱，应打拉线，如图 3-31 所示。

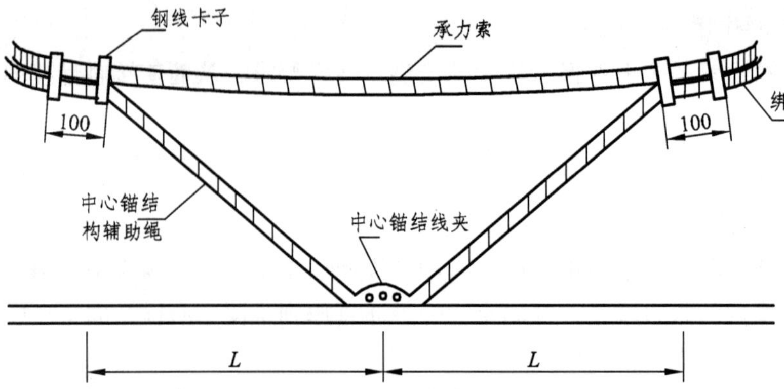

图 3-30 半补偿中心锚结

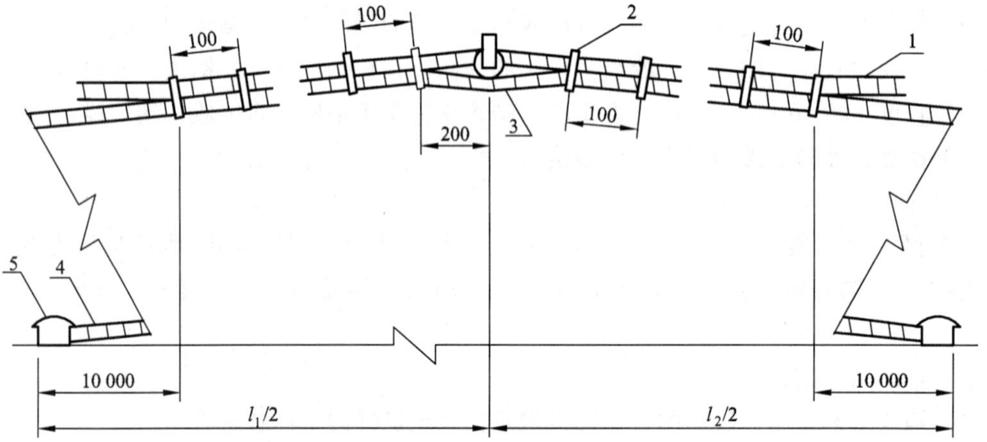

1—承力索；2—钢线卡子；3—承力索中心锚结绳；
4—接触线中心锚结绳；5—中心锚结线夹。

图 3-31 全补偿中心锚结

（3）简单悬挂中心锚结。

设置简单悬挂中心锚结时，需增设一条中心锚结辅助索，辅助索的两端分别通过一串悬式绝缘子硬锚在中心锚结所在跨距两侧的支柱上（即等于在该跨距中增加了一段承力索）。该支柱为锚柱，应打拉线，以保持受力平衡。

在直线上，其中心锚结结构与半补偿悬挂中心锚结结构相似，只不过简单悬挂中心锚结绳较短，而且是采用钢丝绳制成，钢丝绳两侧分别用 3 个钢线卡子紧固在辅助绳上。

（五）隔离开关与电连接

1. 隔离开关

隔离开关的作用是连通或切断接触网供电分段间的电路，增加供电的灵活性，以满足检修和供电方式的需要。隔离开关一般装设在需要进行电分段的地方。

（1）隔离开关的类型。按用途分为带接地刀闸和不带接地刀闸两种；按操作次数多少分为经常操作和不经常操作两种。

（2）隔离开关的结构。隔离开关的主体结构基本相同，只是带接地刀闸的开关多了一套接地刀闸和联动装置，主要由金属底座、绝缘瓷柱、导电刀闸、接地刀闸和操作机构组成，开关的分合过程是操作手动机构，经转动杆转动主轴上的瓷柱，并带动导电刀闸水平转动90°，转动的同时又通过交叉连杆使另一个瓷柱和导电刀闸转动 90° 。

2. 电连接

（1）电连接的作用。

将接触悬挂各分段供电间的电路连接起来，保证电路的畅通，通过电连接可实现并联供电，减少电能损耗提高供电质量。在电气设备与接触网之间，用电连接线进行可靠的连接，使设备充分发挥作用，避免出现烧损事故，完成各种供电方式和检修的需要。

（2）电连接的结构。

电连接线用导电性能好的材料制成，在铜接触线区段采用铜绞线；在钢铝接触线区段，采用多股铝绞线。为消除电连接线与接触线连接处的硬点，保持接触网弹性，要求电连接线做成螺旋弹簧状，当电连接线在连接处意外烧损时，还可放开几圈继续使用，以便节约材料。

（3）电连接的分类。

电连接按其使用位置不同，分为横向电连接和纵向电连接。

① 横向电连接的主要作用是能实现并联供电，如图 3-32 所示。

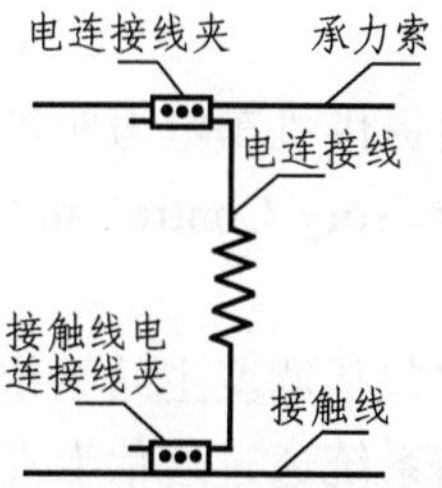

图 3-32　接触线与承力索间的横向电连接

为满足站场上电动车组启动时所需的大电流，在各股道间安装股道电连接线，实现几股道接触网并联供电，可减少能耗并提供较大电流。股道间横向电连接线结构如图 3-33 所示。

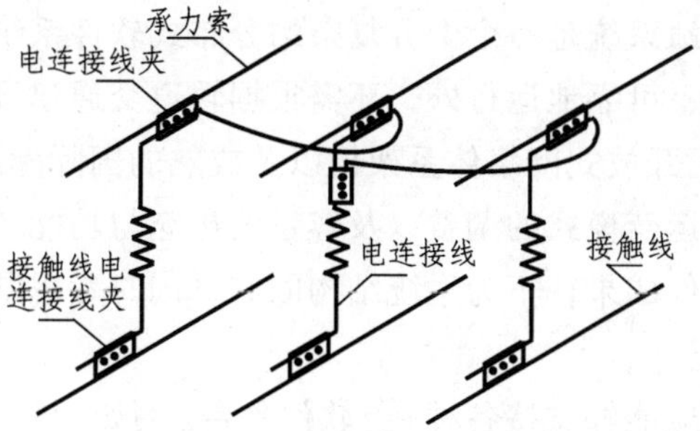

图 3-33　股道间横向电连接

② 纵向电连接的作用是，使供电分段或机械分段处两侧接触悬挂实现电的连通，在检修和事故处理时，可通过隔离开关达到电分段的目的。如电分段处隔离开关与接触悬挂间的电连接线、线岔处的电连接线等都称为纵向电连接。

（六）避雷器

避雷器安装在接触网支柱上，与接触悬挂相连接，作为接触网大气过电压保护之用。

接触网工作的额定电压为 1 500 V 或 750 V，但在某些情况下会出现大大超过额定电压的电压，称为过电压。过电压分为操作过电压和大气过电压。大气过电压是指在接触网附近，发生雷击时使接触网产生的过电压。这种峰值很高的过电压会使绝缘子闪络、击穿而发生短路事故，造成接触网设备损坏，当安置了避雷器后，它能及时地将雷电引入大地。

目前常采用 GXSI35/0.7-3 型管型避雷器、SG-1 型角隙避雷器和氧化锌避雷器。

管型避雷器的工作原理：管型避雷器由外部间隙、内部间隙和产生气体的管子组成，在正常工作电压下，避雷器间隙不被击穿，只有当接触网上发生过电压时，避雷器内、外间隙都被击穿，形成接触网对地短路，并通过地线装置放电。同时，由于放电电流使避雷器内产生大量的高压气体，高压气体从管内一端喷出将电弧熄灭，这时放电终止，接触网恢复对地绝缘，从而保护了接触网设备。

第四节　电力监控系统和杂散电流监控系统

一、电力监控系统

城市轨道交通的电力系统主要由提供机车电力驱动的变电站和车站供电的变电站组成。电力系统的监控通过 SCADA（Supervisory Control and Data Acquisition）系统，即“数据采集和监控”系统来实现。

城市轨道交通 SCADA 系统通常包括调度主站系统、变电站综合自动化系统和所间通信通道 3 部分。其中控制中心调度主站系统通过通信专业提供的通信通道与变电所主控单元进行信息交换；变电所综合自动化系统通过所内通信网与所内 IED 装置通信，通过通信通道与调度主站进行通信，变电所综合自动化系统由站控主单元和所内通信网及其他厂家 IED 装置组成。

1. 调度主站系统

城市轨道交通调度主站系统是一个十分复杂的分布式软件系统。

除了要求系统能安全、可靠地运行外，还需根据轨道交通建设的特点，充分考虑其扩展性；在系统构成上，应采用开放式网络体系架构以及成熟的国际标准规定，确保系统更新（包括软、硬件的升级换代，运营模式的调整以及容量的扩充与功能的增加等）时，尽可能保护利用原有的硬件资源与软件成果，不为系统结构限制，同时考虑既有的与再建扩建系统的衔接与扩充。

开放的调度主站系统应能够支持各种硬、软件平台。例如，硬件平台支持各种 64 位 RISC 结构 CPU 的高端计算机，Intel 32 位 CISC 结构奔腾 CPU 的 PC 机（Intel 64 位 EPIC 结构奔腾 CPU 的计算机即将进入应用）。操作系统平台支持各种 64 位 Unix 和 32 位 Windows（支持 EPIC 的 64 位 Unix 和 Windows 即将进入应用）。数据库平台支持各种主流商用数据库 Oracle、Sybase 等。

图 3-34 是上海地铁 6 号线 SCADA 系统结构图。

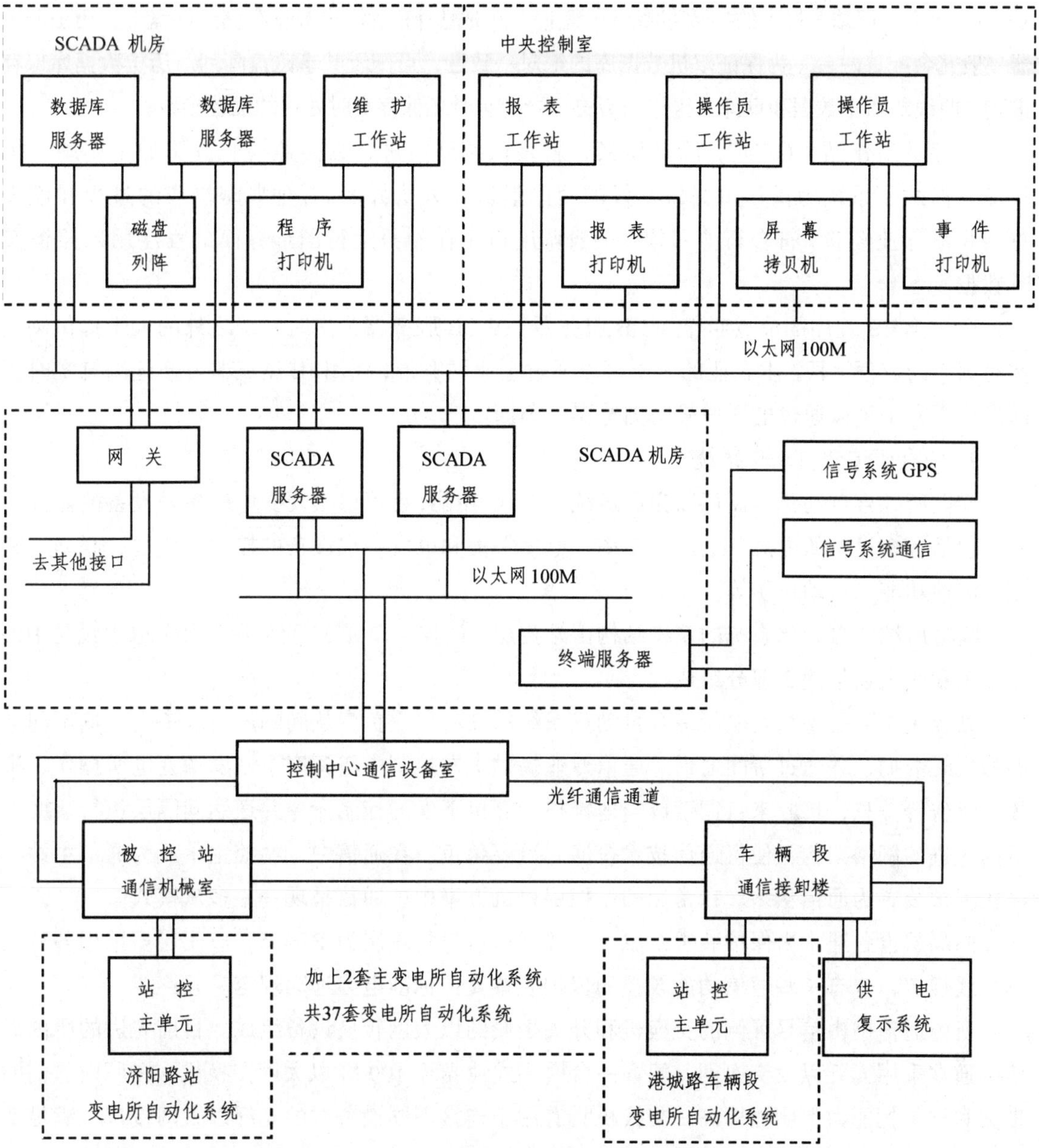

图 3-34 上海地铁 6 号线 SCADA 系统结构

沿着数据流的走向，城市轨道交通调度主站系统主要由如下几个子系统组成：数据采集和 SCADA 服务器、数据库服务器、操作员工作站、WEB 服务器等，它们通过冗余 100 M 以太网连接。一般情况下数据库服务器单独配置机器，SCADA 同数据采集可合到一块，统称为 SCADA 服务器，调度员界面单独配置机器。

数据采集和 SCADA 服务器利用隔离的数据采集网，接收被控站通过通信系统专用透明以太网络通道上传的生数据，将其处理成熟数据后，从 SCADA 服务器后端的双网提供给全系统其他节点机使用。

安装了商用数据库服务器的机器叫作数据库服务器，它的功能是负责把系统的所有 YC、YX、KWH、通道、厂站、接点的参数存储到硬盘上，负责把所有的历史数据存储到硬盘上，历史服务器一般冗余配置两台。为保证双机数据库的绝对一致性，可配置共享磁盘阵列。历史数据库保存报表、曲线的历史数据和事件、操作的历史记录。有时还保存实时处理的描述参数。

调度员工作站（OPU），顾名思义，就是供调度员进行数据监视、浏览的工作站，操作员工作站子系统为操作员提供友好的全图形操作人机界面。各种典型操作的过程和模式总结积累行业经验，符合行业习惯。一般调度员工作站只运行图形界面的程序用以监视实时数据。

运行 WEB 程序的节点叫作 WEB 服务器。WEB 服务器为实时系统之外的人士提供浏览实时画面的方便手段。本企业的人士可以通过企业网宽带，使用 IE 浏览器方便地浏览实时画面。远程人士可以通过电话拨号网浏览实时画面。

2. 变电所综合自动化系统

变电所综合自动化不仅可以完成传统的 RTU 功能，还可以实现变电所各种设备的监控功能：包括各个设备的电流、电压、功率、电度采集和电气一次设备的控制、监视、联动、联锁、闭锁功能、自动投切等。

变电所综合自动化系统的系统结构由站控层（站控主单元）、间隔层（每个电力设备 IED 装置）和所内通信网 3 部分组成。

站控主单元是整个变电所综合自动化系统的核心，它负责从间隔层获取来自现场不同类型的实时数据，并通过所间通道（通信专业提供）向控制中心调度主站发送变电所操作、事故、预告等信息，接收来自调度或当地维护计算机下发的控制命令并送达间隔层执行。变电所内先进的网络架构，使得通信技术扮演起重要角色。在通信中，站控主单元为通信主站，微机保护装置为通信从站。在常用的站控层单机方案中，通信呈现一主多从模式。

间隔层设备通常由保护装置组成，一般通信接口物理层为 RS485，应用层多采用各种现场总线规定，也有一些通信功能较强的保护装置支持标准电力远动规定。

所内通信网由信号屏侧的交换机和开关柜侧的以太网转换设备组成。目前先进的所内通信网通常采用光纤以太交换网，配置一台模块式纯光纤 100 M 以太网交换机，在所内通信的带宽和抗干扰能力上明显提高。交换机具有用于连接不同设备群的光纤以太网接口，满足变电所综合自动化系统控制、测量、保护的通信技术要求；在开关柜侧配置以太网转换装置。转换装置与开关柜内微机保护和 IED 设备的接口为标准 RS485。以太网转换装置的网络拓扑优化设计，能够将传统的多个装置串接的共享式总线网，提升为每个装置直接上联的独享式辐射网。高实时性并行联网方案中任何装置的实时数据更新周期将提高数倍。

3. 所间通信通道

所间通信通道采用冗余方案，通信软件采用冗余线程，保证系统的可靠性。目前流行的所间通信主干网结构如图 3-35 所示。

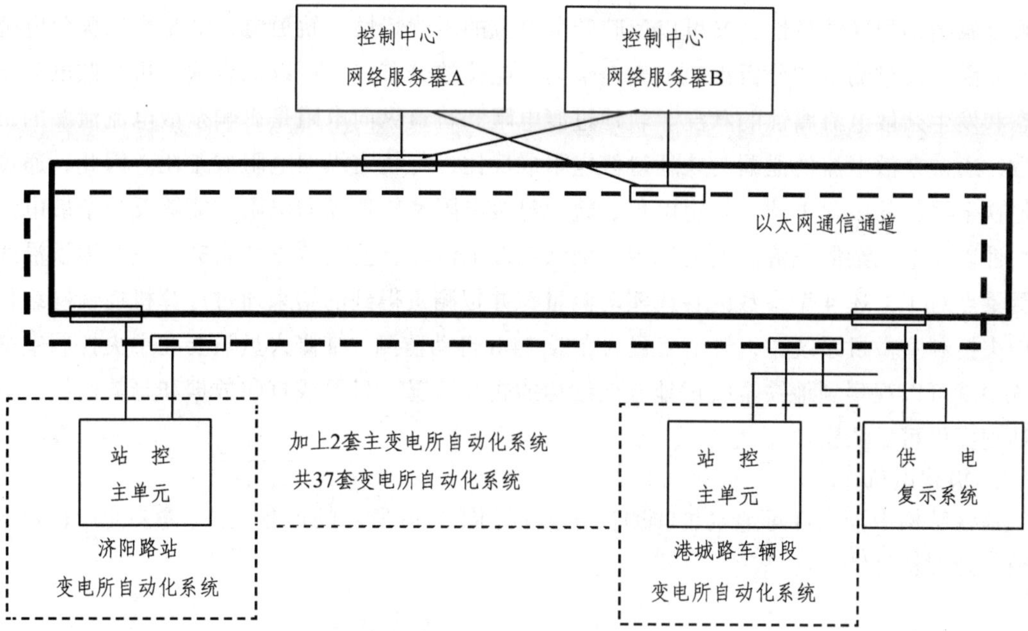

图 3-35 所间通信主干网结构

二、杂散电流监控系统

（一）概 述

在我国城市地铁直流供电系统中大多采用直流电力牵引的供电方式，一般接触网（或第三轨）为正极，而走行轨兼作回流线。由于回流线轨存在着电气阻抗，牵引电流在回流轨中产生压降，且钢轨不可能达到完全对地绝缘，所以回流轨对地存在着电位差，回流线对道床、四周土壤介质、地下建筑物、埋设管线存在着一定的泄漏电流，泄漏电流沿地下建筑物、埋设管线等介质至负回馈点四周重新归入钢轨，此泄漏电流即称迷流，又称地铁杂散电流。杂散电流主要是对地铁四周的埋地金属管道、电缆金属铠装外皮以及车站和区间隧道主体结构中的钢筋发生电化学腐蚀，它不仅缩短金属管线的使用寿命，而且会降低地铁钢筋混凝土主体结构的强度和耐久性，对已定型的地铁结构造成严重危害，甚至酿成灾难性的事故。所以在地铁和轻轨正常运行时，应加强对杂散电流的监测和有效判断腐蚀状况。杂散电流监测系统就是对杂散电流的电化学腐蚀进行积极有效的监测。

（二）杂散电流监测系统的重要参数

杂散电流对埋于地下金属管线和混凝土主体结构中钢筋的腐蚀本质上是电化学腐蚀，属于局部腐蚀，其原理与钢铁在大气条件下或在水溶液及土壤电解质中发生的自然腐蚀一样，都是具有阳极过程和阴极过程的氧化还原反应。即电极电位较低的金属铁失去电子被氧化而变成金属离子，同时金属四周介质中电极电位较高的去极化剂，如金属离子或非金属离子得到电子被还原。

杂散电流的泄漏是造成地铁系统埋地金属结构电化学腐蚀的主要原因，在埋地金属结构的电化学腐蚀检测参数中，金属结构对地电位（极化电位）参数是最重要的，因为它既可以反映金属结构的腐蚀特性，又可以反映杂散电流的干扰特性。轨道电位又是影响极化电位的主要原因，通过测量和分析钢轨、大地金属件电位的分布，就可以综合地分析杂散电流干扰状态和发生杂散电流腐蚀的状况。轨地过渡电阻和轨道纵向电阻是影响杂散电流泄漏的重要参数，通常杂散电流的泄漏与轨地过渡电阻成反比，与轨道纵向电阻成正比。因此，通过监测地铁金属件的极化电位、轨道电位、轨地过渡电阻和轨道纵向电阻，能够反映杂散电流腐蚀特性以及造成杂散电流泄漏的原因。地铁杂散电流综合监测装置就是完成整个地铁沿线各个测量点对于上述 4 个参数的在线实时测量，并把测量得到的结果通过计算机通信网络传送到中央控制室微机系统中，整个装置为在线 24 h 自动监测，维修人员只要在中央控制室微机系统中就可以观察到地铁全线埋地金属结构的腐蚀情况，显示或打印数据和趋势曲线，为维修计划提供可靠依据。

1. 极化电位

地铁结构中金属件对地电位的测量方法采用图 3-36 所示的近参比法，需要使用长效参比电极作为测量传感器。

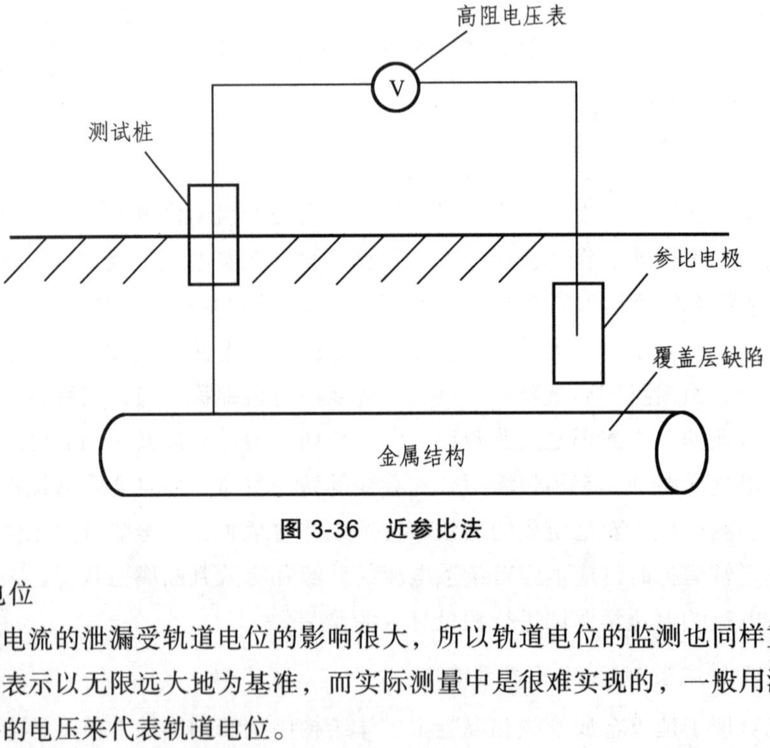

图 3-36　近参比法

2. 轨道电位

地铁杂散电流的泄漏受轨道电位的影响很大，所以轨道电位的监测也同样重要。轨道电位严格意义上表示以无限远大地为基准，而实际测量中是很难实现的，一般用测量钢轨对地铁结构金属件的电压来代表轨道电位。

3. 杂散电流监测系统的组成与工作原理

杂散电流监测系统结构如图 3-37 所示。

杂散电流的每个测试点，参考电极和测试端子接至传感器，将该车站区段内的上下行传感器通过传输电缆连接到车站内的通信转接器。车站内的通信转接器通过传输电缆接至全线杂散电流综合测试室内的杂散电流监测装置，通过微机管理系统对所测量的数据进行处理和打印等作业。

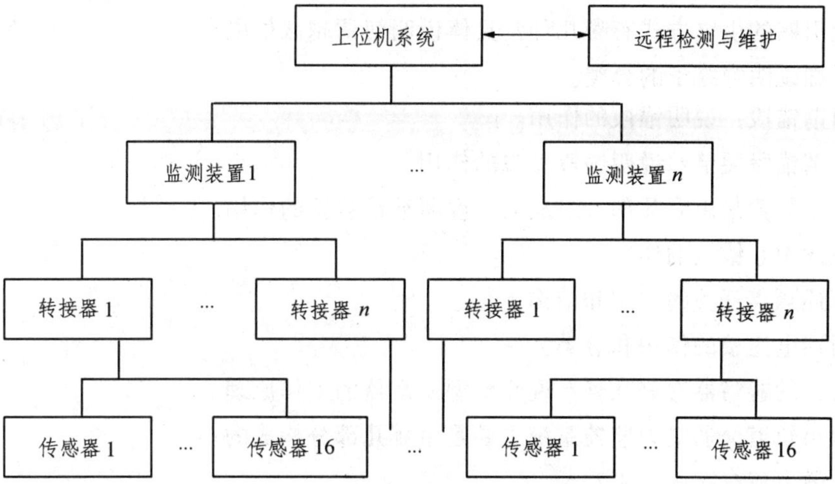

图 3-37 杂散电流监测系统结构图

传感器是一个以单片机为核心的数据采集处理系统，可以实时采集处理测量点排流网和结构钢的自然本体电位、瞬时电位、正向平均值和负向平均值、轨道瞬时电位、测量时间内的最大值，并把采集运算得到的参数送入指定的内存存储。由于整个地铁通信距离较长，为保证传感器的数据可靠传送到中央控制室的上位机，转接器起到了通信传输的中继作用。监测装置通过转接器向各个传感器要求监测数据，同时可以计算各个供电区间的轨地过渡电阻和轨道纵向电阻。上位机与监测装置连接，把所有监测点监测和计算的有关杂散电流的信息参数以数据库的形式存入计算机。上位机软件具有查询、统计和预测功能，可实时查询到地铁沿线杂散电流腐蚀的防护情况。

复习思考题

1. 牵引供电系统由哪几部分组成？每个部分的作用是什么？
2. 牵引供电方式有哪几种？画出各种供电方式的原理图。
3. 牵引网有哪几种常见的电流制？
4. 画主变电所主接线图。
5. 简述牵引变压混合变电所交流 35 kV 侧运行方式。
6. 简述牵引变压混合变电所直流 1 500 V 侧运行方式。
7. 简述降压变电所 35 kV 侧运行方式。
8. 接触轨式接触网有哪几种布置方式？说明各自的特点。
9. 柔性接触网是由哪几部分组成的？说明每个部分的作用。
10. 链形悬挂根据线索的锚定方式分为哪几种？
11. 链形悬挂按其承力索和接触线在平面上布置的位置分为哪几种？画图说明。

12. 牵引网的供电方式有哪几种？具体说明何谓越区供电。
13. 详细说明绝缘子的分类。
14. 何谓锚段？说明锚段的作用。
15. 何谓锚段关节？说明锚段关节的作用。
16. 补偿装置是由哪几部分组成的？说明补偿装置的作用。
17. 简述中心锚结的作用。
18. 简述隔离开关的作用和结构。
19. 简述电连接的作用和分类。
20. 常见的避雷器有哪几种？说明管型避雷器的工作原理。
21. 城市轨道交通电力监控系统主要是由哪几部分构成的？
22. 杂散电流有哪些危害？

第四章　城市轨道交通车站设备

第一节　自动售检票设备

城市轨道交通车站自动售检票 AFC（Automatic Fare Collection）设备是车站运营的重要设备，主要由车站计算机系统和自动售票机、半自动售票机、自动增值机、自动验票机和闸机（或称自动检票闸机）及一些辅助设备或备品等现场（终端）设备组成（如图 4-1 所示）。这些现场设备按不同的功能独立运行，各种设备内配有独立的就地控制装置，在与系统通信中断的情况下，现场 AFC 设备仍能独立运作，能保持一定时间范围内的设备运营数据，并将这些数据传送至车站计算机。

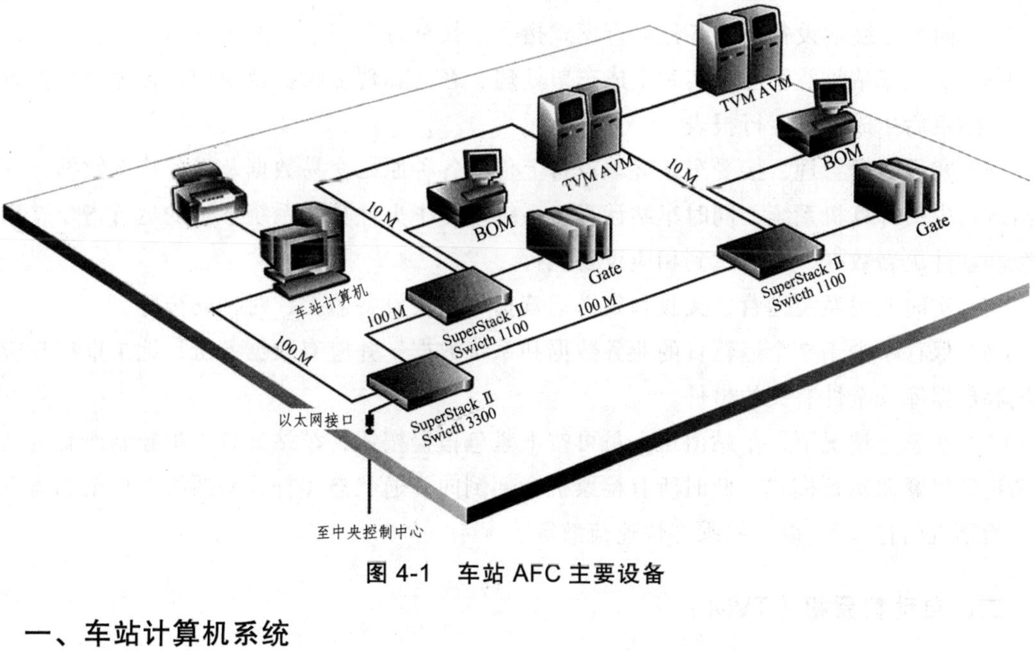

图 4-1　车站 AFC 主要设备

一、车站计算机系统

在车站计算机系统中，车站计算机 SC（Station Computer）是车站 AFC 设备的核心，它用来支持车站自动售检票系统的设备监控、票务管理、财务管理、设备维护等。车站计算机系统接收来自本站 AFC 终端设备的数据，进行统计、处理、存储并传输到中央计算机。车站计算机系统从运营管理的角度可以分为车站运营系统和车站票务系统。

（一）车站计算机系统设备

1. 硬件设备

车站计算机系统设备主要包括车站服务器、监控工作站、票务工作站、UPS 电源、紧急按钮和打印设备等，如图 4-2 所示。

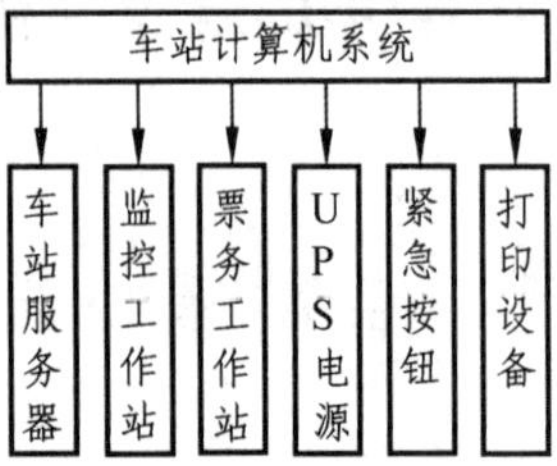

图 4-2　车站计算机系统基本设备组成

2. 软　件

车站计算机系统软件由操作系统软件、数据库系统软件、车站级应用软件和防病毒软件构成。

（二）车站计算机系统的主要功能

（1）接收中央计算机系统运行参数、运营模式及黑名单等，并下传给车站终端设备，实时监控车站 AFC 终端设备的运行状态，并能显示设备的通信、运行状态及故障等信息。

（2）向车站终端设备下达各种运行模式指令，具有自动与手动两种下达方式。

（3）实现车站收益管理，实时生成车票处理、客流和现金收益及维护等各种运行报表，在运行结束后生成当日运行报表。

（4）实现数据管理，接受车站终端设备上传的各种原始交易数据及设备状态数据，并上传给线路中央计算机系统，同时车站计算机系统接受中央计算机系统下达的运行指令、系统参数和软件更新数据，并下达到相应设备执行。

（5）实时监视系统运营，接收和发送运营指令以及设备监控、时钟同步等。

（6）保存不少于 7 个运营日的业务数据和系统数据，并应有数据备份，记录审核与应用系统和数据库安全性有关的事件。

（7）在紧急情况下，车站值班人员可按下紧急报警按钮，车站计算机将控制所有进站、出站检票机紧急运行模式，此时所有检票机全部倒向开通状态（杆式检票机三杆全部落下、门式检票机门打开），以方便乘客快速疏散等。

二、自动售票机（TVM）

自动售票机 TVM (Ticket Vending Machine)为自助售票设备，一般安装在地铁车站的非付费区内，用以发售单程车票，具有对地铁储值票进行充值的功能。自动售票机的外部结构如图 4-3 所示。其乘客操作面板上标有操作流程，在纸币入口、硬币入口、取票口、退币口有明显提示。乘客按照操作屏幕的提示，完成相应购票或加值操作后，自动售票机将向乘客发售指定购买面值及数量的单程车票或将指定金额加入乘客的储值票中。

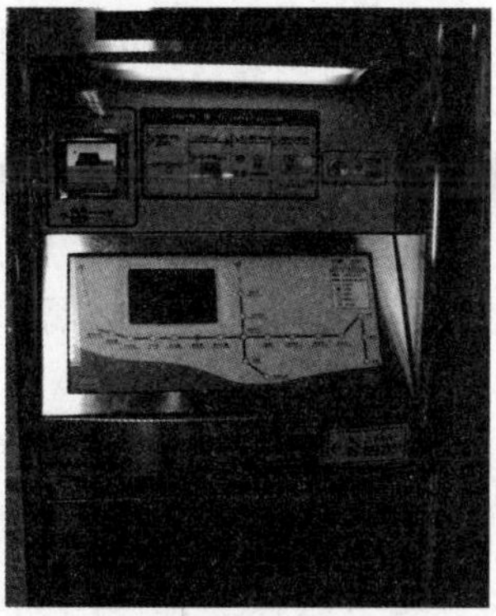

图 4-3　自动售票机的外部结构图

自动售票机接受纸币或硬币，并能自动出票和找零。该设备能存储交易数据、工作状态记录和运营的参数，通过网络和车站计算机，实时上传工作状态和交易数据，接受车站计算机的控制命令并执行。

（一）TVM 的设备组成

1. TVM 基本结构

某地铁公司使用的 TVM 基本结构如图 4-4 所示。

2. 自动售票机的主要元件

自动售票机设计采用标准模块化结构设计，具备触摸屏及乘客显示器，用于显示地铁线路及票价、操作提示等信息。自动售票机的内部结构如图 4-5 所示。

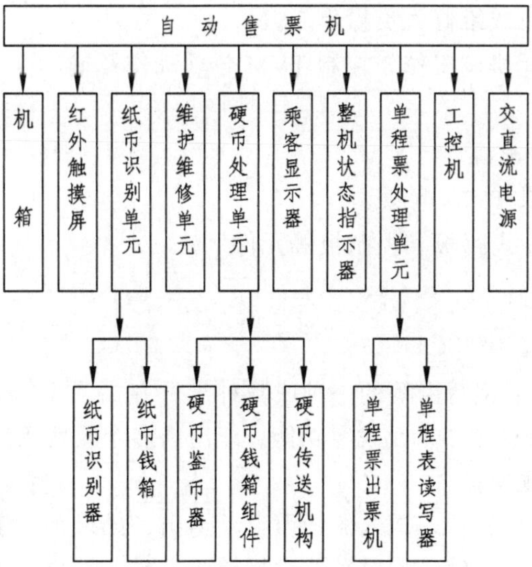

图 4-4　TVM 基本结构

图 4-5　自动售票机的内部结构

自动售票机主要由下列元件组成：

（1）机箱，包括机架、底座、内部支撑机构和前、后厢门等，主要起支撑和保护机箱内机电部件的作用。机箱外形设计符合人体工程学，有机械锁定装置，须使用钥匙开启，自动售票机后门可以开启，装有传感器，用于防止非法开启。

（2）硬币处理模块，包括硬币投币口、硬币验币器、硬币找零器、硬币钱箱等，可接收乘客用于购票的硬币或用于找零，包括硬币鉴币器、硬币钱箱组件和硬币传送机构。其中硬币鉴币器用于识别硬币，硬币钱箱组件用于硬币储存和周转，硬币传送机构用于硬币找零、回收。

（3）乘客操作屏幕，为红外触摸屏，上面有站点、票价等信息，是供乘客购票时选择目的站和购票张数的屏幕。

（4）纸币处理模块，包括纸钞验币器、纸钞钱箱，用于识别乘客购票的小额纸币，将不符合识别参数指标的纸币退返给乘客。识别币种可通过参数设置，一般带有缓存功能，某地铁一期工程自动售票机的纸币单元可连续接收 15 张纸币。纸币识别单元包括纸币识别器和纸币钱箱，用于识别和接收 5 元、10 元和 20 元人民币纸币（第四、第五版），不符合识别参数指标的纸币和假币退还乘客。

（5）单程票处理模块，包括存票箱、出票机、补票箱，根据乘客选择的目的站点和购买张数自动发售相应票价和数量的单程票，包括单程票处理机构和单程票读写器，前者用于单程票的馈出及回收，后者用于对馈出的单程票进行读/写。

（6）整机状态显示单元，是显示设备工作状态的部件，如暂停服务等。

（7）维护单元，供车站人员进行登录、加币、加票、回收清点等日常工作时使用。

（8）单程票回收箱、废票箱，回收单程票或接收废票。

（9）硬币回收箱，回收硬币或收集溢出硬币。

（10）单程票加票箱，用来存放单程票或向单程票处理器补充票。

（11）UPS，当市电中断时，可暂时提供 TVM 临时电源。

（12）维修操作盘和显示屏，提供操作员或维修人员操作 TVM。

（13）主控单元，可控制设备内部各单元协调工作，控制 TVM 各项动作及输出。

（14）打印机，可打印各类报表及数据。

（15）直流电源供应器，提供 TVM 直流电源。

（16）交流电源盘，连接市电，用于提供 TVM 电源。

此外，自动售票机还有乘客显示屏 LED 线路板和控制板等元件。

（二）TVM 功能

1. 接收纸币或硬币，能自动出票和找零

（1）自动售票机可自动接受硬币、纸币、银行卡等的一种或数种支付方式，并具备硬币找零或硬币、纸币找零的功能，一般具有 0.50 元和 1 元找零功能，能出售多个收费等级的车票，可同时出售多张（一般 10 张以下）单程票。

（2）在车票发行开始前，可用取消键中止发行，送入的钱币自动退出，如果车票发行处理已经开始，则取消键失效；在出售每一张车票前，均对车票进行检验，对不符合要求的车票送入回收票盒中，并重新发行一张车票。

2. 存储交易数据、工作状态记录和运营的参数

通过网络和车站计算机，实时上传工作状态和交易数据，接收车站计算机的控制命令并相应执行。

（1）该设备能向车站计算机传递设备状态信息，包括设备号、运行记录数据和运行状态

等，能接受中央计算机下传的命令、票价表、黑名单及其他运行参数，在与车站计算机数据传输信号中断的情况下自动售票机独立运行，并保存 7 天的运行数据。中断恢复后，及时将保存的信息传送至车站计算机。

（2）当票盒里的票出售完（或将出售完时）或钱箱快满时，自动售票机向车站计算机报警，并显示设备号，出售完时自动停止使用，并有停用显示；当对自动售票机的票盒或者钱柜进行调换安装结束后，售票机能自动恢复服务，并向车站计算机发送相关事件信息。

（3）电子钱柜及其他维护操作，均应输入相应操作员 ID 和 PIN 后，不管有效与否，售票机均记录该事件，并向车站计算机发送该事件信息；在自动售票机 LCD 显示器上能调取售票机各种状态，一般要求回溯最近 100 次的交易信息；当停电时，自动售票机由 UPS 支持供电完成最后一个处理过程和数据保存。

3. 具有故障报警功能

一旦出现故障，及时向车站计算机报警，并传递故障码等。

（三）TVM 的常见操作

TVM 的常见操作分为乘客操作（购票）和车站人员操作两方面。

1. 乘客购买单程票操作

正常操作流程：乘客（通过地图）选择目的站→ 选择票数量（默认值为单张）→投币→取票和找零。

2. 车站工作人员操作

车站工作人员可以对 TVM 进行记录查询、取出钱箱、补充硬币和补充单程票等操作，所有操作都必须首先登录。

（1）登录：用专用钥匙打开 TVM 维修门，并在操作面板上输入操作员号及密码进行登录。登录后，站务员级会显示主菜单界面，如图 4-6 所示。

【1】记录查询	【2】盘点结账

图 4-6　主菜单界面

（2）记录查询操作。点击记录查询，可查询交易、开门和钱箱取出等记录，并进行结账打印。

① 交易记录：可查询最近 100 笔的交易资料，内容包括日期、时间、投入金额、应付金额、找零金额、投入硬币数、投入纸币数、出票张数等；

② 开门记录：可查询最近 50 笔的开门记录；

③ 钱箱记录：可查询最近 100 笔取出钱箱的日期、时间、钱箱 ID 号码及钱箱的内存量。

（3）更换钱箱操作。

通过 SC 查询 TVM 钱箱将满时或在运营期间 TVM 乘客显示屏左上角显示钱箱将满的故障代码时及运营结束后，工作人员能对存放在现金区内的硬币回收箱、纸币箱及找零硬币钱箱进行更换操作。在更换钱箱前，必须由上级 AFC 系统向自动售票机下达更换钱箱命令，或者操作员在打开维修门后在维修面板输入员工编号及密码，由自动售票机检查其是否具备更换钱箱的权限，否则开启现金安全门或移动钱箱将报警。

具体步骤：

① 登录；

② 在主菜单画面，按【2】选择“盘点结账”转入子菜单界面，如图 4-7 所示；

③ 在子菜单界面，按【2】选择“取出钱箱”，并输入取钱箱代号及密码；

④ 用专用钥匙打开 TVM 钱箱座锁；

⑤ 站于机器左边，右手拉住钱箱拉环，先拉出一半，待左手能完全托住钱箱时，再慢慢拉出钱箱，如图 4-8 所示；

【1】硬币回收	【2】取出钱箱
【3】寄存器查存	【4】结账打印
【5】补充硬币	【6】补充单程票
【7】票回收盒归零	【8】寄存器更改
按 + 下一页	按 - 上一页

图 4-7　盘点结账子菜单界面

图 4-8　拉出 TVM 钱箱

⑥ 放入新的钱箱；

⑦ 锁回钱箱座锁。

（4）补充硬币操作。

每天运营开始前两个小时或运营期间在 TVM 显示屏上显示“硬币不足”相关信息时，需及时补币。具体步骤如下：

① 登录；

② 在主菜单画面，按【2】选择“盘点结账” 转入子菜单界面，见图 4-7；

③ 在子菜单界面，按【5】选择“补充硬币”，转入下级子菜单；

④ 可选择“投币补充”或“大量补充”方式进行补币，大量补币时需在维修操作板上键入所补入硬币的个数。

（5）补充单程票操作。

每天车站运营开始前或运营期间在 TVM 显示屏上显示“车票不足”相关信息时，需进行补票。具体步骤如下：

① 登录；

② 在主菜单画面，按【2】选择“盘点结账”转入子菜单界面，见图 4-7；

③ 在子菜单界面，按【6】选择“补充单程票”；

④ 将补票票筒插入出票模块上方轨道后，用钥匙打开将隔板拉出，则补票票筒内之票则进入票筒内，再将隔板推回、钥匙关回，将补票票筒取出；

⑤ 操作人员在维修操作板上键入所补单程票的个数。

（四）TVM 故障判断

TVM 若有任何异常，会将故障代码显示于乘客显示屏左上方，站务人员应掌握 TVM 的故障代码，以便清楚了解 TVM 现况。如某型号 TVM 中，C2023 表示 1 元硬币内存量为零；B3002 表示有纸币卡于纸币箱位置；S7005 表示普通票出票器卡票；S7008 表示普通票出票器软件内存量为零，等等。

三、半自动售票机（BOM）

半自动售票机 BOM（Bookin Office Machine），如图 4-9 所示。半自动售票机又称为人工售票机，它由人工收钱，并由人工操作半自动售票机赋值出售乘客使用的各种地铁车票及公交“一卡通”车票，地铁各车站的售票处都配备有半自动售票机。它能实现多种业务，包括售票、充值、退票、挂失、车票异常处理、信用设置、卡内信息资料更改以及密码设置等功能，还能实现一些行政事务等业务处理。

图 4-9 半自动售票机（BOM）

BOM 的位置要兼顾付费区和非付费区的乘客。半自动售票机一般安装在车站站厅的售票亭和补票亭内，可根据不同的安装位置而设置不同的操作模式。一般操作模式有：非付费区操作模式、付费区操作模式、兼顾付费区及非付费区操作模式。

（一）BOM 的设备组成

1. 基本结构

BOM 基本结构如图 4-10 所示。

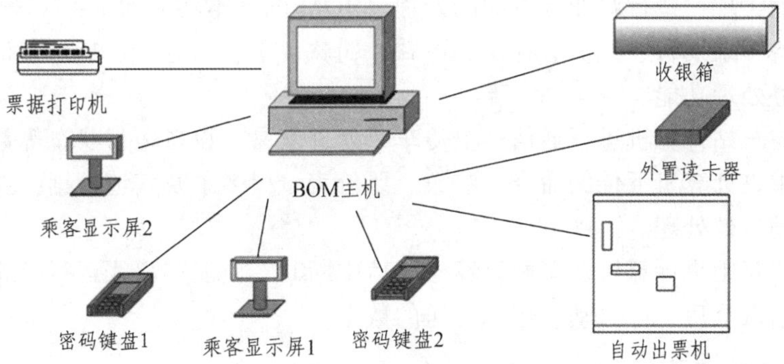

图 4-10 BOM 基本结构

2. BOM 的主要元件

BOM 的主要元件有票据打印机、乘客显示屏、密码键盘、自动出票机构、外置读卡器、收银钱箱等。

（1）自动出票机：用于出售地铁单程车票和储值，具有重量轻、运输方便等特征，可监测票箱空、满状态。出票快速平稳，不会对车票有任何的损伤。

（2）多串口盒：方便各部件之间的连接。

（3）乘客显示屏：供乘客查看信息用，采用 LCD 点阵方式显示字符和数字，应具有高亮度、高清晰度、高可靠性和寿命长等特点。

（4）外置读写器：可读/写单程票、储值纪念票、“一卡通”储值卡等。

（5）工控机：主要配置有主板、CPU、硬盘、内存和显卡等。

（6）密码键盘：用于记名卡用户密码的录入和设置。

（7）收银箱：通常采用钢结构，有各挡的纸币和硬币存放格，可按面值存放，提供电子锁和机械锁双重锁定。

（8）票据打印机：可打印中英文字符，以及根据需要打印乘客单据。

（二）BOM 的基本功能

半自动售票机通常必须满足下列性能要求：对各种需要查询的车票进行查询并进行数据分析；对乘客所持的储值票进行加值；在编码发行车票的同时，对将发行的车票进行检查，如果发现车票有问题时，发出车票失效蜂鸣，由售票员及时收回，并向乘客说明问题所在；设有中英文显示器，能够对乘客显示车票的信息，以便乘客对所查车票的情况及时了解；能向车站计算机发送设备号、设备运行状态、票务及财务等记录报告；能接受中央计算机下达的运行参数；具有故障自诊断和显示故障码功能；当与车站计算机数据传输信道中断时，能独立运行，并保存 7 天的运行数据，中断恢复后，能及时将保存的信息传送至车站计算机；当停电时，由 UPS 供电支持半自动售票机完成最后一个处理过程和数据保存。

半自动售票机由车站员工操作，可分别处理非付费区和付费区的乘客事务，它具有车票分析、查询、充值、更新、退款、挂失、替换、补票等功能。

票务处理机是系统业务功能较为齐全的终端设备，它能实现系统的多种业务，包括售卡、卡充值、退卡、换卡、挂失、退余额、异常卡处理、卡的信用设置、卡资料更改以及卡的密码设置等，还能实现一些行政业务方面的处理。BOM 的基本功能如下：

（1）应具备车票发售、充值、补票、退款、罚款、更新、分析、交易查询、收益管理、操作登录等票务处理功能。

（2）应能与车站计算机进行通信，上传车票处理交易，设备运行状态等数据，接受车站计算机或线路中央计算机下传的命令、参数、票价表、黑名单及其他数据，并应能对版本控制参数执行自动生效处理。

（3）在与线路中央计算机及车站计算机通信中断时，应能在离线运行模式下工作，并保存数据；在通信恢复后，应自动上传未传送的数据。

（三）BOM 的常见操作

票务人员应掌握使用半自动售票机对车票进行分析、发售、无效更新、充值、替换、退款、交易查询及收款记录等操作。

操作员在进行业务处理时，可以通过半自动售票机的显示器查看票卡属性、卡内信息、现金处理、操作指示等信息。通过操作 BOM，可对非付费区进行车票分析、发售、无效更新、加值、退款、查询、行政事务处理等，为付费区乘客提供无效车票的分析及处理功能。

操作步骤：

（1）BOM 登录，如图 4-11 所示。使用 BOM 必须先进行登录，输入操作员 ID 及口令完成登录后，进入 BOM 主操作界面，如图 4-12 所示。

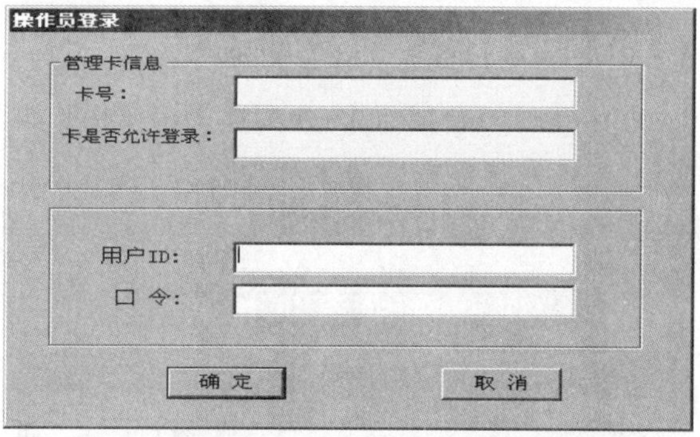

图 4-11　BOM 登录界面

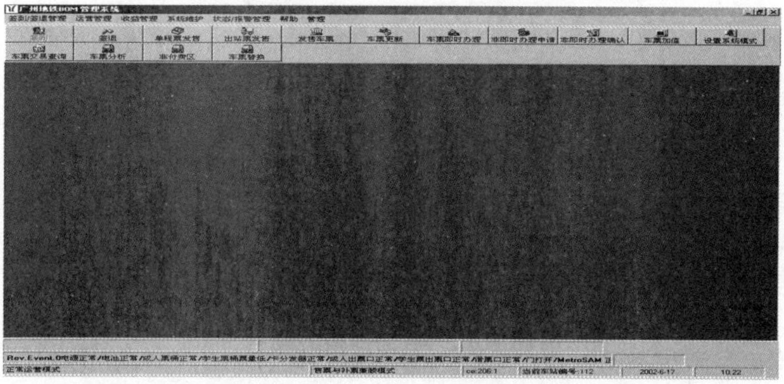

图 4-12　BOM 主操作界面

（2）在主操作界面按下操作所需要按钮，如[车票分析]，弹出相应的界面（如图 4-13 所示），按照界面提示进行操作，可实现出售车票、车票分析、车票更新、车票加值、车票非即时办理等功能。在完成对车票分析后，票房售票机可以根据分析结果及无效原因对票卡做进一步的处理，如更新、加值、替换、退款、给予优惠等。

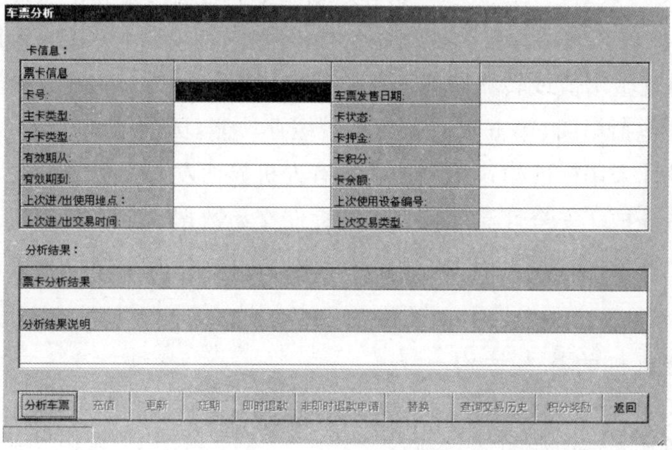

图 4-13　BOM 车票分析界面

（3）BOM 退出。当操作结束后，按[签退]，弹出签退窗口，操作员输入操作员 ID 及口令完成退出，票据打印机即时打印当班操作员的操作记录。操作员的所有操作将上传到车站及控制中心。

四、自动增值机（AVM）

自动增值机 AVM（Additional Value Machine）为立式柜结构，如图 4-14 所示。一般采用不锈钢外壳，可独立放置。AVM 安装在车站的非付费区，可接收纸币或银行卡为乘客提供储值票现金或转账增值服务。

图 4-14　自动增值机界面

自动增值机具有与地铁自动售票机相似的乘客用户界面，如使用乘客显示屏、金属按键，并有详细的用户操作指引等。在未完成交易前，乘客可按取消按钮中止正在进行的交易。当乘客增值操作步骤之间的间隔超过所规定时间，自动增值机也将自动中止交易。中止交易后，自动增值机将乘客的储值票卡、纸币或者银行卡退还给乘客。

AVM 能存储交易数据、工作状态记录和运营参数，通过网络和车站计算机实时上传工作状态和交易数据，接收车站计算机的控制命令并相应执行。AVM 可接收人民币纸币或银行卡为乘客提供储值票现金增值或转账增值服务。目前国内使用的 AVM 能接受纸币类型为人民币 50 元和 100 元（包括第四、第五版），一般不带缓存功能。国内某地铁公司采用的 AVM-1000 自动增值机，其设计采用标准模块化结构，具有人机界面友好、可靠性高、增值速度快、管理控制能力强、易维护、安全性高等特点；能存储交易数据、工作状态记录和运营的参数，通过网络和车站计算机，实时上传工作状态和交易数据，接收车站计算机的控制命令并相应执行。

（一）自动增值机的基本结构

1. 设备组成

自动增值机的基本结构如图 4-15 所示。

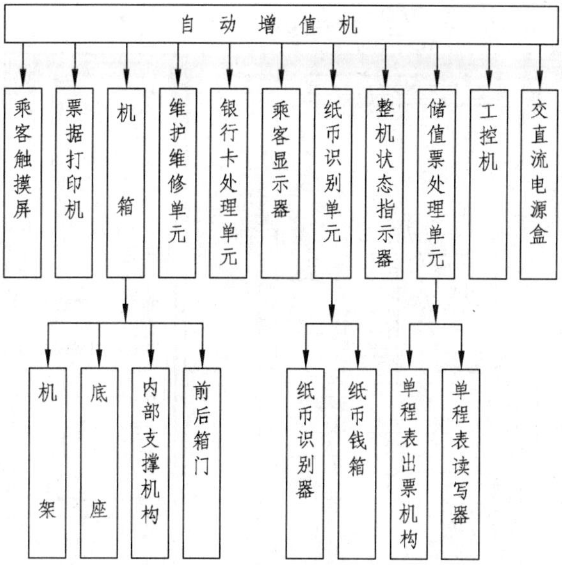

图 4-15　AVM 基本结构

2. 自动增值机的主要部件

自动增值机的内部构造如图 4-16 所示，其中各部分功能介绍如下：

（1）机箱，包括机架、底座、内部支撑机构和前、后厢门等，主要起支撑和保护机柜内机电部件的作用。其设计符合人体工学要求，通常采用不锈钢外壳，外形采用流线型，设备表面平滑，边角圆滑过渡，不会对使用者造成伤害；有机械锁定装置，后门须使用钥匙开启；装有传感器，用于防止非法开启。

（2）整机状态指示器，显示设备当前工作状态。

（3）乘客显示器和乘客触摸屏，可进行触摸式操作，用于显示有关增值操作指示和交易信息，具有中英文双语提示。

（4）票据打印机，用于打印乘客增值交易的凭据，为针式，带自动切纸、出纸器和卷纸器。

（5）请求帮助按钮，当乘客在操作中有疑问或不能正确完成操作时，可按下请求帮助按钮，请求车站工作人员帮助。

（6）纸币识别单元，包括纸币识别器和纸币钱箱，其中钱箱为堆叠式设计，用于存储乘客投入的纸币，重量轻、操作运输方便、使用安全。纸币识别器是用于纸币识别的一体化设备，方便打开外壳、处理夹币、清洗、更换等操作。它能高安全性、高可靠性地工作并具有自校准功能。接收乘客用于现金充值的纸币（国内地铁人民币面额一般为 50 元或 100 元），可接收的币种和面额可以通过软件进行设置，不符合识别类型的纸币和假币退还乘客。一般来说，自动充值机的纸币单元不具备找零功能。纸币单元的纸币钱箱容量是 1 000 张。

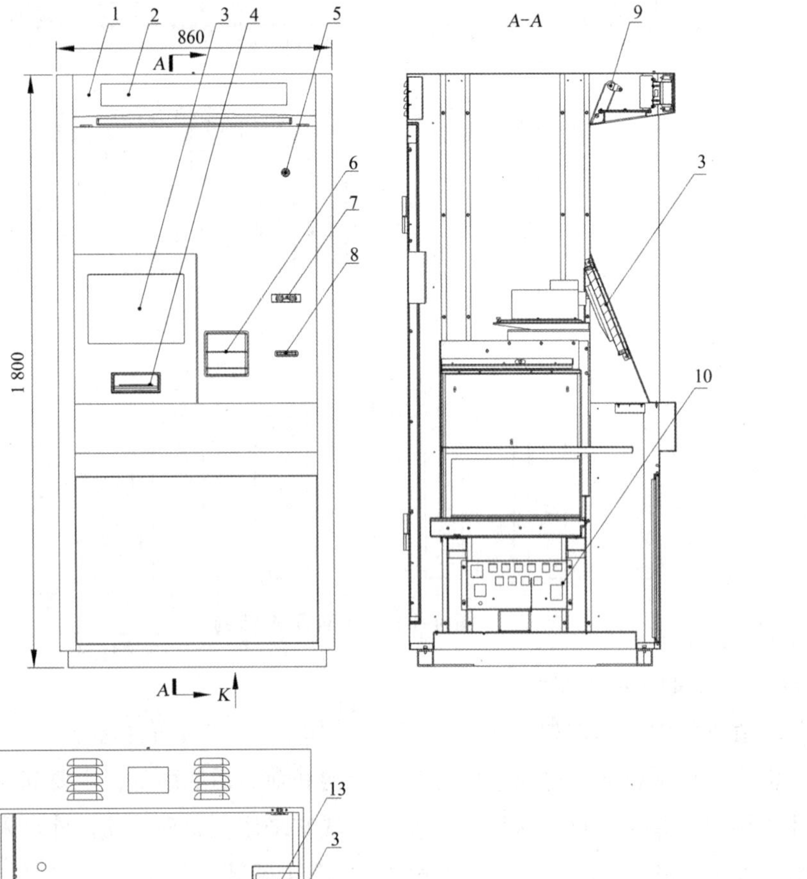

1—机箱；2—整机状态指示器；3—乘客显示器和乘客触摸屏；4—票据打印机;5—请求帮助按钮；6—纸币识别单元；7—储值票处理单元；8—银行卡处理单元；9—照明设备；10—交流电源；11—直流电源；12—强电进线盒；13—维护维修单元；14—主控单元；15—弱电进线盒。

图 4-16　自动增值机（AVM-1000）内部构造

（7）储值票处理单元，包括储值卡传送机构（TTC）和储值卡读写器两个部件，它能接收乘客的储值卡，按要求充值成功后将卡退回给乘客。储值票传送单元是一种 IC 卡传送机构，用于储值票的输入和退出，目前只有在设备启动发现 TTC 通道中有卡的情况下才会进行回收卡（即吞卡）处理；储值票读写器用于对乘客插入的储值票卡进行读/写。

储值卡经过有效性检查验证为有效后，乘客显示器显示卡余额，卡增值是通过写操作实现的。在乘客取消或完成增值交易前，所插入的储值卡是不能退回或取出的。用储值卡出票时间不超过 2 s。

（8）银行卡处理单元，包括银行读写器和银行处理模块。前者用于读取乘客放入的银行卡卡号；后者是乘客的银行卡与银行的信息交换接口，保障乘客银行卡的安全，符合中国人民银行的相关规范。银行卡处理单元接收乘客银行卡，按要求扣取相应转账的金额后将卡退回给乘客。

（9）照明设备，为乘客操作和维护工作提供照明。根据操作范围、操作频度，考虑设备发热合理安排。

（10）交流电源，为自动增值机中电子和电气部件提供交流输入。

（11）直流电源，为自动增值机中所有电子和电气部件提供稳定可靠的直流电源。

（12）强电进线盒，为自动增值机接入交流电源。

（13）维护维修单元，供维护维修工作人员在进行安装、调试、检修和处理故障等情况下使用，完成维护维修功能。自动增值机设计成从前、后进行维护的结构，维护人员在打开机柜门之后，由设备验证维护人员员工编号和维护级别权限。如果检测到门已经打开而没有合法的维护人员信息，自动增值机立即报警。维护人员根据维护显示屏上的信息，按照操作指引进行。

（14）主控单元，为协调自动增值机动作的中枢，控制设备内部各单元协调工作，完成自动增值机总体管理功能。

（15）弱电进线盒，为自动增值机接入请求帮助按钮信号线和系统网络线。

（二）AVM 功能

（1）自动增值机可接受纸币和银行卡实现增值。

（2）自动增值机对储值票卡进行有效性检查，储值票卡经过验证为有效后，乘客显示器显示车票余额。

（3）银行卡转账处理，银行卡加密处理模块符合中国人民银行的有关规范，在自动增值机暂停服务或关闭时，银行卡读卡器拒收银行卡。

（4）自动增值机保持联网运行方式，实时向上级 AFC 系统上传设备状态、运营、维护等信息，同时接收上级 AFC 系统下载的管理控制参数和命令。

（5）当增值机检测到异常情况发生时，会及时将设备码、部件码及其对应的故障码报告给上级 AFC 系统，使工作人员能及时处理。

五、闸机（GATE）

闸机 GATE（进站闸机 Entry Gate，出站闸机 Exit Gate）安装在各个地铁站的付费区与非付费区交界处，用于乘客自助检票通行，是乘客进、出地铁站付费区时的检票口。

闸机将车站站厅分成付费区和非付费区，也将城市轨道交通系统围成一个封闭的区域，乘客在进入和离开付费区时，闸机对车票的有效性进行检查，给持有效车票的乘客放行，指示持问题车票的乘客到售票处；出闸时，单程车票回收到票盒中，储值票则退还给乘客，若乘客出闸时使用的单程票、储值卡和一卡通余额不够支付本次车程的车票，或乘客在付费区停留的时间超过了规定的时间及车票没有进站码，出闸机会提示乘客进行相应的处理，进行超乘超时补票差及进出站码更新等。

（一）闸机分类

在国内，闸机的设计符合乘客右手持票的习惯。不论何种类型的闸机，一般从安全方面考虑，在紧急情况或断电时，闸机的通行阻挡都能自动解除，以便乘客快速通行或疏散。

（1）闸机按安装位置和功能可分为出站闸机、入站闸机、双向闸机、特殊通道闸机。

（2）闸机按阻拦方式可分为三杆式和门式。

① 三杆式闸机。

三杆式闸机是最早且广泛应用的自动检票闸机，目前在国内地铁 AFC 系统中几乎都有应用，如香港、上海、武汉和重庆等城市地铁。三杆式闸机如图 4-17 所示。

三杆式闸机技术成熟、阻挡效果较好、可靠性较高、性价比高，具有防逃票性好及造价低的优点。但三杆式闸机的三杆转动是靠乘客的身体接触来推动的，因此人机友好性低。此外，三杆之间通行的空隙较小，带行李的乘客通行会深感不便。

② 门式闸机。

门式闸机是目前比较先进的检票闸机，只有一对隐藏门，如图 4-18 所示。门式闸机采用多对光电传感器来识别乘客的通行行为和行李情况，自动开关隐藏门。门式闸机目前已被认为是闸机发展的趋势，在国外的地铁 AFC 系统中也得到了广泛的应用，如在日本、美国、欧洲等；我国已建的地铁 AFC 系统中，应用也较多，如香港、广州、深圳等。

图 4-17　三杆式闸机

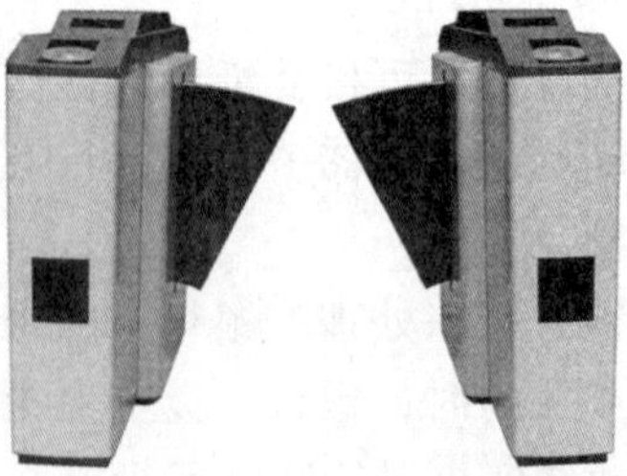

图 4-18　门式闸机

门式闸机的优点在于它的通行速度较三杆式闸机快，行人和行李可以同时方便通行。缺点是防逃票性差，造价较高。

（二）闸机的基本设备

1. 闸机基本组成

闸机基本组成如图 4-19 所示。

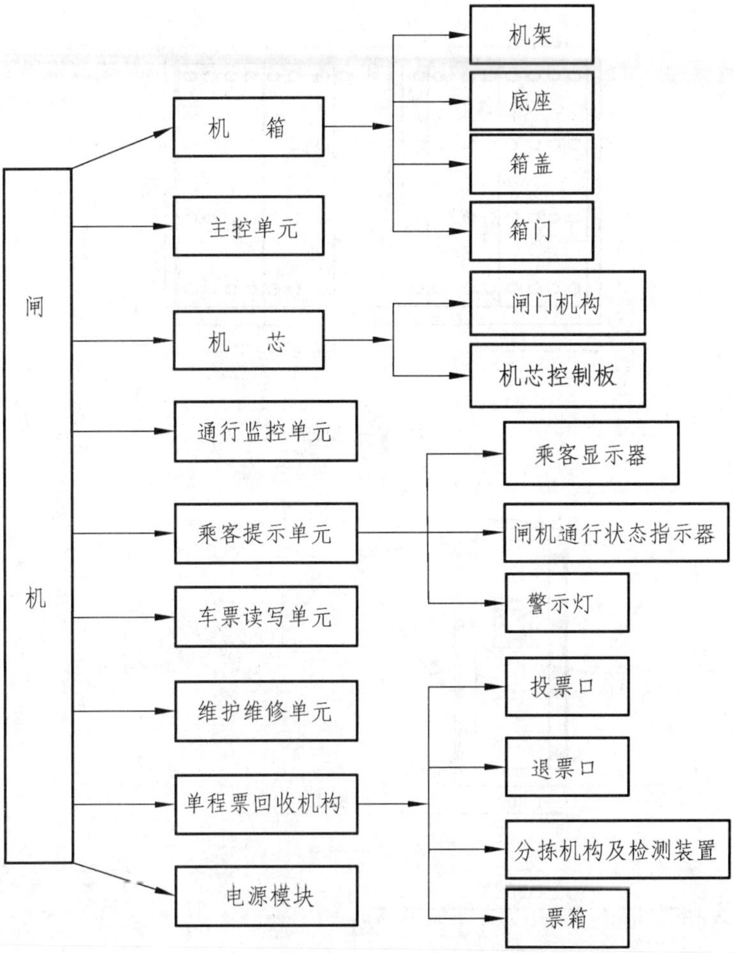

图 4-19 闸机基本组成

2. 闸机主要组成元件

闸机外部结构如图 4-20 所示，闸机 GATE 外观结构为机箱、通道可用指示器、乘客显示器、乘客通行指示器、票卡读写单元、优惠/报警指示灯和通行监控单元；GATE 内部结构如图 4-21 所示，包括机芯、主控单元、维护单元、电源模块、单程票回收箱和单程票回收机构等。

（1）机箱：有机械锁定装置，须使用钥匙开启；维护门装有传感器，维护时闸机自动进入暂停工作状态。

（2）通行监控单元：14 对通行传感器分布在闸门两侧通道内，每侧 7 对，用来监控乘客的通行过程。4 对安全传感器在闸门两旁，可以防止闸门夹伤乘客。

（3）闸机机芯：闸机机芯安装在闸机的中间位置。机芯的核心部件接收通行传感器、安全传感器的信号，传输给工控机，并根据工控机发出的指令驱动闸门驱动机构，从而打开或关闭闸门。

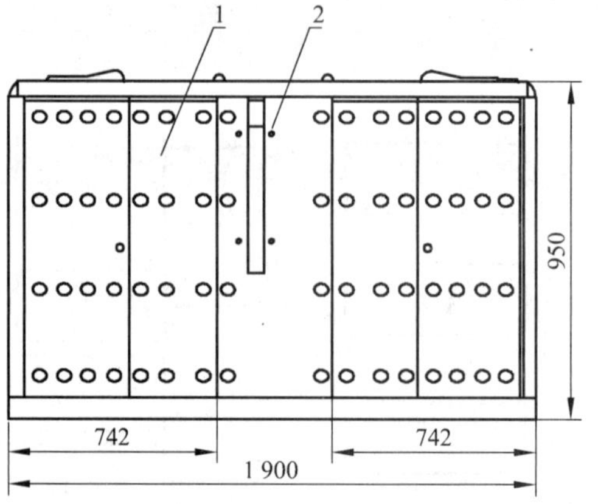

（a）主视图

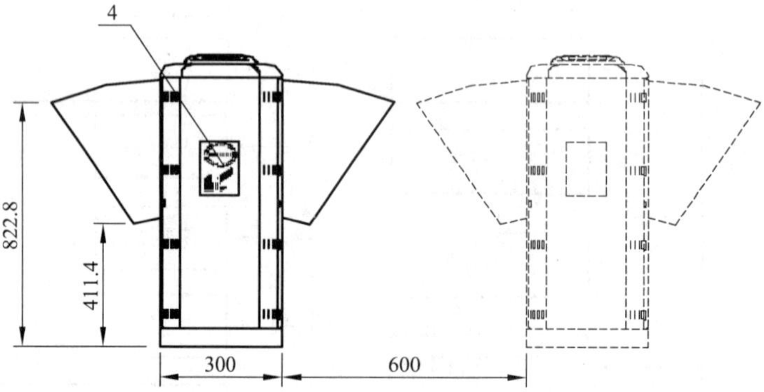

（b）左视图

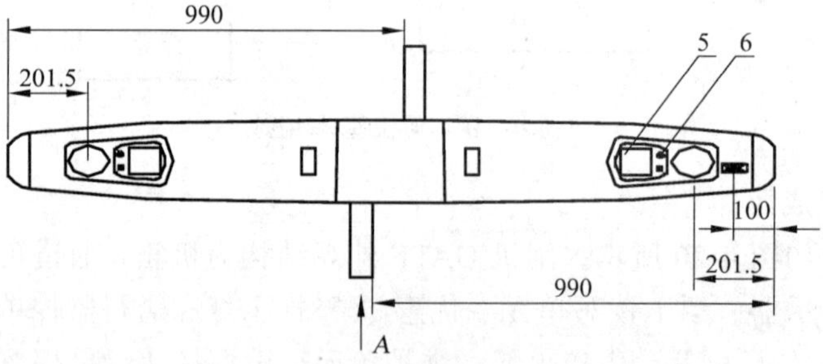

（c）俯视图

1—机箱；2—通行监控单元；4—通道可用指示器；5—乘客显示器；6—乘客通行指示器。

图 4-20　闸机外部结构

（4）通道可用指示器：如图 4-22 所示，安装在闸机两端的面板上，由表示“通道可用”的绿色指示灯和“通道不可用”的红色指示灯组成，使乘客可以在远处依据该指示器选择通道。

（5）乘客显示器（闸机面板）：如图 4-23 所示，安装在闸机上表面，显示有关车票有效及无效的信息，乘客显示器安装在闸机上盖的端部，向上倾斜 15°，以方便乘客观察显示内容。闸机正常且无刷卡信息时显示欢迎界面，乘客刷卡时显示该卡是否合法有效，对有效卡显示当前扣款额和可用余额等相关信息，对无效卡提示乘客到售票问讯处处理。

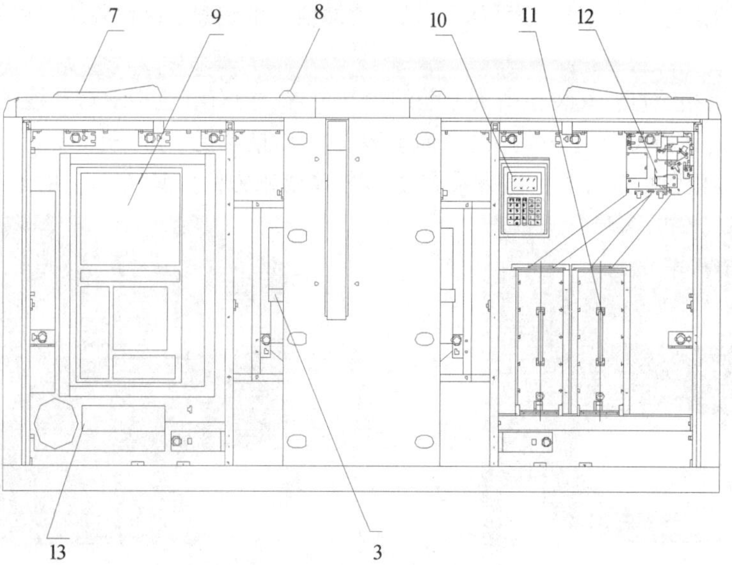

3—闸机机芯；7—票卡读写单元；8—优惠/报警指示灯；9—主控单元；10—维护单元；
11—单程票回收箱；12—单程票回收机构；13—电源模块。

图 4-21　闸机内部结构

图 4-22　通道可用指示器

图 4-23　乘客显示器

（6）乘客通行指示器：和乘客显示器装在一起，由绿色箭头和红色十字叉指示灯组成，如图 4-24 所示。刷卡有效时绿色指示灯亮，乘客可以通行；刷卡无效时红色指示灯亮，乘客无法通行。

图 4-24　乘客通行指示器

（7）票卡读写单元：用于读取车票内的信息，如图 4-25 所示。进站读卡读写单元可以读取单程票和储值票的信息，出站读卡读写单元只能读储值票的信息，单程票读卡读写单元只能读取单程票的信息。

（8）优惠/报警指示灯：安装在闸机上盖的中部位置，内有红色指示灯和橙色指示灯各一个，如图 4-26 所示。通道中每个可以使用的方向上装有优惠/报警指示灯一套。当有乘客持优惠票刷卡时，该方向上的橙色指示灯亮；当有乘客持黑名单票刷卡时，该方向上的红色指示灯亮。

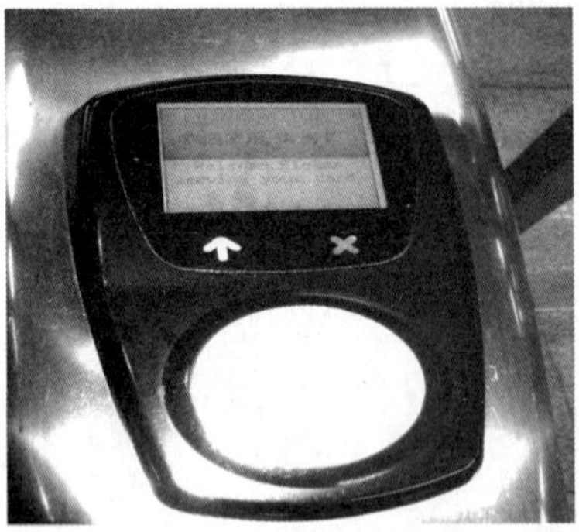

图 4-25　票卡读写单元

图 4-26　优惠/报警指示灯

（9）主控单元：由通信模块、主板、I/O（输入/输出）模块组成，控制车票读写器、单程票控制单元、扇门控制器等部件的工作，并根据其他部件的工作状态确定闸机的整机状态。记录闸机的所有交易、状态、操作和台账且实时上传数据。

（10）维护单元：安装在闸机的内部，位于票箱的上部。它根据回收机构各传感器和主控单元的命令控制回收机构各电磁铁的动作。运营工作人员也要通过维护单元的键盘输入用户名和密码，维护人员则通过维护单元的键盘和液晶显示来检查整机和各部件的状态以及传感器的状态。

（11）单程票回收箱：安装在闸机的内部，位于闸机底部，靠近出站端。单程票回收箱最多可存储 1 000 张单程票。票箱带有电子 ID 和计数器，以便让系统内的所有设备可以直接获取单程票回收箱的编号和内部存储的票数。

（12）单程票回收机构：安装在闸机内部靠近出站端。乘客投入的有效票被送入单程票回收箱（以下简称票箱），而乘客投入的无效票及其他物体（如硬币等）被退回至退票口。

（13）电源模块：由变压器和开关电源组成。变压器安装在主控单元的侧下部，给机芯控制单元供电。开关电源安装在闸机主控机箱内，给闸机内的其他部件供电。

（三）闸机功能

（1）乘客自助检票，判断乘客所持票卡的真伪，计算乘客乘车费用并扣费。

（2）监控乘客通行，给乘客提供指引，对不规范的乘客通行行为报警提示。

（3）闸机可以通过网络接受车站计算机和中心计算机的控制，并实时上传工作状态和交易数据。

（四）闸机的声光报警信息提示

在使用闸机工作过程中，通过闸机的声光报警信息可以判断此时闸机所处的状态。涉及的声光报警部件主要有：优惠/报警指示灯、整机蜂鸣器、乘客显示器蜂鸣器、方向指示器、通行指示器、乘客显示器等。

1. 优惠/报警指示灯

① 闪橙色：所消费的卡为优惠票；

② 闪红色：目前此方向通道不可使用；

③ 不亮：目前此方向通道可正常使用。

2. 通行指示器

① 亮绿色：所刷票卡为正常有效票卡，乘客可顺利通过；

② 亮红色：所刷票卡为无效票卡，乘客禁止通过。

3. 乘客显示器

① 显示“请稍候……”：程序启动，设备自检中；

② 显示“欢迎使用，请刷卡”：正常状态，乘客可刷卡通过；

③ 显示“暂停使用”：该方向目前不可使用。

4. 方向指示器

① 长亮绿灯：此通道可让乘客顺利通过；

② 闪绿灯：紧急放行模式，请乘客尽快通过；

③ 长亮红灯：此通道禁止通行；

④ 闪红灯：通行传感器被挡住或设备处于维护状态等。

5. 乘客显示器蜂鸣器

① 短促鸣叫：所刷票卡为有效正常票卡或无效票（非黑名单票）；

② 长鸣：所刷票卡为黑名单票。

6. 整机蜂鸣器

短促鸣叫：通道内有乘客或物体导致通行传感器被挡住。

（五）闸机状态判断

当乘客进、出闸机出现问题时，闸机会显示相应的提示信息，站务人员可根据提示信息进行引导、处理。地铁闸机的状态可以通过状态码来判定，不同的状态码代表不同的状态。例如，某地铁闸机的状态码含义如下：

20—密钥认证错误，21—黑名单票，22—票卡类型不符，23—卡状态错误，24—使用车站不符，25—余额不足，31—过期车票，32—进出次序错误，33—进站码为系统未定义车站，34—超时，35—票卡更新错误，36—超出日使用次数限制，37—超出总共使用次数限制，38—非法类型，E1—写卡错误，E2—读卡错误，E8—与主控制器的通信中断。

（六）闸机票箱更换操作

当票箱将满或已满时，闸机会向车站计算机发送相应的信息更换票箱操作。车站计算机显示该闸机票箱已满或将满信号，操作员在车站计算机上下达更换票箱的命令。闸机必须在收到这个命令后，才能进行票箱更换操作。

（1）打开闸机的维修门，维修面板显示屏显示闸机自动转入关闭模式的代码（如“E-0601”）。

（2）登录，输入用户 ID 和密码，显示验证成功代码。

（3）取出旧票箱，换上新票箱。

（4）票箱清零：放入新票箱后，必须输入相应的命令清零，并输入新票箱 ID 号。

（5）签退并关闭维修门。

六、自动验票机 TCM

自动验票机 TCM（Ticket Checking Machine）（如图 4-27 所示）是车站自动售检票系统中的自助查询设备，安装在地铁车站的非付费区内，为乘客提供车票自动查验服务。

1. 基本设备的组成

自动验票机主要由主机和底座两部分组成。TCM 主机（如图 4-28 所示）由机壳、乘客显示单元、车票读写模块主控单元、电源和天线等组成。票卡的查验主要由主机完成，底座主要起支撑安装的功能。

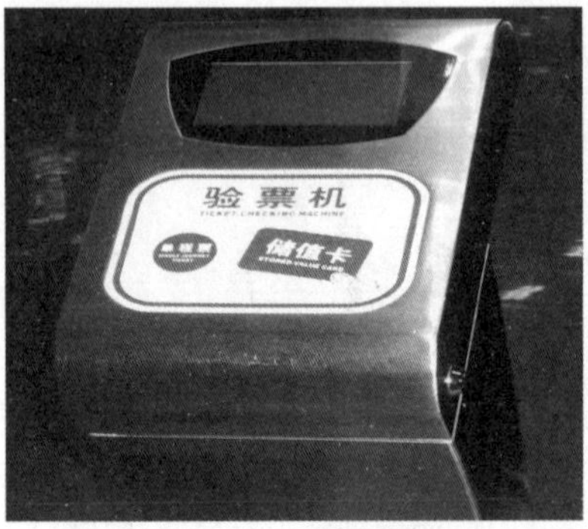

图 4-27　自动验票机

图 4-28　TCM 主机

自动验票机的基本结构组成如图 4-29 所示。

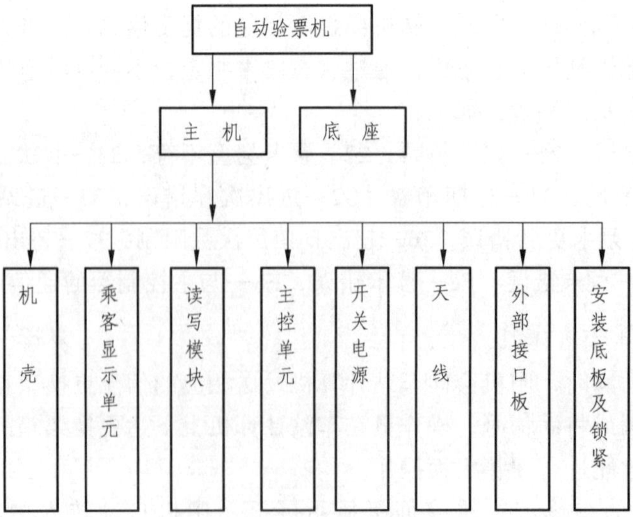

图 4-29　自动验票机组成

2. 自动验票机的功能

（1）可查询车票的有效性（包括密钥的合法性、车票锁闭标志、票种合法性、有效期等）。

（2）对有效的车票还可查询车票类型、剩余金额或剩余次数（仅对计次票）、车票使用有效期以及历史交易信息。

七、自动售检票辅助设备和票务工器具及票务备品

1. 辅助设备

（1）AFC 系统辅助设备主要有不间断电源（UPS）、网络设备和打印设备。

在地铁车站中，为 AFC 系统提供稳定的供电是非常重要的，一般售检票终端设备和车站服务器都由 UPS 进行供电，以防止因市电供电系统偶发性故障导致的瘫痪。

（2）网络设备一般由路由器、交换机、光纤收发器等组成，它们与车站 AFC 系统通信管槽中的网线组成车站 AFC 系统的局域网，一方面将各类售检票终端设备与车站服务器相连，另一方面将车站 AFC 系统与中心 AFC 系统相连。

（3）打印设备主要有报表打印机和凭证打印机，分别用于车站应用管理系统报表打印和乘客事务处理过程各类凭证的打印。

2. 票务工器具

票务工器具是指具备独立的功能，用以辅助车站员工进行车票的清分清点、现金的检验清点等工作的设备。

票务工器具一般包括单程票清分机、单程票清点机、手持验票机、验钞机、点钞机、硬币清分机、运营小车、保险柜/箱和售检票终端设备中用于日常周转的备件等。

（1）单程票清分机（如图 4-30 所示）能根据分拣条件将不同的车票分别分拣到不同的票箱中，同时还可以将废票分拣出来，便于车站单程票的循环使用及废票上交工作。由于单程票清分机的清点速度较慢，目前车站使用得较少。

（2）单程票清点机，对无须清分的单程票进行快速清点，如图 4-31 所示。

图 4-30　单程票清分机

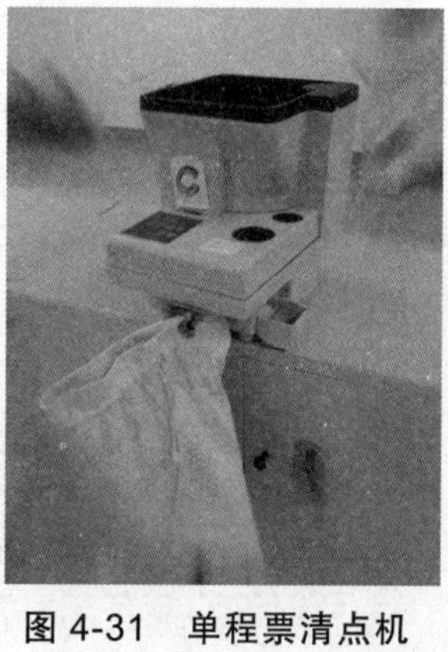

图 4-31　单程票清点机

（3）手持验票机，是用于车站票务人员查验车票信息的专用设备，具有方便、轻巧等特点，如图 4-32 所示。

（4）验钞机，用于纸币真伪的识别和数量的清点，如图 4-33 所示。

图 4-32　手持验票机

图 4-33　验钞机

（5）点钞机，用于车站纸币的清点并能识别纸币的真伪，如图 4-34 所示。

（6）硬币清点机，用于硬币的鉴别、分类和清点，如图 4-35 所示。

（7）运营小车，作用是方便车站员工日常的补币、补票、回收等工作，如图 4-36 所示。

（8）保险柜/箱，用于车站存放贵重的物品，如现金、预制票等。

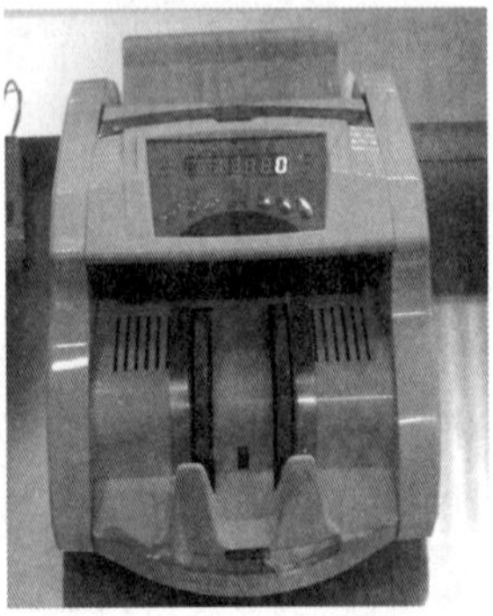

图 4-34　点钞机

图 4-35　硬币清点机

3. 票务备品

车站 AFC 系统在日常的循环运作中，需对售检票终端设备及时进行补币、补票、回收等工作，在这些工作中，要对一些辅助用品进行周转，以减少设备的停用时间和方便车站人员的工作，这些辅助用品称为票务备品。具体包括：纸币钱箱、硬币回收箱、加币箱、单程票箱、废票箱等，如图 4-37 所示。

图 4-36　运营小车

图 4-37　票务备品

第二节　屏蔽门系统及紧急停车按钮

地铁屏蔽门系统是现代化地铁工程的必备设施，它沿地铁站台边缘设置，将站台区与轨行区进行隔离。地铁安装屏蔽门系统，不仅可以防止乘客跌落或跳下轨道而发生危险，还可以消除活塞风对站台乘客的影响，提高乘客候车舒适度，让乘客安全、舒适地乘坐地铁。而且屏蔽门系统作为一种高科技产品所具有的节能、环保和安全功能，减少了站台区与轨行区之间冷热气流的交换，降低了环控系统的运营能耗，从而节约了运营成本。图 4-38 所示为上海地铁屏蔽门。

一、屏蔽门的组成

屏蔽门设置在车站每侧站台边缘，由固定门、应急门（EED）和端门（MSD）及与列车车门对应的滑动门（ASD）组成，如图 4-39 所示。

图 4-38　上海地铁屏蔽门

图 4-39　屏蔽门的组成

1. 滑动门（ASD）

滑动门为中分双开式门，如图 4-40 所示。每侧从尾端墙至头端墙顺序编号，关闭时隔断站台和轨道，开启时供乘客上下列车。每个滑动门均配置一个门机控制器，安装在门体上部的顶盒内，它为滑动门的电气控制装置。当某个屏蔽门故障不能正常开放或关闭时，利用设于滑动门上部的紧急释放装置进行手动隔离和解锁。

（1）现场滑动门右上角均有编号贴纸，可立即确定某一屏蔽门的编号，如图 4-41 所示。

图 4-40　滑动门

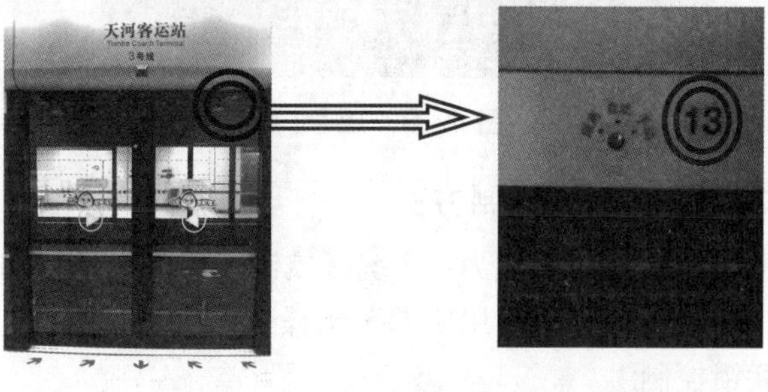

图 4-41　滑动门的编号

（2）门头灯显示的意义。

门常开时门头灯常亮，关闭或开启过程中门头灯闪烁，关闭时门头灯熄灭，如图 4-42 所示。

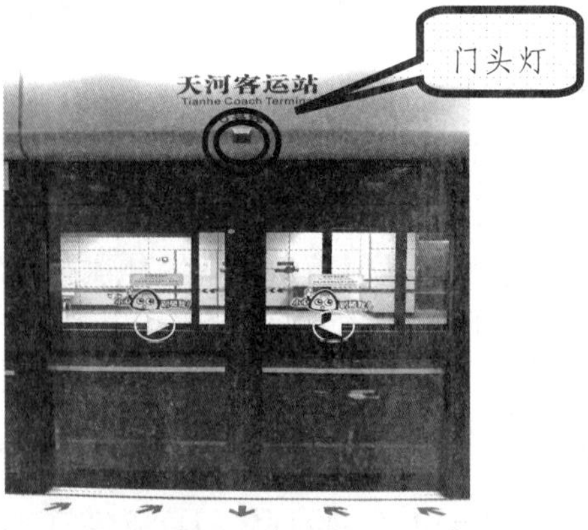

图 4-42　门头灯

2. 应急门（EED）

如图 4-43 所示，应急门的作用是隔断站台和轨道，有门锁装置，在紧急情况下允许手动打开，作为乘客的疏散通道。在不同的车站，应急门的设置数量及位置略有不同。应急门布局设置考虑当列车进站无法对准滑动门时作为乘客疏散通道，保证列车停在站台区域任何位置时均至少有 1 道列车客室门对准应急门。

3. 端门（MSD）

如图 4-44 所示，端门即站台两端的应急门，主要用于车站工作人员在站台和轨道之间的进出，同时兼顾紧急情况下疏散乘客的要求，有门锁装置，在紧急情况下允许手动打开。

图 4-43　应急门

图 4-44　端　门

二、屏蔽门的控制方式

屏蔽门的控制方式为：系统级控制、站台级控制和就地级控制。优先级从高到低依次为：就地级控制（屏蔽门专用钥匙手动操作）、站台级控制（PSL 操作）、系统级控制（屏蔽门与信号联锁控制）。

（一）系统级控制

在正常运行模式下，屏蔽门处于系统级控制状态。列车、信号系统和屏蔽门系统之间存在着一定的联锁关系，列车到站并停在允许的误差范围内，信号系统发出允许开门的命令，各种安全因素经过列车驾驶员的人工确认后，按压开门按钮，整列屏蔽门自动打开；当列车停站时间到，信号系统发出允许关门命令，各种安全因素经过列车驾驶员的人工确认后，按压关门按钮，整列屏蔽门自动关闭。

（二）站台级控制

屏蔽门的站台级控制实质上就是通过操作 PSL（就地控制盘）来实现对屏蔽门的控制，如图 4-45 所示。

当因信号系统故障失效或屏蔽门系统控制柜对屏蔽门控制单元控制故障时，由司机或被授权操作人员操作就地控制盘（PSL）控制屏蔽门的开关。

开关门的操作：

（1）开门操作：插入钥匙，转动到“门关闭”位停顿 1 s，再打到“门打开”位保持 5 s，确保整侧屏蔽门打开完毕。

（2）关门操作：转动钥匙到“门关闭”位置保持 5 s，整侧屏蔽门关闭完毕，屏蔽门 PSL 上的“ASD/EED 门关闭”绿灯亮后，才可将钥匙回到禁止位。

（3）取出钥匙并带走，操作完毕。

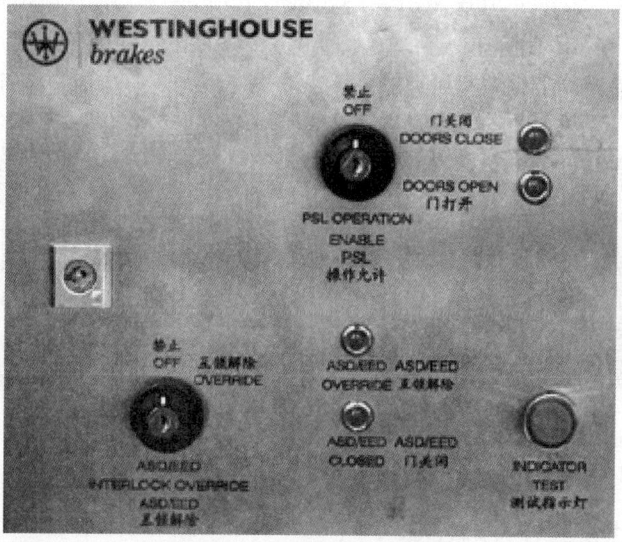

图 4-45　屏蔽门就地控制盘

（三）就地级控制

就地级控制是指工作人员用屏蔽门专用钥匙手动打开屏蔽门。下面分别介绍 3 种门体手动操作的方法。

1. 滑动门手动操作

适用范围：当系统级控制和站台级控制均不能操作屏蔽门时。

（1）站台侧：在站台侧由站台工作人员用钥匙打开滑动门，用力向两边推开拔出钥匙，门头灯亮，如图 4-46 所示。

（2）轨道侧：在轨道侧由司机通过车内广播通知乘客使用滑动门上的手动解锁把手自行开启屏蔽门，如图 4-47 所示。

图 4-46　站台侧打开滑动门

图 4-47　轨道侧打开滑动门

2. 应急门手动操作

适用范围：当列车无法在规定范围内停车，偏离量较大，而且乘客无法从滑动门进出时。

（1）站台侧：站台工作人员在站台侧用钥匙打开应急门，用力朝站台方向拉开，拔出钥匙，门头灯亮，如图 4-48 所示。

（2）轨道侧：在轨道侧由列车司机通过广播指导乘客压推杆锁打开应急门，如图 4-49 所示。

图 4-48　站台侧打开应急门

图 4-49　轨道侧打开应急门

3. 端门的手动操作

适用范围：当隧道内发生火灾、列车出轨等情况，需要在隧道内停车时。

开门方法与应急门相同，端门开启时，门头灯亮，如图 4-50 所示。

图 4-50　端门开启时门头灯的状态

三、屏蔽门故障时的操作

当某个门道出现故障不能关闭时，要操作门道顶部的模式转换开关（如图 4-51 所示），将故障门体进行隔离。

（1）插入开关钥匙切换到隔离位置（转向左边），隔离该门。

（2）排除故障后，将该门道的模式钥匙开关切换到自动位置（中间位置），将门恢复到自动控制。

（3）钥匙从开关上取出并带走，操作完毕。

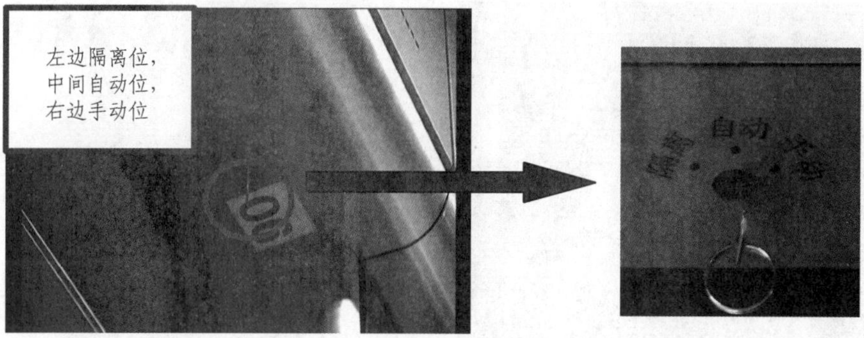

图 4-51　屏蔽门模式钥匙开关

四、安全门

在一些地面站及不需考虑冷气流失等节能问题的地下车站，为了避免乘客等车时不慎掉下站台，可以安装安全门系统。它具有安全、便利的优点，但不能完全隔离站台区域与轨行区。安全门系统与屏蔽门系统一样，由活动门、固定门、应急门及端门组成，门体高度一般为 1.2 ~ 1.5 m，活动门与列车门一一对应，列车进站并停稳后，活动门会与列车门同时打开，乘客上下列车后，活动门又会与列车门同时关闭。图 4-52 为安全门示意图。

（a）香港地铁迪士尼线使用的安全门　　（b）广州地铁使用的安全门

图 4-52　安全门

五、紧急停车按钮

地铁及轻轨的站台上都设置有站台紧急停车按钮，像一道隐形的屏蔽门，将出问题的站台与行驶车辆隔开。当发生人员掉下站台等危及乘客安全的突发事件时，可立即按压紧急停车按钮，此时列车将自动停车，以确保人员不会受到伤害。

下面介绍两种常见的紧急停车按钮的操作方法：

（1）破玻式紧急停车按钮，如图 4-53 所示。

第一步：用紧急停车按钮旁的小铁锤打烂玻璃盖。

第二步：按压紧急停车按钮 4 s。

（2）解锁式紧急停车按钮，如图 4-54 所示。

第一步：用专用钥匙解锁。

第二步：按压紧急停车按钮。

图 4-53　破玻式紧急停车按钮

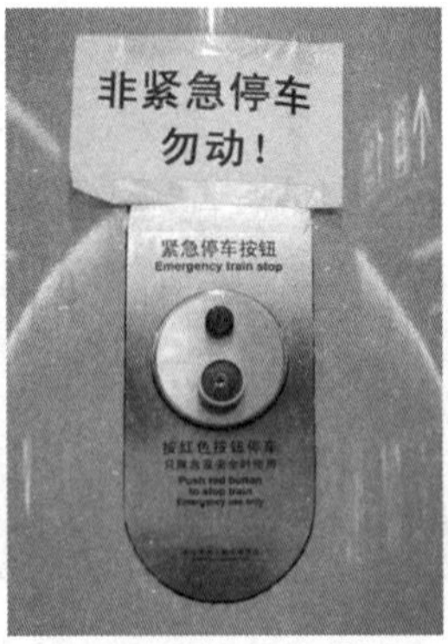

图 4-54　解锁式紧急停车按钮

第三节　电、扶梯系统

电、扶梯系统是城市轨道交通系统的一个重要组成部分，是轨道交通车站内疏散乘客的重要工具，它每天担负着运送大量客流的任务，对客流及时疏散起到了至关重要的作用。城市轨道交通系统的车站均设有各类电、扶梯，它们通常包括自动扶梯、液压电梯、楼梯升降机和电步梯等。

一、自动扶梯

自动扶梯（Escalator）（如图 4-55、图 4-56 所示），也称电扶梯，是由一台特殊结构形式的链式输送机和两台特殊结构形式的胶带输送机组合而成，带有循环运动梯路，用以在建筑物的不同层高间向上或向下倾斜输送乘客。它的用途主要是解决乘客的快速疏通，在列车到达后，大量的乘客乘电扶梯从候车站台向地面站厅疏散。

轨道交通车站出入口若不受提升高度的限制，均应设置上、下行自动扶梯。站厅层与站台层之间，一般宜设上、下行自动扶梯，对客流量不大的车站（且高差小于 5 m 时），可用楼梯代替下行自动扶梯。当发生火灾时，车站的自动扶梯须停止运行，作为固定楼梯来疏散乘客。自动扶梯一般采用 30°倾角，两台相对布置的自动扶梯工作点间距不得小于 16 m；扶梯工作点至前面影响通行的障碍物间距不得小于 8 m；扶梯与楼梯相对布置时，自动扶梯工作点至楼梯第一级踏步的间距不得小于 12 m。

图 4-55　自动扶梯

图 4-56　某国地铁内的自动扶梯

（一）自动扶梯的定义和分类

1. 自动扶梯的定义

自动扶梯是带有循环运动梯路向上或向下倾斜输送乘客的固定电力驱动设备。

2. 自动扶梯的分类

（1）按扶手装饰分类。

① 全透明式，指扶手护壁板采用全透明的玻璃制作的自动扶梯，按护壁板采用玻璃的形状又可进一步分为曲面玻璃式和平面玻璃式。

② 不透明式，指扶手护壁板采用不透明的金属或其他材料制作的自动扶梯。由于扶手带支架固定在护壁板的上部，在扶手支架导轨上作循环运动，因此，不透明式的稳定性优于全透明式，主要用于地铁、车站、码头等人流集中的高度较大的自动扶梯。

③ 半透明式，指扶手护壁板为半透明的，如采用半透明玻璃等材料的扶手护壁板。

就扶手装饰而言，全透明的玻璃护壁板具有一定的强度，其厚度不应小于 6 mm，加上全透明的玻璃护壁板有较好的装饰效果，所以护壁板采用平板全透明玻璃制作的自动扶梯占绝大多数。

（2）按梯级驱动方式分类。

① 链条式，指驱动梯级的元件为链条的自动扶梯。

② 齿条式，指驱动梯级的元件为齿条的自动扶梯。

由于链条驱动式结构简单，制造成本较低，所以目前大多数自动扶梯均采用链条驱动式结构。

（3）按提升高度分类。

① 小提升高度的自动扶梯，指提升高度为 3～10 m。

② 中提升高度的自动扶梯，指提升高度为 10～45 m。

③ 大提升高度的自动扶梯，指提升高度为 45～65 m。

（4）按驱动装置位置分类。

① 端部驱动自动扶梯，驱动装置位于自动扶梯的头部，并以链条为牵引构件。它由一系列的梯级与两根牵引链条连接在一起，运行在按一定线路布置的导轨上。牵引链条绕过上牵引链轮、下张紧装置并通过上、下分支的若干直线、曲线区段构成闭合环路。该环路的上分支中的各个梯级应严格保持水平，以供乘客站立。上牵引链轮通过减速器等与电动机相连以

获得动力。扶梯两边装有与梯级同步运行的扶手装置，以供乘客扶手之用。为了保证自动扶梯乘客绝对安全，要求装设多种安全装置。

② 中间驱动自动扶梯，驱动装置位于扶梯中部，并以齿条为牵引构件的自动扶梯。一台自动扶梯可以装多组驱动装置，也称多级驱动组合式自动扶梯。运行时，电动机通过减速器将动力传递给两侧的构成闭合环路的传动链条，每侧的传动链条之间铰接一系列的滚子，滚子与牵引齿条的牙齿啮合，驱使自动扶梯运行。

（二）自动扶梯的基本构造

自动扶梯是由一台链式输送机和两台胶带式输送机组合而成的升降传送系统。自动扶梯的基本结构包括主驱动系统、润滑系统、安全保护系统和电气控制系统。主驱动系统由驱动曳引主机、主驱动链条、主驱动轮系统组成；润滑系统对主驱动链、扶手带驱动链及扶梯进行实时润滑，确保扶梯平稳运行；电气控制系统包括主控制柜、操纵面板、检修控制盒及各种安全保护开关。

自动扶梯主要设备包括桁架、梯级、裙板、扶栏、驱动链、梯级链、减速机、电动机、主驱动轴、梯级链张紧装置、导轨、扶手带驱动装置、扶手带、梳齿板、控制系统、安全装置等。

（1）桁架，架设在建筑结构上，供支承梯级、踏板以及运动机构等部件。

（2）梯级，是在扶梯桁架上循环运行，供乘客站立的部件。

（3）围裙板，是与梯级、踏板两侧相邻的金属围板。

（4）驱动链，是传递运动并带动梯级运行的部件。

（5）梯级导轨，是供梯级滚轮运行的导轨。

（6）梳齿板，是位于运行的梯级出入口，为方便乘客的上下过渡，与梯级踏板相啮合的部件。

（7）驱动装置，是指驱动扶梯运行的部件（包括电机、减速器、驱动链轮主轴、驱动链轮等）。

（8）扶手带装置及扶手带。扶手带装置是在扶梯两侧，对乘客起安全防护作用，也便于乘客扶握的部件。在扶手装置顶面，与梯级同步运行，供乘客扶握的带状部件，是扶手带。

（9）扶手带张紧装置，是指当扶手带被拉长或安装过紧时，用于调节其长度的部件。

（10）控制柜，主要由主机板、变频器、主开关、各种继电器、接线端子、通信接口、接地保护装置等构成。

（11）自动润滑系统。

（12）安全装置。

（三）自动扶梯的优缺点

（1）结构紧凑，重量轻、输送能力大、生产效率高、提升高度较大。

（2）运行平稳，舒适感好，能连续地运送乘客。

（3）通过控制，可上下逆转，满足不同需要，安装维修方便。

（4）可设置为省电模式（即没人使用时，通过控制运行速度从而降低电能消耗）。

（5）当停电或零件损坏时，可作步行梯用。

（6）与液压梯相比，电扶梯在提升乘客高度的同时，花费的时间也较长。

（7）造价较高。

（8）对乘客伤害的几率高，梯级的间隙容易夹伤乘客，如果有乘客摔倒会导致后续乘客接连摔倒而造成伤害。

（四）自动扶梯的开启和关闭

由于自动扶梯品牌较多，不同的品牌操作方法不同，因此，学习者可根据实际可供操作的电扶梯品牌做相应调整。下面以使用较多的“日立（HITACHI）”电梯为例，简单介绍自动扶梯的操作步骤。

1. 自动扶梯的开启操作步骤

（1）除去自动扶梯各梯级间隙的杂物。

（2）确认紧急停止按钮是否处于正常状态。

（3）将钥匙插入操作盘上报警停止开关，鸣响警笛，放手后钥匙将回到中央位置，将其拔出。

（4）确认自动扶梯上没有人时，将钥匙插入运行开关后，向需运行方向（上或下）旋转。自动扶梯开始运行，待稳定运行后放手，钥匙自动回到中央位置后，即可将其拔出。

（5）确认扶手带是否正常转动，如有异常声响或振动时，立即按下紧急停止按钮，停住自动扶梯，同时通知维修人员。

图 4-57 所示为自动扶梯操作开关，图 4-58 所示为自动扶梯控制开关。

2. 自动扶梯的关闭操作步骤

（1）将钥匙插入报警停止开关，向左旋转，鸣响警铃。

（2）确认扶梯附近或扶梯梯级上无人后，再用钥匙向右旋转至停止位置，自动扶梯停止运转。

（3）采取措施，用栅栏挡住梯口，放置“暂停服务”牌。

图 4-57　自动扶梯操作开关

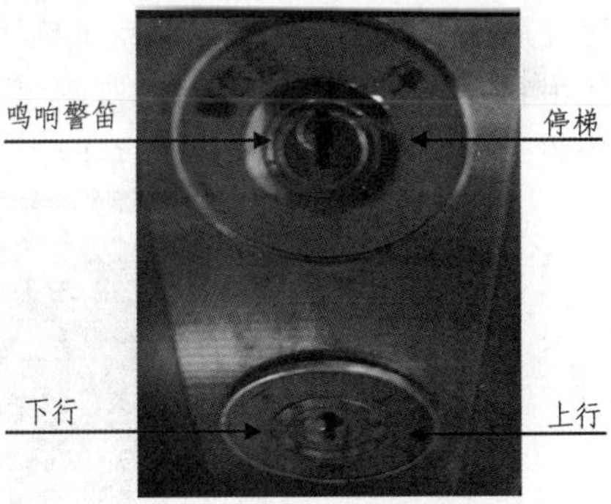

图 4-58　自动扶梯控制开关

3. 紧急停止自动扶梯的操作

在城市轨道交通系统的运营期间，可能会在电扶梯上发生意外，如超速运行或突然反向运行，乘客夹住手指、物品，甚至在乘扶梯时摔倒，导致后面的乘客接连摔倒。在发生意外时，需要工作人员紧急停止电扶梯，以防意外的影响扩大。

为防止自动扶梯在工作中可能出现的危及乘客安全的事故或在出现事故后能及时中断自动扶梯的运转，减少可能造成的对乘客的伤害，一般在自动扶梯的右下侧设有“紧急停止按钮”（见图 4-59）（高差较大的自动扶梯在其中部也设有“紧急停止按钮”），一旦在自动扶梯运行中发生乘客失足摔倒或其他紧急情况，应立即按下“紧急停止按钮”，使自动扶梯停止运行，并采取相应的救护措施。

图 4-59　紧急停止按钮

紧急停止自动扶梯的操作步骤，仍以“日立（HITACHI）”电梯为例进行介绍：

（1）在使用紧急停止按钮前，一定要通知乘客“紧急停止扶梯，请抓住扶手”后，再进行操作。

（2）用手指按动红色紧停按钮，凸起状态变成塌陷状态（正常情况下，红色按钮呈向外膨胀凸出状）。

（3）事故处理完后，用手指按动红色按钮的周围，使其中部恢复正常状态，以解除紧停，以便再次开启扶梯。

通常每个车站控制室提供一个扶梯的急停开关,该开关能使车站内的全部扶梯同时停止。

二、液压电梯

除自动扶梯外，车站还设有液压电梯（Hydraulic Lift）（如图 4-60 所示），让乘客从站台直达到站厅或从站厅直下到站台。北京地铁 10 号线还设置了地面直升电梯，从地面直达站厅。

液压电梯靠液压传动，采用柱塞侧置式方式，其油缸柱塞设置在轿厢侧面，借助曳引绳通过滑轮组与轿厢连接，利用电动泵驱动液体流动，由柱塞使轿厢升降。

图 4-60　液压电梯

（一）液压电梯的组成

液压电梯的传动系统主要由以下几部分组成。

1. 液压泵站

液压泵站主要由螺杆泵、潜油电机、电液比例阀组成，同时设有液压油冷却装置。由于油的吸音及油箱铁板的隔音作用，故机房噪声可控制在 75 dB 以下。

2. 阀　组

阀组是液压系统中的控制元件，它们对电梯的启动、运行、减速、停止及紧急情况起着控制作用。

（1）单向阀，只允许液体单向流动及反向截止的阀门。它的作用是：当油压下降到最低工作压力时，能够把载有额定负荷的电梯在任一位置加以制停并保持静止。

（2）溢流阀，是维持额定工作压力的阀门。安装在泵站和单向阀之间的管路上，其作用是当压力超过一定值时使油回流到油缸内，可防止上行运动时系统压力过高。

（3）节流阀，限制液体流量的阀门，作用是防止轿厢超速。

（4）安全阀，是当系统压力超过最高额定工作压力时，令其泄荷以防止系统超压破坏的阀门。该阀应满足：当液压系统出现较大的泄漏、轿厢速度达到了额定速度再加上 0.3 m/s 时，安全阀必须能够将超速的轿厢制停并保持静止状态。

（5）截流阀，可令油路断路的阀门。

（6）手动下降阀和手动泵。

当电源出现故障时，按压手动下降阀可放油，将电梯下降到最近的一个层站，帮助乘客逃生。手动阀门操纵轿厢的速度不得超过 0.3 m/s。手动泵连接在单向阀与截流阀之间的管路上，利用它可使轿厢缓慢上升。

3. 管　路

管路是液压系统必不可少的附件，管路可以采用刚性的或柔性的。

4. 油温过热保护

油流速度与油黏度直接有关，而黏度又受温度影响。为了控制油温，液压系统中装设有一套检温和控温的装置。当液体温度超过预定值时，这套装置将泵站制动直到温度正常为止。

（二）液压电梯的特点

液压电梯在商场、办公楼、停车场、车站与机场等公共场合广泛使用，与垂直运输工具相比较，具有以下特点：

1. 机房设置灵活

液压电梯靠油管传递动力，因此机房位置在离井道周围 20 m 的范围内，不需要用传统方式将机房设在井道上部。

2. 井道利用率高

一般液压电梯不设置对重装置，故可提高井道面积利用率。

3. 井道结构强度低

因液压电梯轿厢自重及载重等负荷，均通过液压缸全部作用于井道底坑地基上，故对井道地墙及顶部的建筑性能要求低。

4. 运行平稳、乘坐舒适

液压系统传递动力均匀平稳，且比例阀能实现无级调速，电梯运行速度曲线变化平缓，因此，舒适感优于曳引调速梯。

5. 安全性好、可靠性高、易于维修

液压电梯除装备有普通曳引式电梯具备的安全装置外，还具有以下设备和特点：

（1）溢流阀：可防止上行时压力过高。

（2）应急手动阀：电源发生故障时，可使轿厢应急下降到最近的层楼位置，自动开启层门轿门，使乘客安全走出轿厢。

（3）手动泵：当系统发生故障时，可操作手动泵打出高压油，使轿厢上升到最近的层楼位置。

（4）管路破裂阀：液压系统管路破裂轿厢失速下降时，可自动切断油路。

（5）油箱油温保护：当油箱中油温超过某一值时，油温保护装置发出信号，暂停电梯使用，当油温下降后方可启动电梯。

（6）载重量大：液压系统的功率重量比大，因此同样规格的电梯，载重量相对较大。

（7）噪声低：液压系统可采用低噪声螺杆泵，同时油泵、电机可设计成潜油式工作，构成一个泵站整体，大大降低了噪声。

（8）防爆性能好：液压电梯采用低凝阻燃液压油，油箱又为整体密封，电机、油泵浸没在液压油中，能有效防止可燃气、液体的燃烧。

6. 使用维修方便

（1）故障率低：由于采用了先进的液压系统，且有良好的电液控制方式，电梯运行故障可降至最低。

（2）节能性好：液压电梯下行时，靠自重产生的压力驱动，能节省能源。

三、楼梯升降机

楼梯升降机（Stair Lift）（如图 4-61 所示）是一种较新颖的设备，属于电梯的一个分支。楼梯升降机一般设置在出入口或站厅至站台，专为坐轮椅的残疾人服务，属于车站无障碍设计的组成部分。

图 4-61　广州地铁车站的楼梯升降机

（一）楼梯升降机的类型

楼梯升降机从服务功能上可分为座椅式和轮椅平台式两种类型。

1. 座椅式楼梯升降机

该设备主要为行动不便者提供上下楼梯的服务，一般由座椅、托架和导轨等组成。

座椅设有座位、扶手、靠背和搁脚板。为了方便乘坐，座椅一般设计成能转动的。在不使用时，座椅和搁脚板能够折叠起来，以减少对空间的占用。

托架除用以支承座椅外，将驱动装置也安装在其内，通过传动装置，使座椅沿着导轨面运动。座椅式楼梯升降机的导轨一般直接装在楼梯面上，座椅直接支承在导轨面上，结构和安装都比较简单。

2. 轮椅平台式楼梯升降机

该设备主要为使用轮椅者提供上下楼梯的服务，为了防止平台倾翻，设两根导轨。驱动装置分为内部驱动和外部驱动两种：内部驱动的驱动装置安装在轮椅平台内，外部驱动的驱动装置安装在楼梯的上部。

轮椅平台主要由工作平台、支承架、护栏组成，主体是钢结构。工作平台是升降机的工作部分，表面覆有防滑材料。平台的 3 个外向面都安装有安全护板，当平台运动受阻时，能使升降机停止运动。平台在不使用时可以向上折叠，以减少占用空间。

支承架用以支承工作平台的重量，为了使用安全，支承架的最小高度为 1 100 mm。支承架上安装有操纵开关，还可附设可折叠的简易座位，使其同时具备座椅式楼梯升降机的功能。

安全护栏安装在支承架上，由人工或自动收放，只有放下护栏，升降机才能启动运行。公共场所一般都选用这种楼梯升降机，广州地铁 2 号线已安装使用 30 台轮椅平台式楼梯升降机。

（二）楼梯升降机的主要设备

楼梯升降机的主要设备包括轮椅平台、驱动机、导轨、控制柜、充电装置、低电源蜂鸣器和安全装置等。图 4-62 所示为展开时的楼梯升降机，图 4-63 所示为正在折叠中的楼梯升降机。

图 4-62　楼梯升降机展开时

图 4-63　楼梯升降机折叠中

1. 轮椅平台

由于采用自动平台，故可通过操作外召唤盒的上或下按钮来控制平台收放。在升降机到达端点位置后，只要持续按住上或下按钮，底板便会自动向上折放，护栏会向下折放。在平台折叠或者张开过程中，如果遇到故障，也可以通过手动方式完成。轮椅平台由钢铁构件制成，其结构有足够的强度和刚度。平台包括钢板、安全护栏、活动板、安全挡板等。

2. 驱动机

驱动机采用直流电机，电机额定功率 540 W，电压 24 V。升降机运行速度由电机通过齿轮减速后得到。6 个钢制驱动滚轮等距地分布在滚轮支架上，在任何地方总有两个滚轮同时附着在导轨上，如此循环转动使升降机上升或下降。驱动机内有制动器，制动器断电抱闸，通电松闸，制动弹簧是压缩弹簧。

3. 导　轨

导轨固定在楼梯表面。导轨和支撑件采用钢铁制作，表面热镀锌后涂有富锌防锈漆和耐磨面漆共两层，能保证 15 年内不生锈。导轨的单个部件不需要润滑。

4. 控制柜

控制柜放置在楼梯升降机的内部，包括直流电机、蓄电池、主电源开关、上行继电器、下行继电器、中间继电器、时间继电器、马达辅助继电器等。出入口的楼梯升降机控制柜能适应露天的工作条件，外壳等级不小于 IP55。

5. 充电装置

（1）绿色指示灯：若充电装置电源供给正常，该灯始终亮。

（2）黄色指示灯：当楼梯升降机正确驶入充电装置，蓄电池开始充电时，该灯快速闪烁；当电池充满电后，该灯慢速闪烁。

6. 低电源蜂鸣器

该声音信号用作电池需要充电时的提醒。当蓄电池电压低于 22.5 V 时，升降机运行时会发出蜂鸣信号。此时应立即将升降机驶向充电点，并尽可能向下方向行驶，让升降机充电几个小时。充电是自动进行的，当充电适当后，蜂鸣器会停止鸣叫。

7. 安全装置

安全装置主要包括限速器开关、侧板开关、底板开关、护栏开关、限位开关、极限开关、抱闸装置和旁通开关等。

（三）控制方式

现在的楼梯升降机一般都采用微机控制方式，对升降平台的动作应实现各种自动控制，包括：① 平台的自动收放；② 护栏的自动收放；③ 平台的召唤和返回。

对控制方式的选择，应着重于使用方便，兼有一定的先进性。

他助式操作是指由他人协助操作使用楼梯升降机。采用这种操作方式的楼梯升降机，在楼梯的上下端也都设置有专用操作箱。操作箱上设有对讲机，需要使用升降机时，先要通过对讲机与现场管理人员取得联系，由管理人员到现场打开升降平台，协助使用者在平台上就位，然后用外接式运行控制器控制平台的运行。这种操作方式的楼梯升降机，在升降平台上设有钥匙开关，由管理人员掌握钥匙，现场开停升降机。他助式操作安全性好，设备易于管理。广州地铁 2 号、3 号和 4 号线的楼梯升降机采用了这种操作方式。

四、自动人行道

自动人行道（Passenger Conveyor）也称水平代步梯或电步梯，如图 4-64 所示，可用于距离长的通道，以减少乘客的步行量，适用于车站、码头、商场、机场、展览馆和体育馆等人流集中的地方。

自动人行道是带有循环运行（板式或带式）走道，用于水平或倾斜角不大于 12°输送乘客的固定电力驱动设备。其结构与自动扶梯相似，主要由活动路面和扶手两部分组成。通常，其活动路面在倾斜情况下也不形成阶梯状。按结构形式可分为踏步式自动人行道（类似板式输送机）、带式自动人行道（类似带式输送机）和双线式自动人行道。

为了达到与自动扶梯零部件通用和经济的目的，常采用梯级结构和相同的扶手结构。扶手应与活动路面同步运行，以确保乘客安全。自动人行道的运行速度、路面宽度和输送能力等均与自动扶梯相近。

图 4-64　某地铁采用的电步梯

复习思考题

1. 城市轨道交通车站自动售检票系统主要由哪些设备组成？
2. 简述车站计算机系统的主要功能。
3. 试说明车站工作人员更换 TVM 钱箱的操作步骤。
4. BOM 通常包括哪些设备？可以实现哪些功能？
5. AVM 的功能有哪些？
6. 简述闸机的主要部件和功能。

7. 简述自动验票机的主要部件和功能。
8. 票务工器具一般包括哪些？各有何作用？
9. 屏蔽门的结构与功能是什么？控制方式有哪3种？
10. 请写出屏蔽门不同门体手动操作的流程。
11. 对比屏蔽门与安全门的各自优势及适用范围。
12. 紧急停车按钮按操作方法的不同如何分类？
13. 试说明自动扶梯的主要设备和优缺点。
14. 模拟开启和关闭电扶梯及紧急停止电扶梯。
15. 液压电梯有哪些主要特点？
16. 简述楼梯升降机的主要设备及其作用。

第五章　城市轨道交通其他设备

第一节　环控系统

一、概　述

地铁的特点是人员密集、流动性大，一旦出现事故，外部施救处理非常困难，必须依靠地铁车站通风空调及防排烟系统（简称环控系统）的可靠运作才能确保安全。环控系统须满足两个方面的要求：一是日常运营给乘客和设备提供舒适及适宜的环境；二是事故及灾害情况下进行通风、排烟、排毒、排热，起到生命保障及辅助灭火的作用。环控系统应确保上述两个方面的整体安全，不宜片面强调某一方面，但环控系统不是灭火系统。

二、环控系统的主要功能

（1）新风，为车站抽取的外界自然空气。

（2）送风，分为送全新风、混风（新风+回风）、全回风 3 种情况。送风经过制冷、除湿、过滤及消音，然后送到站厅、站台及各设备房，也可不经过制冷和除湿直接送风。

（3）回排风，可分为全回风、全排风及有回有排 3 种情况。排风又分为固定排风和间歇排风；回排风为来自站厅、站台及设备房的回风。当回排风温度低于外界大气温度时可起到节能作用。紧急情况下可将车站的烟气、毒气等排掉。

（4）固定排风，是将车站的设备房、卫生间、卫生器具间、储物间、生活污水间、列车冷却及隧道内的废气（废气、热气、湿气、烟气、毒气）全部排掉不回风。

（5）间歇排风。列车停站时间短，而间隔时间长，尤其是开通的前几年，客流上不去，行车间隔时间更长。为了降低能耗，列车冷却排风宜采用间歇排风方式。列车停站时开始排风，将列车产生的废气和热量排走，没有必要再循环冷却使用，列车出站时停止排风，从而达到节能的目的。隧道排风也属于间歇排风方式。

（6）自然换风，是通过车站进出口通道和通风井的敞开，利用列车运动时产生的隧道活塞风进行自然换气、自然冷却。

（7）隧道通风，分为送风、排风、自然换气等。送风为送新风；排风为排除隧道内废气、热气、湿气、烟气、毒气等，利用列车运行时产生的隧道活塞风自然换气。

（8）地铁各车站防排烟系统的硬件设施是按相互独立的方式设计，硬件设施自然具备适应多个车站同时发生火灾的处理能力，在不增加防排烟系统投资的情况下，其控制系统软件也应具备适应多个车站同时发生火灾的处理能力；当某一地铁车站发生火灾时，发生火灾的车站除应具有独立自救和防排烟的能力外，相邻车站的防排烟系统应具有协助火灾发生车站防排烟的能力，同时保留转为独立自救的能力。

（9）地铁发生火灾的可能形态有站厅公共区火灾、站台公共区火灾、站厅两端设备房区火灾、站台两端设备房区火灾、列车火灾和车站外部区域火灾（与地铁车站连通的商业街和上盖物业）。

三、环控系统的流程划分

地铁车站环控系统一般分为环控大系统、环控小系统及隧道通风系统，并按 A、B 两端分别独立设置。环控大系统用于站厅和站台公共区通风、空调及防排烟，A、B 两端环控大系统工艺流程是一样的；环控小系统用于设备区设备房通风、空调及防排烟，A、B 两端环控小系统工艺流程有较为明显的区别，但基本原理是一样的；隧道通风系统用于隧道和站台的通风、降温及防排烟。因 A、B 两端环控大系统工艺流程相同，A、B 两端环控小系统基本原理也相同，因此本文只按一端的环控系统进行论述，如图 5-1、图 5-2 所示。

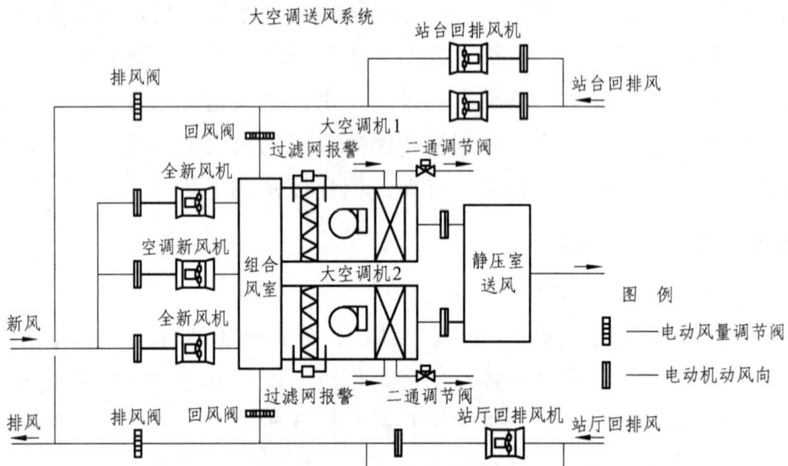

图 5-1 地铁车站环控大系统图

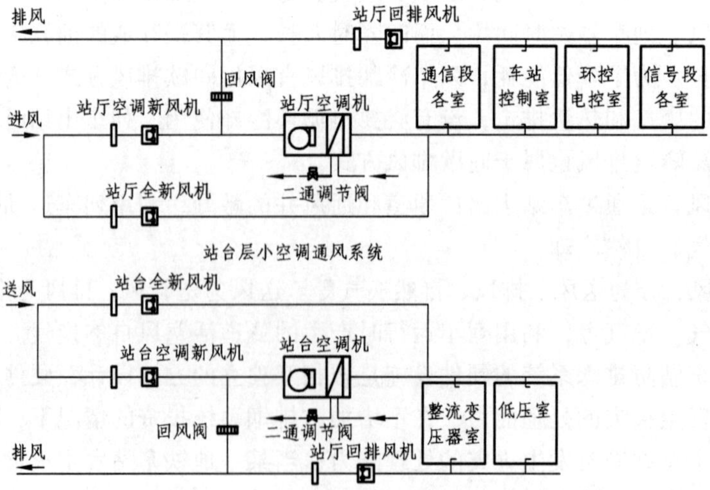

图 5-2 地铁车站环控小系统图

四、集成环控工艺系统

该系统将大小环控通风系统集成合并，组成集成环控系统（如图 5-3 所示）。该系统可以克服以往系统的不足，减少了系统和设备，减少了设备和土建的投资，降低了系统的复杂程度和设备操作的复杂程度，提高了系统设备的利用率、功能、可靠性及可控性，便于系统参数的调节，可适应地下环境的各种工况。

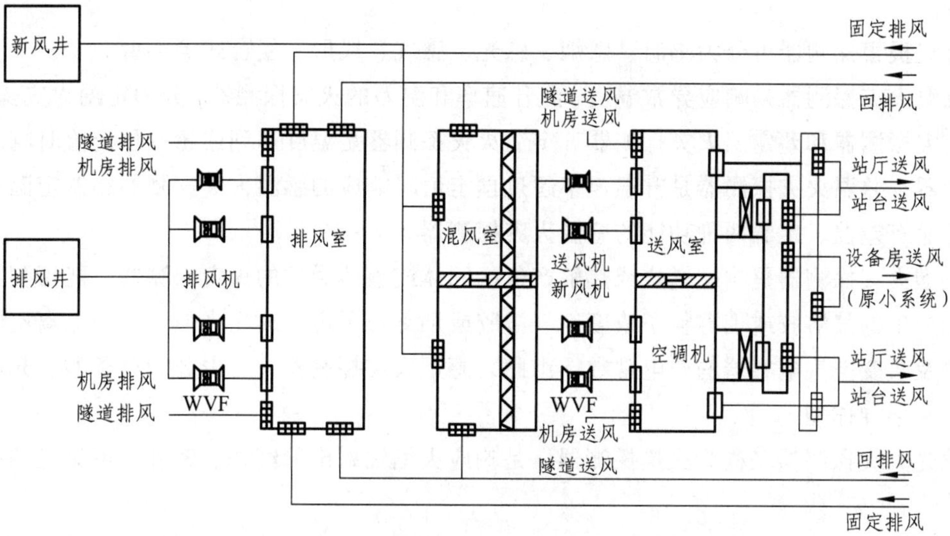

图 5-3　新型环控工艺系统图

目前地铁环控系统尽管不太完善，但也取得了一定的效果，正逐步走向成熟。随着人们对地铁环控系统认识的不断提高，存在的问题将会不断地减少，地铁车站通风空调及防排烟系统将会更加实用、更加可靠。

第二节　灾害防护系统

地铁以其大运量和快捷的运输在城市交通中担当着十分重要的角色，其事故和灾害将会产生巨大的影响。尤其在地下车站和隧道发生火灾，人员疏散、救生和灭火都十分困难，造成的灾难和损失将难以估量。因此，必须设置火灾监视和报警设施，对可能发生的灾害进行自动监视，及早发现灾情，并针对发生的灾害情况采取应对措施。

一、火灾自动报警系统（Auto Fire Alarm System）

火灾自动报警系统一般包括火灾报警控制器、火灾探测器和火灾联动控制装置。

1. 火灾报警控制器

火灾报警控制器是火灾自动报警系统的重要组成部分，是系统运行的指挥中心，主要担负整个系统监视、报警、控制、显示、信息记录和档案存储等功能。在正常运行时，监视探测器及系统自身工作状态；有火灾时，接受、转换、处理火灾探测器输出的报警信号，进行声光报警，并通过自动控制灭火装置启动自动灭火设备和消防联动控制设备。

2. 火灾探测器

火灾自动报警系统中，火灾探测器是最重要的组成部分。火灾探测器是将火灾发生后的物理量，如温度、烟雾等转换成电信号，向火灾报警控制器发送信号报警的一种自动火灾探测装置。

火灾报警探测器可分为感温、感烟、感光、感气、线形、复合式等类型。

感温火灾探测器是响应异常温度、温升速率和温差的火灾探测器，分为定温火灾探测器、差温火灾探测器和差定温火灾探测器。定温火灾探测器是温度达到或超过预定值时响应的火灾探测器；差温火灾探测器是升温速率超过预定值时响应的感温火灾探测器；差定温火灾探测器是兼有差温、定温两种功能的感温火灾探测器。

感烟火灾探测器是响应燃烧或热解产生的固体或液体微粒的火灾探测器，能探测物质燃烧初期产生的气溶胶或烟雾粒子浓度。气溶胶或烟雾粒子可以改变光强，减小电离室的离子电流以及改变空气电容器的介电常数。由此，感烟火灾探测器又可以分为离子型、光电型、电容式和半导体型。

感光火灾探测器又称为火焰探测器，是响应火焰辐射出的红外、紫外、可见光的火灾探测器。

气体火灾探测器是响应燃烧或热解产生的气体的火灾探测器。在易燃易爆场合中主要探测气体或粉尘的浓度，一般调整在爆炸下限浓度的 1/6 ~ 1/5 时动作报警。

线形感温探测器又称为感温电缆，可以对警戒范围中某一线路周围烟雾、温度进行探测。

复合式火灾探测器是响应两种以上火灾参数的火灾探测器，主要有感温感烟火灾探测器、感光感烟火灾探测器、感光感温火灾探测器等。

二、地铁火灾自动报警系统的构成

地铁火灾自动报警系统主要由设置在沿线各车站、区间隧道、控制中心大楼、停车场、主变电站等与地铁运营有关的建筑与设施的火灾报警系统设备以及相关的网络设备和通信接口组成，一般由中央级和车站级二级系统构成，采用控制中心的中控级和车站二级监控管理方式。

（一）中央级 FAS 系统

中央级 FAS 系统设于线路控制中心的中央控制室内，主要包括火灾报警控制器、操作工作站和网络设备等设备，实现对全线防灾系统的集中监控和管理。

中央级 FAS 系统负责对地铁全线各车站、主变电所、车辆段、停车场、控制中心大楼的火情监视，防救灾设备的管理和灾害时的组织指挥工作，侧重于上层的救灾指挥和协调功能。具体功能如下：

（1）监视全线火灾自动报警系统设备的运行状态，接收全线各车站、主变电所、车辆段、停车场、控制中心大楼的火灾报警信息。

（2）记录显示全线所有消防设备的主要运行状态，当被控设备发生设备故障或状态变化时应发出音响提示并打印、记录所发生的时间、地点等。

（3）可对系统、设备和网络进行自检记录，包括设备离线的故障报警、网络的故障报警，存储操作人员的各项操作记录等。

（4）储存、实时打印故障、设备维修等其他各项记录。

（5）可以将历史记录等报告内容进行整理归纳并存储到存储器上，也可随机形成报表并打印。

（6）具有可操作权限时应对各站点的控制器进行在线编辑和程序下载功能，修改现场参数。

（7）火灾自动报警系统可通过相关接口，将火灾信息发送至信号系统。

（8）控制中心中央级可通过操作电视监控系统（CCTV）的键盘和显示终端确认火灾现场的灾情。根据火灾的实际情况，向有关区域发出消防救灾指令和安全疏散指令，并通过通信工具来组织指挥救灾工作的开展。

（9）控制中心火灾自动报警系统能接收由通信专业提供的主时钟信息，使火灾自动报警系统与主时钟同步。

（二）车站级 FAS 系统

车站级 FAS 系统由车站火灾报警控制器、图形显示终端和本管辖区域内的各种探测器、手动报警按钮、电话插孔、消防专用电话、控制联动设备、信号输入和信号输出模块等现场设备构成。

车站级在各车站、控制中心大楼等消防设备室设火灾报警控制器，能对其管辖范围独立执行消防监控管理；其管辖范围除车站外，还包括车站相邻的区间隧道和隧道中间风井。区间隧道和区间隧道中间风井的火灾报警以区间中心里程为分界点分别纳入邻近的车站火灾自动报警系统。

车辆段、停车场信号楼控制室设置火灾报警控制器，作为车站级的火灾自动报警系统控制器，并与全线火灾自动报警系统直接联网。

主变电所视站内火灾工况的要求，设置联动型火灾报警器或区域火灾报警器。联动型火灾报警器可作为车站级的火灾报警控制器，并与全线火灾自动报警系统直接联网；区域火灾报警器应接入主变电所相邻车站的火灾报警控制器。区域火灾报警器将主变电所的报警、状态、联动信息按点实时送至车站控制级火灾报警控制器，再由车站控制级送至控制中心中央级。换乘车站的火灾自动报警系统，根据车站的共享功能，一般按一个完整车站，由先行建设的线路，按照整体的环控工艺和火灾联动工况，进行一次系统设计、分阶段实施。本车站的火灾自动报警控制器应预留与其他线路、中央和车站系统的通信接口，以实现信息交换。同时，在共享车站上其他线路需要联动控制时，接受其他线路中央的控制指令，执行相应的火灾工况。

车站级 FAS 系统具体功能如下：

（1）监视车站及所辖区间消防设备的运行状态。

（2）火灾探测器实时监视火灾信息，当发生火灾报警时，在控制器及监控工作站上发出声光报警及显示火灾发生的时间、位置等信息并实时打印记录。

（3）通过自诊断，对系统的控制器及内部模块、探测器、回路、监控模块等进行自检和故障诊断，当故障发生时可以发出相应的声光报警，实时打印及记录。

（4）能将火灾报警系统所有的信息通过网络传送到控制中心中央级火灾自动报警系统。

（5）车站火灾报警控制器能接受控制中心中央级紧急控制命令，并自动执行。

（6）能实现与设备监控系统的联动控制功能。

（7）根据控制中心中央级的命令，控制车站内有关消防设备投入灭火运行，进行有效的灭火抢险工作。

（8）在换乘站预留与其他轨道交通线路火灾自动报警系统的接口。

（三）现场设备

现场设备是构成火灾报警系统的基础，火灾发生的第一时间，通过这些现场设备探测到火灾发生并发出报警，以便疏散人员，呼叫消防人员，执行相关的联动措施。下面对主要现场设备的设置及功能分别进行介绍。

1. 智能化光电式感烟探测器

在车站内各设备与管理用房、站厅及站台和通道等区域，均设置带地址码的智能光电式感烟探测器进行火灾探测。

感烟探测器实现探测火灾和向 FAS 车站主机发送火灾信息的功能；感烟探测器的内置微处理器能独立运行，如果火灾探测器与火灾自动报警控制机之间的通信故障时间超过预定时间，则自动转为独立运行模式。感烟探测器能继续采集并分析其周围信息，当周围环境达到预定的报警值时，感烟探测器则报警。

2. 智能感温探测器

智能感温探测器设于大型停车库等场所。如果疏散通道口处设置了防火卷帘门，那么防火卷帘门两边应分别设置一组感烟、感温探测器，用于控制防火卷帘门的降落。其主要功能同上述智能化光电式感烟探测器。

3. 红外光束感烟探测器

红外光束感烟探测器设于停车场检修库、运用库、检修车间、材料库、主变电站设备房等高大厂房（净空一般超过 12 m 时），主要用于该区域的火灾探测和向 FAS 车站主机发送火灾信息。

4. 线形感温电缆

线形感温电缆设于变电所电缆夹层或站台板下电缆夹层，根据需要也可以设于折返线和停车线。感温电缆按电缆桥架分层，蛇行走向布置，并延长到强电电缆竖井内，主要用于该区域的火灾探测和向 FAS 车站主机发送火灾信息。

5. 输入模块

输入模块用于对设备运行状态的检测、感温电缆的报警检测。

6. 输出模块

输出模块用于控制消防专用排烟风机、正压送风机、消防管路上的电动蝶阀、警铃、防火卷帘以及非消防电源等消防设备的启停。

7. 带地址手动报警按钮

在站厅层、站台层、出入口通道和设备区等区域设置带地址码的手动报警按钮。手动报警按钮实现 FAS 的火灾自动确认。一般情况下，在设置消火栓的地方均设置手动报警按钮。

8. 消防对讲电话

FAS 在控制中心设专用外线电话用于消防报警；车站级设置一套独立的消防专用电话网络，在消防控制室、车站控制室、消防水泵房、气体保护房间、通风机房等重要的房间门外设置壁挂电话，用于消防报警。

9. 消防电话插孔

在公共区、设备管理区走道设置消防电话插孔，消防电话插孔的设置与手动报警按钮并排布置，安装位置与手动报警按钮相同。

10. 警铃、警灯

为防止火灾发生时地铁乘客的惊慌，在车站的公共区、出入口不设警铃，在停车场、主变电站等相关地面建筑单独设置警铃。

（四）消防联动控制

消防联动控制是火灾报警系统中的关键部分，是在对火灾确认后向消防设备、非消防设备发出控制信号的处理单元。

（1）当系统探测到本区域发生火灾时，火灾报警系统将火灾信号自动发送给车站自动售检票系统（AFC），由自动售检票系统控制闸机打开，利于乘客逃生疏散；将火灾信息送给电力监控系统（SCADA）或降压变电所三类负荷开关柜，由电力监控系统或降压变电所开关柜切断三类负荷；将火灾信息发送给门禁系统，由门禁系统控制相关区域门打开；将火灾信息发送给车站广播系统，由公共广播系统自动转换到火灾紧急广播状态。

（2）通过车站的数据接口，向设备监控系统（EMCS）发出报警信息和模式指令，设备监控系统将按照火灾自动报警系统的模式指令将其所监控的设备运行模式转换为预定的火灾模式，火灾自动报警系统发出的指令具有最高优先权。

（3）在消防控制室系统设置直接控制盘完成消防泵、喷淋泵的直接启动。同时，火灾报警控制器也可直接控制消防泵、喷淋泵启停，并接收消防泵、喷淋泵的反馈信号，显示工作状态和故障状态。

（4）火灾报警控制器专用排烟风机、排烟防火阀、防烟防火阀，接收其反馈状态。

（5）控制设置在疏散通道的防火卷帘门，在本防火分区感烟探测器动作后，防火卷帘门降至距楼（地）面 1.8 m 高，本防火分区感温探测器动作后，防火卷帘门降到底，并显示防火卷帘门的状态；用作防火隔断的防火卷帘门，感烟或感温火灾探测器动作后，防火卷帘门降到底。

（6）火灾自动报警系统接收气体灭火系统的二次报警信息、故障信息、气体喷放信息及手动/自动状态信息。气体灭火系统保护房间的防火阀由气体灭火系统直接控制，火灾自动报警系统显示防火阀的状态，当需要控制其他灭火系统保护房间的防火阀时，火灾自动报警系统将控制指令发至气体灭火控制盘，由该控制盘控制关闭。

（7）火灾发生时，火灾自动报警系统将控制指令发于直升电梯控制器，将控制直升电梯降到首层，并将直升电梯的状态反馈给火灾自动报警系统。

（五）防灾通信

防灾通信方式包括广播、电视监视、电话等。

1. 广　播

火灾自动报警系统在车站不单独设置紧急广播，而是与车站通信系统设置的公共广播合用，平时为车站公共广播用。火灾确认后，提供给广播系统一个火灾信号，将公共广播自动转换到火灾紧急广播，诱导乘客安全疏散。在通信系统不设置公共广播的控制中心大楼及车辆段综合楼等区域，由本系统设置消防紧急广播。

2. 电视监视

火灾自动报警系统与行车调度共用一套电视监控系统。火灾时，能通过手动切换装置对所设的电视监控系统（CCTV）显示终端进行镜头切换（由通信专用设置），实现对火灾区域的实时监视。

3. 电　话

控制中心设置了与市消防局、防汛和地震预报中心直连的市内直线电话，各车站、车辆段、停车场由通信专业设置消防直线电话。

控制中心由通信专业设置环控防灾调度的电话总机，各车站控制室、变电所值班室、车辆段、停车场信号楼控制室设置调度分机。

火灾自动报警系统在消防控制室和重要设备用房等处设固定消防电话，并与消火栓箱旁所设的电话插孔构成通信回路。

（六）网络系统

网络系统一般由中央级和车站级二级系统构成。

1. 中央级

不同车站的火灾报警主机需要通过上层网络实现联网通信。上层网络一般可采用电缆、光缆和调制解调器 3 种信息传输方式，FAS 全线信息传输信道一般由通信传输系统提供。

在火灾报警控制器上配备有网络通信卡，可选用双绞线电缆和单/多模光缆。电缆的通信传输距离一般不大于 1 500 m，而采用光缆其传输距离则可达数万米。

2. 车站级

车站级的传输线路对整个系统的可靠性影响较大，并随系统的增大而扩大。

目前根据探测器种类的不同将传输线路分为多线制、总线制、二线制链式连接方式。

（1）多线制传输线路数量很大，成本高，施工难度大，合计故障率高，属淘汰性产品。

（2）总线制传输线路数量剧减，成本较低，合计故障率大为降低。总线制又分为二、三、四总线，其中二总线传输线路又比三、四总线传输线路好，为当前主流传输线路。总线制传输线路大多采用树形接线方式，即通常所说的并联接线方式，优点是接线简单、方便，容易扩容；缺点是一旦总线回路出现短路或开路，则整条回路全部失效。

（3）链式连接方式是二线制方式的一种，主要特点有：回路用线量少，可分别识别每只探测器当时的状态（正常、故障或火灾报警等），回路可连接成环行。因此，回路出现短路或断路故障时，系统可通过双向供电保证回路中其他探测器正常工作，并迅速查找出故障点，即回路具有自我保护能力。

车站采用的传输方式为链式连接方式,传输介质一般选用适合地铁强电磁干扰环境即可，配置简单，维护管理方便。

三、系统运作模式

系统运作模式包括监视模式及报警模式。

（一）监视模式

在正常状态下，火灾报警控制器及车站现场设备均处于监视状态，车站图形显示终端显示车站各防火分区、防烟分区的平面布置图及车站现场设备状态。

（二）报警模式

报警模式包括自动确认模式、人工确认模式及消防联动模式。

1. 自动确认模式

任何一个报警区域，如有一个智能火灾探测器报警，同时有一个手动报警按钮报警，或者两个及以上的智能火灾探测器同时报警（只设一个探测器的设备用房火灾探测器报警）后，则火灾报警系统自动确认报警。火灾确认后，火灾报警控制器发出指令、控制相关消防设备并发送指令至设备监控系统，设备监控系统接受并执行指令，按照预先设置的程序使相应的设备投入火灾工况模式运行，指令执行完成后给火灾自动报警系统一个反馈信号，并传送至控制中心。

2. 人工确认模式

如果报警区域为电视监控系统可监控的区域，可由车站控制室的值班人员将电视监控系统切换到报警区确认，如电视监控系统监视不到报警区域，则值班人员应采用通信工具通知现场值班人员到报警现场确认。经人工确认火灾后，人工启动火灾报警系统进行消防联动，并发出指令至设备监控系统，设备监控系统接受并执行指令，按照预先设置的程序使相应的设备投入火灾工况模式运行，指令执行完成后给火灾报警系统一个反馈信号，并传达至控制中心。

3. 消防联动模式

消防联动模式是火灾自动报警系统自动实现火灾探测、火灾报警功能，控制和监视火灾时排烟、防烟防火阀动作状态，控制相关消防设备的联动，接收其状态反馈信号，并将信息上送控制中心。火灾报警系统与设备监控系统设有通信接口，火灾时，火灾报警控制器发出指令，设备监控系统执行指令、启动相应的设备，按预先设置的火灾工况模式运行，火灾自动报警系统指令具有最高优先权。

第三节　给排水及照明系统

一、给水系统

城市轨道交通工程地下车站的生产、生活给水管网是独立的内部供水系统，从两根接自市政管网的消防进水管中的任一根接出生产、生活给水管，单独设置水表，进入车站，成枝状布置。车站还设开水间，内设电加热开水器，以满足车站职工的饮水需求。在站厅和站台层公共区的两端各设一个冲水给水栓，污、废水水泵房内均应设置冲洗水斗。表 5-1 为生产、生活用水量计算表。

表 5-1　生产、生活用水量计算表

序号	用水名称	用水量标准	计算单位及数量	最高日用水量/m³	备 注
1	职工生活用水	50 L/（人·班）	50 人	2.5	
2	冷却塔补水	120 m³/h	18 h	43.2	按循环水量的 2%计算
3	冲洗用水	2 m³/天		2	
4	公用厕所	20 m³/（天·处）	1 处	20	

轨道交通车站绝大多数是地下建筑，城市管网地面水压力一般不低于 0.1 ~ 0.2 MPa，可以满足车站生活和生产用水要求。因此，凡地下车站，一般无须设置生活和生产用水加压泵。地面及高架车站需核算市政供水压力，不能满足用水要求的车站设增压设施，一般采用变频水供水。

地下车站需设置冷却循环给水系统。冷却循环系统主要由冷却塔、循环水泵、补充水和管道及配件组成。冷却循环水泵布置在车站的冷水机房内，冷却塔一般设置在车站主体结构的地面上。目前大部分选用逆流开式玻璃钢冷却塔，一般规模的车站冷却塔（水量约 120 m³/h），每台占地约 2.5 m × 5 m，高度约 4.5 m，机器质量 1~2 t。冷却塔基础设计时应考虑其运转重量，一般为自重的 2.5 倍左右。基础制作应做好水平，以免影响运转性能。冷却塔台数与冷却循环泵台数对应，一般至少两台，不考虑备用。从生产、生活给水管上引出一根支管作为冷却循环补充用水，接至冷却塔。

二、排水系统

城市轨道交通工程排水系统采用分流制，分为污水、废水、雨水系统。原则上采取分类集中，经污水泵提升压力至窨井后，就近排入市政下水道。污水须设置污水检测井，水质必须符合有关排放标准。

隧道出入口雨水量按重现期为 30 年一遇的暴雨强度计算,高架及地面站雨水量按暴雨重现期为 4 年计算。

（一）车站排水

1. 污水系统

污水为车站工作人员和乘客厕所所有卫生器具排水。站内厕所污水通过管道排入污水泵房内的污水集水池，其有效容积不大于 6 h 污水量，集水池底面积设 0.1 的坡度坡向集水坑，集水池顶板设有透气管并要求环控专业在泵房内设置排风口。污水集水池设在厕所附近且污水泵应带有反冲洗装置。污水经潜水排污泵抽至室外压力窨井后，经污水检测并排入城市污水管道。一般设置 2 台潜水泵，其中 1 台备用。

2. 车站废水系统

车站废水种类包括：隧道结构渗水，站厅、站台地面冲洗水，环控机房和各类排水、泵房洗涤盆排水以及消防废水。

车站主排水泵设置在车站内线路最低点，一般结合车站端头井布置。泵房尺寸不宜小于 3 m×4 m，集水池有效容积不小于 10 min 的隧道结构渗水量和消防废水量之和，且不小于 30 m^3。废水泵房一般设置 2 台泵，1 台备用。但当地铁靠近河滨时，废水泵房中设置 3 台泵，以防水灾事故，其中 2 台使用，1 台备用。潜水泵应带有反冲洗装置。

污、废水泵房内分别设置冲洗头。站厅和站台的地面冲洗废水、消防废水由设在站厅的地漏汇集，站厅层两侧每隔 50 m 左右及在一些有排水要求的设备用房内布置地漏，并通过 De110 排水立管接入线路道床排水沟。站台层可以不设地漏，直接从站台溢入两边线路道床明沟，站台板下的地坪应有 2%的坡度坡向道床明沟和废水泵房。茶水间废水通过排水管道排入线路道床明沟。出入口通道和站厅连接处设置横截沟，沟内设置 De110 地漏，其排水立管接至道床明沟。隧道结构渗水经侧墙泄水孔排入线路道床明沟，汇集至废水集水池（池内设吸水坑，池底以不小于 1%的坡度坡向吸水坑）。由废水泵房的潜水泵提升至室外压力窨井，然后排入城市下水道。

3. 车站雨水系统

车站敞开式出入口的设计雨水量按照 30 年一遇的暴雨重现期计算,高架区间雨水设计重现期采用 4 年。敞开式出入口的自动扶梯下面设集水坑和雨水排出潜水泵，泵提升雨水至压力窨井后，再排入市政雨水管道系统。

（二）区间排水

区间主排水泵房主要排除结构渗漏水、事故漏水、凝结水和冲洗及消防废水，设在线路纵坡最低点。每座泵站所担负的区间长度，单线不宜大于 3 km，双线不宜大于 1.5 km，当主排水泵房所担负的区间长度超过规定，而排水量又较大时，宜设置辅助排水泵房。

（1）主排水泵房集水池有效容积不宜小于 30 m^3，当用盾构法施工的区间排水泵房集水池有效容积不能符合上述规定时，则必须满足水泵安装要求，并确保每小时开泵次数不得超过 6 次。

废水自潜污泵提升排至地面压力井后，再排入地面雨水管网系统。每座泵房设 2 台及以上潜水排污泵，平时互为备用，消防时可同时运行。

（2）局部排水泵房。

局部排水泵房设在局部低洼不能自流排水的地方，如地铁折返线车辆检修槽的端部、自动扶梯机房等处。集水池有效容积按不小于 10 min 渗水量与平时冲洗废水量之和确定。

（三）控制方式与要求

（1）排水水位控制。

控制原则：主废水泵及雨水泵采用现场水位自动控制、泵房内手动控制、车站控制室集中控制，并在控制室内显示排水泵工作状态和水位信号。

车站主废水泵集水池水位控制：停泵水位、第一台泵启动水位、第二台泵启动水位及最高警戒水位。

污水泵及局部排水泵由现场水位自动控制、泵房内手动控制。车站控制室显示排水泵工作状态和水位信号。

车站污水池水位控制：停泵水位、开泵水位、最高警戒水位。

区间内排水泵房及洞口雨水泵房除控制系统外，一般设置最高警戒水位的自动报警装置，以便在自动启动失灵时及时报警到附近车站的防灾控制室。

（2）冷却循环系统控制。

冷却循环系统控制方式与环控冷冻机同步，由环控电控室就地控制和车站控制室集中控制，并能在控制室显示设备的工作状态。

三、照明系统

地下车站一般设置一座降压变电所，位于车站重负荷端。有折返的车站和规模较大车站，设置一座降压变电所和一座跟随式降压变电所，分别位于车站两端。地上或高架车站均设置一座降压变电所。车辆段及基地设置降压变电所及跟随式降压变电所各一座，控制中心设置一座降压变电所。在设有牵引变电所的车站，降压变电所与牵引变电所合建为混合变电所。

设一座降压变电所和一座跟随式降压变电所的车站，每个变电所负责半个车站及半个区间的动力照明负荷；设一座降压变电所的车站，变电所负责整个车站及车站两端各半个区间的动力照明负荷。

1. 照明供电、光源选择及控制

（1）照明供电分类：城市轨道交通照明分为工作照明、节电照明、应急照明、标示照明、广告照明等。

（2）站厅、站台照明及主要设备用房照明由低压配电室不同母线以交叉供电方式进行供电。应急照明以 EPS 作为备用电源，容量满足事故状态下车站、区间 1 h 供电的需要。

（3）地下车站站台板下及地面车站净高小于 2 m 的电缆通道，设置安全照明，采用安全电压（≤36 V）供电。

（4）照明光源以荧光灯为主、白炽灯为辅。

（5）车辆段等室外场所采用弯灯及投光灯塔照明，光源采用高压钠灯。

2. 照度标准

各场所照度值如表 5-2 所示。

表 5-2　照明度表

序号	场　所	参考平面及高度	正常照度 /lx	应急照度 /lx
1	出入口门厅、楼梯、自动扶梯	地面	150	5
2	通　道	地面	150	5
3	站内楼梯、自动扶梯	地面	150	5
4	售票室、自动售票机	台面，0.75 m	300	30
5	检票处、自动检票口	台面，0.75 m	300	30
6	站厅（地下）	地面	200	5
7	站台（地下）	地面	150	5
8	站厅（地面）	地面	150	5
9	站台（地面）	地面	100	5
10	办公室	台面，0.75 m	300	30
11	会议室	台面，0.75 m	300	30
12	休息室	台面，0.75 m	100	10
13	盥洗室、卫生间	地面	100	5
14	行车、电力、机电、配电等控制室及综控室	台面，0.75 m	300	300
15	变电、机电、通号等设备用房	垂直面，1.6 m	150	15
16	泵房、风机房	地面	100	5
17	冷冻站	地面	150	5
18	风　道	地面	10	5
19	隧　道	轨道面	10	5
20	地面、高架线	轨道面	5	5
21	道岔区	轨道面	20	5

复习思考题

1. 车站环控系统的作用有哪些？
2. 简述火灾探测器的分类。
3. 什么叫火灾自动报警系统？地铁火灾自动报警系统的构成包括哪些？
4. 车站排水系统有哪几个子系统？

参考文献

[1] 欧阳全裕．地铁轻轨线路设计[M]．北京：中国建筑工业出版社，2007.

[2] 彭辉．城市轨道交通系统[M]．北京：人民交通出版社，2008.

[3] 周庆瑞，金峰．新型城市轨道交通[M]．北京：中国铁道出版社，2005.

[4] 北京城建设计研究总院．GB 50157—2013 地铁设计规范[S]．北京：中国建筑工业出版社，2013.

[5] 孙章，何宗华，徐金祥．城市轨道交通概论[M]．北京：中国铁道出版社，2000.

[6] 孙有望，李云清．城市轨道交通概论[M]．北京：中国铁道出版社，2000.

[7] 林瑜筠．城市轨道交通运输设备[M]．北京：中国铁道出版社，2008.

[8] 张振淼．城市轨道交通车辆[M]．北京：中国铁道出版社，2008.

[9] 郑瞳炽，张明锐．城市轨道交通牵引供电系统[M]．北京：中国铁道出版社，2000.

[10] 李伟．接触网[M]．北京：中国铁道出版社，2000.

[11] 林永顺．牵引变电所[M]．北京：中国铁道出版社，2002.

[12] 冯仁杰．电气化铁道供电系统[M]．北京：中国铁道出版社，2004.

[13] 谭秀炳．交流电气化铁道牵引供电系统[M]．成都：西南交通大学出版社，2007.

[14] 周顺华．城市轨道交通设备系统[M]．北京：人民交通出版社，2009.

[15] 费安萍．城市轨道交通运输设备运用[M]．成都：西南交通大学出版社，2008.

[16] 蒋永琨．中国消防工程手册[M]．北京：中国建筑工业出版社，2000.

[17] 范文毅，殷锡金．城市轨道交通车站设备[M]．北京：中国铁道出版社，2000.

[18] 罗燕萍，王迪军，李梅玲．地铁车站防排烟系统[J]．制冷空调与电力机械，2004，25（3）：41-44.

[19] 毛宇丰．地铁车站集成环控系统[J]．地铁与轻轨，2002（1）：19-24.